Le développement social local

Significations, complexité et exigences

Travail du Social
Collection dirigée par Alain Vilbrod

La collection s'adresse aux différents professionnels de l'action sociale mais aussi aux chercheurs, aux enseignants et aux étudiants souhaitant disposer d'analyses pluralistes approfondies à l'heure où les interventions se démultiplient, où les pratiques se diversifient en écho aux recompositions du travail social.

Qu'ils émanent de chercheurs ou de travailleurs sociaux relevant le défi de l'écriture, les ouvrages retenus sont rigoureux sans être abscons et bien informés sur les pratiques sans être jargonnants.

Tous prennent clairement appui sur les sciences sociales et, dépassant les clivages entre les disciplines, se veulent être de précieux outils de réflexion pour une approche renouvelée de la question sociale et, corrélativement, pour des pratiques mieux adaptées aux enjeux contemporains.

Dernières parutions

Philippe BREGEON, *A quoi servent les professionnels de l'insertion ?*, 2008.

Nathalie GUIMARD, *Le locataire endetté*, 2008.

Jean LOBRY, Dominique ALUNNI, *Culture ouvrière, éducation permanente et formation professionnelle*, 2008.

Camille THOUVENOT (coord.), *La validation des acquis de l'expérience dans les métiers du travail social*, 2008.

Grégory GOASMAT, *L'intégration sociale du sujet déficient auditif*, 2008.

Hélène CHERONNET, *Statut de cadre et culture de métier*, 2006.

Hervé DROUARD, *Former des professionnels par la recherche*, 2006.

Teresa CARREIRA et Alice TOMÉ (dir.), *Champs sociologiques et éducatifs, enjeux au-delà des frontières*, 2006.

Jean-Pierre AUBRET, *Adolescence, parole et éducation. Penser de nouvelles frontières*, 2006.

Yves COUTURIER, *La collaboration entre travailleuses sociales et infirmières*, 2005.

Laurent LAOT, *L'univers de la protection sociale*, 2005.

Agathe HAUDIQUET, *La culture juridique des travailleurs sociaux. États des lieux et besoins de formations*, 2005.

Geneviève BESSON

Le développement social local

Significations, complexité et exigences

Préface de François ABALLEA

Postface de Brigitte BOUQUET

L'Harmattan

© L'Harmattan, 2008
5-7, rue de l'Ecole polytechnique ; 75005 Paris

http://www.librairieharmattan.com
diffusion.harmattan@wanadoo.fr
harmattan1@wanadoo.fr

ISBN : 978-2-296-05961-0
EAN : 9782296059610

Préface

Cette recherche sur le développement social local s'imposait. Elle montre qu'à tout le moins le travail social, qu'on le rebaptise ou non intervention sociale, est, comme il l'a toujours été, pluriel. Les tendances à l'individualisation de l'intervention, au contact rapproché et personnalisant, mettant l'accent sur le sujet qu'il s'agit d'approcher, d'activer, de responsabiliser et pour cela d'accompagner[1], ne composent qu'une facette du paysage de l'intervention sociale contemporaine. A côté de ces tendances « néo-libérales »[2], plus silencieusement peut-être, se développent d'autres courants qui mettent l'accent sur les mobilisations collectives, sur les dimensions communautaires du lien social et sur l'ancrage territorial du développement. Le DSL est de ceux-là. Ce sont du reste ces courants qui viennent de se voir reconnaître comme une composante essentielle du travail social dans le nouveau référentiel de formation des assistants de services sociaux. Et c'est de celles-ci dont il s'agit ici.

On hésite sur la nature du développement social local : une procédure, un processus, un dispositif, un champ, un projet, un paradigme, un référentiel, etc. ? Geneviève Besson utilise et interroge tous ces qualificatifs. En fait, le DSL est à la fois une rhétorique et une volonté ou encore une ambition et une problématique.

Une rhétorique, c'est incontestable, on y reviendra, le vocabulaire n'est pas stabilisé. Elle se veut par nature consensuelle. Mais une rhétorique n'est pas nécessairement sans efficace car elle manifeste un idéal commun même flou, une sensibilité à un certain ordre des

---

[1] Astier I. (2007) *Les nouvelles règles du social*, Paris, PUF.
[2] Mais qui s'inscrivent aussi dans une tendance plus générale à l'individualisation ou l'individuation caractéristique de la modernité comme l'ont montré N. Elias et bien d'autres après lui. Voir Ion J. (2005), *Le travail social en débat*, Paris, La découverte.

choses, soutient la pratique qu'elle continue à forger, et témoigne d'une reconnaissance sinon d'une légitimité.

Une volonté, c'est bien ce que l'enquête réalisée par Geneviève Besson montre. Certes, les attentes autour du DSL sont multiples comme les positionnements professionnels et pratiques qu'elle typologise dans le dernier chapitre de cet ouvrage. Mais il y a volonté de faire autrement, de repenser ses concepts, de changer les pratiques. Certes aussi, il y a loin de la volonté à l'action, les habitudes, les logiques professionnelles, les contraintes institutionnelles peuvent la contrarier. Mais la volonté révèle une insatisfaction, manifeste la conscience d'un problème et une tension vers sa résolution.

Une ambition, celle de parvenir à recréer ou à maintenir l'unité constitutive de la société, en dynamisant sa densité sociale ou morale comme la définissait Durkheim, ou de donner de l'épaisseur au social.

Une problématique, s'appuyer sur le local, sur le territoire, pour développer la participation des habitants et la coopération institutionnelle afin de co-produire un diagnostic négocié et des réponses globales ajustées.

Il n'y a en définitive que deux façons de faire société, de produire un ensemble social intégré où chacun trouve sa place dans le respect de ses différences : ou développer des « intermédiaires d'intégration »[3] intervenant d'une façon individualisée au bénéfice de « ces autruis » qui, pour une raison ou pour une autre (handicap, héritage culturel, insuffisance de moyens…), ne peuvent développer les capacités nécessaires pour s'insérer, ou créer collectivement, en coordonnant l'action de tous, une communauté suffisamment riche et diverse, vivante, vivace et dynamique pour que chacun y trouve sa place. La problématique du DSL relève de cette dernière problématique.

---

[3] Voir Castel R. « Devenir de l'Etat providence et travail social » in Ion J., op. cit.

Le social tel qu'entendu ici ne se résume pas encore moins, ne se réduit pas à des actions correctrices, des prestations, voire même à des formes de remédiation sociale pour donner à chacun individuellement, les moyens et les capacités de s'intégrer. Le social, c'est la communauté en ce qu'elle a de solidaire par delà ses divisions, ses inégalités, ses sous-groupes, ses tensions voire ses conflits. C'est la matrice qui porte l'individu et qui se fragilise quand les conflits ne sont pas régulés du fait d'une démocratie défaillante, quand les inégalités dégénèrent en exclusion par déficit d'actions mutuelles et les sous-groupes en clans refermés sur eux-mêmes incapables d'échanger par perte du sens du bien commun et dissolution de l'identité et de la mémoire communes. En un mot, le social, c'est une solidarité entretenue ou encore la socialité.

Quant au local, il renvoie à une inscription territoriale à la fois comme vecteur et objet même de l'intervention. Comme objet quand le déficit de socialité se concentre en un point de fixation localement situé, un quartier périphérique, un îlot dégradé de centre-ville, une zone rurale déprimée, un bassin d'emploi victime de la récession ou de délocalisations. Dès lors en effet, les inégalités s'accentuent, les tensions s'avivent, les repliements sur soi ou sur le groupe d'appartenance se renforcent, le sentiment d'exclusion et d'insécurité se développe, le stigmate se renforce, au point qu'il n'y a plus ni solution globale comme celle que proposait l'Etat-providence surplombant[4], ni de solution individuelle pour espérer s'en sortir sauf à partir, à fuir. C'est donc bien le territoire en tant qu'unité locale économique et sociale qu'il convient d'investir par des actions multiformes régulées et coordonnées sur les ressources économiques locales, sur le potentiel humain, sur le bâti et les communications, sur la vie culturelle, etc. Ou le local retrouve une dynamique nouvelle,

---

[4] Pour autant, il ne s'agit pas de s'aligner sur les dénonciateurs du « trop d'Etat » pour deux raisons au moins, l'une tient à ce que les difficultés que rencontre un territoire trouvent souvent leur origine à un niveau macro-social ou macro-économique et n'ont donc pas de solutions satisfaisantes et durables localement, l'autre à ce que l'Etat reste le garant d'une certaine égalité du fait de l'inégale capacité contributive des diverses collectivités territoriales en fonction de leur richesse.

réussit à s'inscrire dans des courants de croissance et à se relier aux autres centres porteurs dans un territoire rééquilibré, ou il continue son déclin et ses habitants à se précariser.

Le local comme vecteur s'entend comme espace de mobilisation pertinent d'action collective et de mise en cohérence des ressources humaines et sociales locales du fait de la visibilité des effets concentrés de marginalisation économique et sociale, de la prise de conscience possible des interdépendances et des solidarités nécessaires qui en résulte, de la possibilité d'un diagnostic partagé et compréhensible par suffisamment d'institutions, de professionnels et de citoyens pour engager une action collective. En ce sens, le local est rattaché à une approche de la démocratie que l'on voudra non seulement de proximité mais participative.

Ce qui réunit le social et le local, c'est le développement. Le développement personnel, la promotion des personnes, leur insertion dans les réseaux de sociabilité, leur participation à la vie civique, culturelle et économique, le ressourcement de la socialité passent par le développement du territoire et l'insertion de celui-ci dans des dynamiques porteuses qui articulent étroitement les forces endogènes et les ressources externes de toute nature. C'est la raison pour laquelle le développement, et à plus forte raison le développement social local, ne peut être que global, transversal et durable. C'est tout le territoire qui se développe et dans toutes ses dimensions.

Le développement social n'est donc pas le sous-produit de la croissance économique, un supplément d'âme vaguement humaniste pour en supporter les méfaits déstabilisateurs et raccrocher ceux qui ne peuvent pas suivre le train du progrès, les « exclus » de la croissance, selon le sens que ce mot pouvait encore avoir dans les années soixante-dix, comme dans les années glorieuses de l'après-guerre[5].

---

[5] Lenoir R. (1974) *Les exclus*, Paris, Le Seuil.

Le social n'est pas non plus la mise sous perfusion d'un quartier ou d'un territoire pour limiter les risques de violence et de désordre, à coup de transferts sociaux, de mesures « positivement » discriminantes, de subventions, d'embauches de médiateurs de tout poil, etc. Le social est un élément moteur du développement, une condition de sa possibilité et de sa réussite. Ce dont il s'agit, ce n'est pas tant d'intégrer socialement que de produire la société elle-même puisqu'il n'y a pas, *in fine* de société qui ne soit pas intégrée. Or les sociétés comme les civilisations sont mortelles soit du fait d'une intégration étouffante qui stérilise l'innovation et entame l'autonomie des personnes, soit du fait d'une anomie qui rend le lien social et l'échange impossibles et fait perdre au collectif tout ressort. Geneviève Besson, à un moment où il est de bon ton de prendre ses distances avec le paradigme durkhéimien, revient ici, sans complexe, sur les fondamentaux du « vivre ensemble ».

Cette approche n'est pas nouvelle, rappelle à juste titre Geneviève Besson. Refaisant sa généalogie, elle lui trouve plusieurs filiations, certaines approches tiers-mondistes autour de l'animation du développement, le souci d'un aménagement du territoire plus équilibré dans une France monocéphale de l'après-guerre, les expériences micro-régionales françaises des années soixante, essentiellement mais pas exclusivement en milieu rural, le travail social communautaire français ou québécois. Plus anciennement, elle remonte même aux premiers linéaments du travail social tel qu'il s'est développé en Angleterre et dans la banlieue de Chicago avec les premiers *settlements*, en France avec les premières résidences sociales à la fin du XIXème siècle et au début du suivant.

Si ces approches, métamorphosées pour tenir compte de l'état des sociétés contemporaines, reviennent ainsi sur le devant de la scène, c'est nous dit Geneviève Besson, pour quatre raisons. L'approfondissement de la crise économique des années quatre-vingt et quatre-vingt-dix qui a multiplié les situations de précarité, notamment sur des espaces bien localisés et circonscrits ; la décentralisation des politiques sociales dans le cadre des grandes lois de décentralisation qui ont suivi l'avènement de la Gauche au pouvoir en 1981 et qui a été approfondie depuis (acte I et acte II) ; l'inefficacité relative des dispositifs de réponse individualisée au délitement du lien social sinon au maintien de la survie d'une partie de la population, plus généralement les insuffisances des politiques sociales et du modèle de développement et d'intégration qu'elles sous-tendaient ; l'impuissance, relative là aussi, du travail social à prévenir les situations de décrochage individuel ou familial et à remobiliser les individus ou plus simplement à maintenir le lien social. Le DSL, c'est la thèse soutenue ici, doit son « retour » sinon son succès au fait qu'il peut apparaître comme un régulateur des tensions entre institutions et acteurs locaux déstabilisés par ce contexte et comme un facteur de leur légitimation.

Il est certain qu'une part des difficultés rencontrées trouve son origine dans la situation qui a prévalu durant les périodes de reconstruction puis de croissance et le traitement que l'on y a apporté : la politique du logement, qui aboutit à la concentration de ménages vulnérables dans les quartiers périphériques d'habitat social, la politique de formation peu soucieuse de ceux qui quittaient l'école sans qualification et sans formation professionnelle, la politique sociale qui ne s'est jamais vraiment engagée dans le sens collectif, global et promotionnel que les rédacteurs des Vème, VIème et VIIème plans avaient proposé restant arc-boutée sur ses logiques sectorielles, verticales ou institutionnelles et ses populations cibles, la politique de l'emploi peu prospective, spécifiée et territorialisée, etc. Il est remarquable en tout cas que si, à la faveur de la crise économique et des difficultés d'insertion que rencontraient certaines catégories de personnes concentrées sur certains territoires urbains ou ruraux, ont été multipliés les dispositifs territorialisés, ceux-ci, à l'instar de la politique de la ville, ont parfois eu beaucoup de mal à s'appuyer sur l'action et l'intervention sociales. D'une certaine façon, le DSL est une tentative de retour de l'action sociale dans les dispositifs territorialisés[6].

---

[6] En ce sens, le dispositif DSL est bien un support de l'institution travail social et action sociale comme l'ont bien vu Jacques Ion et Bertrand Ravon (Ion, op. cit.).

Le DSL peut-il être alors le remède à cette situation d'anomie et d'exclusion que connaissent certains territoires et leurs habitants ? Prudemment, Geneviève Besson ne répond pas à cette question. Elle sait bien que les inventions apparemment les plus pertinentes peuvent s'enfouir dans le cimetière des occasions manquées. Elle montre bien les virtualités positives du développement social local mais aussi la polysémie de l'expression qui vient à en dénaturer le sens, les contraintes qui pèsent sur sa conception et sa mise en œuvre. La polysémie du mot redouble celle des trois composantes du sigle : développement, social et local. Selon les cas, l'accent est mis sur un élément plutôt que sur un autre au détriment de son unité constitutive. Dès lors les divers acteurs insistent sur le partenariat institutionnel ou sur la proximité, sur la société civile (les associations), sur la participation, sur la transversalité. Quant aux contraintes, outre le fait que la proximité peut aviver les concurrences, elles tiennent à la répartition des compétences issues de la décentralisation qui dissocie les responsabilités du social (le conseil général) et de l'économique (la région), à la pregnance des logiques institutionnelles et professionnelles qui rendent difficile le partenariat et la transversalité ou encore l'approche globale d'une part, à la méfiance parfois entretenue par les professionnels, les institutions, les politiques à l'égard de la société civile, et inversement d'autre part. Elle tient encore aux limites idéologiques et pratiques de la mise en œuvre de la démocratie participative dans un pays où la tradition est à la démocratie délégataire, etc. Mais plus fondamentalement peut-être, ces difficultés de la mise en œuvre du développement social local, résultent de ce qu'il articule des registres d'action et de justification, de légitimité, des valeurs qui empruntent à de registres très divers et qui ne sont pas naturellement compatibles entre eux. Geneviève Besson note d'ailleurs que le concept DSL reste peu familier en dehors du travail social.

Le DSL n'est pas un champ pacifié et consensuel, écrit pertinemment Geneviève Besson. Il confronte rapports de savoirs et de pouvoirs, hégémonie et domination que n'efface pas la rhétorique de la gouvernance. C'est avec raison qu'elle déconstruit patiemment et minutieusement le modèle, met en lumière la diversité des conceptions et l'ambiguïté du vocabulaire, proximité, *empowerment*, convergence, etc. Il y a donc nécessité d'un pilotage.

Elle se demande en outre s'il n'y aura pas désormais plus de prétendants à l'animation que de prétendants à la prise en charge. Mais d'une part, c'est là faire implicitement l'hypothèse de la domination du modèle sur les autres, et d'autre part, on ne voit pas trop qui serait en mesure techniquement et politiquement de réguler ce conflit pour qu'il soit productif. Sans doute conviendra-t-il de s'attarder sur la façon dont le travail de prise en charge individuelle, profondément remanié lui aussi, peut s'inscrire en rapport avec le DSL. Sinon, le risque est grand d'une partition entre une action sociale et un travail promotionnel et une action sociale et une intervention d'urgence réparatrice exacerbant l'antagonisme entre les institutions dégagées de la contingence immédiate et s'adonnant au développement social local et celles en charge de la misère du monde.

Sur le premier point, on peut rappeler que le partenariat conduit au renforcement des identités institutionnelles pour ne pas être dissous dans la masse, la territorialisation renforce l'hégémonie de celui qui a le pouvoir, la décentralisation exacerbe les prétentions du politique local, ceci au détriment des professionnels et de la société civile voire des citoyens et des usagers, de « la population » comme il est dit ici.

Sur le second, on ne peut manquer de s'interroger sur l'articulation entre la proximité spatiale et la proximité concrète de l'intervention rapprochée sur ou avec autrui. Le développement local définirait-il les cadres normatifs et pratiques de l'intervention individualisée sans lesquels celle-ci se dissout dans le coup par coup, le contrôle et la culpabilisation ? Et l'intervention personnalisée et rapprochée, la médiation quotidienne de terrain serait-elle la condition de la mise en œuvre du développement social local sans laquelle il dériverait vers le procédurier, le formel et, loin d'être une innovation créatrice, serait menacé de ne se réduire qu'à une procédure de rationalisation de l'intervention sociale dans un contexte de pénurie, à une méthodologie et une technique d'intervention ignorante du sens profond de la démarche de développement ? Et d'autant plus contraignante et potentiellement dangereuse pour l'autonomie des personnes et des collectifs qu'elle se ferait plus proche.

Seul l'avenir proche, conclut Geneviève Besson, nous montrera comment les acteurs auront traversé cette période de mutation, le DSL n'étant peut-être en définitive qu'une transition vers un nouveau modèle encore incertain. On peut lui faire confiance pour nous le dire. Sa position de cadre supérieure de l'action sociale départementale la met en situation d'observateur privilégié, impliquée mais dégagée des contingences de l'opérationnalité, donc capable d'aller à l'essentiel ; sa fonction la met au cœur des processus institutionnels et politiques donc au cœur de la complexité ; son parcours d'ancienne praticienne de l'intervention sociale lui permet de comprendre les bonnes raisons d'agir ou de ne pas agir des divers acteurs de terrain ; son implication bénévole et militante du développement local lui permet de comprendre la complexité des enjeux ; sa posture de scientifique reconnue enfin lui procure la distance et la décentration nécessaires, sans oblitérer nécessairement l'engagement, ainsi que la culture et la démarche sociologiques, les méthodes – on sera sensible ici au travail de construction typologique- et les instruments adéquats pour recueillir l'information pertinente et la traiter avec finesse et perspicacité.

Ce premier travail devrait donc trouver une suite. On l'attend !

François Aballéa
Directeur
Groupe de recherche Innovations et Sociétés (GRIS)
Université de Rouen

INTRODUCTION

Depuis les années 1990, on s'est mis à beaucoup parler du Développement Social Local. Ce terme apparemment nouveau suscite en effet depuis 1998 un foisonnement d'articles ou d'événements nationaux semblant témoigner d'une sorte de fascination, voire peut-être d'un certain effet mode. Appartenant pour une large partie au champ social, le Développement Social Local apparaît correspondre à une modalité particulière de mise en œuvre des politiques sociales.

Pour dire quelques mots de ces politiques sociales, il faut rappeler que la société française se caractérise par la mise en place des premières mesures fondatrices des politiques sociales en 1841 avec la protection des jeunes enfants en situation de travail. Pour autant, l'action sociale ne s'est véritablement développée qu'ultérieurement, lors d'une période allant de la fin des années 1950 à 1970, les dernières années étant les plus fécondes. Ce sont d'abord les législations de 1953 et 1954 qui ont permis de faire muter l'ancienne notion d'assistance inspirée par des valeurs privées de charité vers un principe d'intervention plus moderne d'Aide sociale, en répartissant les compétences entre l'Etat, les départements et les communes. On ne parle pas encore de collectivités territoriales. Les notions d'action sociale et de politique sociale seront ensuite « inventées » (Jobert, 1981) dans le cadre de la planification et surtout avec le VIème plan. Par la suite, la mise en œuvre de la décentralisation dans les années 1980, en rompant avec une tradition jacobine de plus de deux siècles, répartit les compétences sociales entre Conseil général, Communes et Etat et place ainsi les départements face à de nouvelles et importantes responsabilités.

Si les compétences dévolues aux communes demeurent globalement les mêmes (les communes bénéficiant de compétences déjà bien antérieurement aux lois de décentralisation), celles-ci sont néanmoins directement interpellées par la massification du chômage, la montée de la précarité et de la pauvreté. Cette interpellation est d'autant plus prégnante que 80% des Français habitent actuellement sur 20% du territoire, (c'est-à-dire dans les villes), même si les limites de la ville sont aujourd'hui repoussées vers leur périphérie, grignotant en cela l'espace rural proche et constituant des agglomérations.

L'aide sociale légale municipale est toujours mobilisée de façon traditionnelle, tandis que l'aide sociale « facultative » traduit des choix et des orientations locales plus politiques et permettant l'innovation. L'Etat s'est réservé un champ de compétences touchant à de grands principes d'intervention nationaux telle la santé publique, ou permettant la prise en compte de publics particuliers peu susceptibles de mobiliser l'électorat local (SDF, Hébergés CHRS...), et se présente comme un régulateur central de la société, voire comme un nouvel animateur (Donzelot-Estèbe, 1994). Or la crise de l'Etat-providence (Rosanvallon, 1995) devenu impécunieux face à la montée des exclusions met les collectivités locales et territoriales en situation de participer activement aux politiques sociales territorialisées et transversales décidées par l'Etat, d'autant que la pression sociale se fait plus proche et que l'Etat, dans un Acte II de la décentralisation, transfère notamment aux Conseils généraux un pan nouveau et très important des compétences sociales.

C'est dans ce contexte qu'émerge le Développement Social Local. Ancré à la croisée des politiques de développement et des politiques sociales territorialisées, le Développement Social Local énonce des ambitions fortes de l'ordre de la gouvernance. Au moyen de trois termes pourtant distincts, développement, social et local, qui en s'amalgamant lui conféreraient un sens bien particulier (plus signifiant encore si l'on utilise délibérément ses trois initiales contractées), il embrasse d'un même élan plusieurs préoccupations très contemporaines. Ce faisant, le D.S.L. est aussi un terme séduisant qui laisse entendre que l'on peut traiter dans le même temps et la question du développement, et la question des politiques sociales, et la question territoriale. Sous cette simplicité apparente se cache pourtant une grande complexité et des enjeux manifestement distincts que l'on pense pouvoir fédérer autour d'une simple incantation et d'une perspective à faire advenir au service d'un projet de société que l'on souhaite, bien évidemment, meilleure.

Par exemple, face au mal vivre actuel, chacun pense avoir enfin trouvé là le remède au mal qu'il dénonce, alors même que ce mal n'est précisément pas le même que celui que le collègue ou partenaire croit dénoncer avec lui. De même, les efforts et recherches menés par ces autres que sont aussi les prédécesseurs, paraissent oubliés. Or quand les pratiques sont insuffisamment capitalisées et mal reliées à l'histoire qui les a fait naître et qui peut aussi les faire disparaître, on croit en effet inventer, ou pour le moins, innover. Mais (Alter, 2003), l'innovation n'est qu'une invention mise sur le marché et qui marche bien parce qu'elle a trouvé son public. Ceci veut dire que des inventions pourtant pertinentes peuvent ne pas avoir rencontré le succès pour des raisons environnementales qui n'ont rien à voir avec leurs qualités propres. Cela invite par conséquent à réfléchir aux conditions favorables à la créativité, et plus particulièrement au sein des administrations qui présentent un milieu organisationnel très codifié…

Le présent propos a alors pour objet, loin d'une volonté de collecter des recettes à appliquer pour des convives dont le moindre n'est pas de réussir à les inviter, de dégager les multiples sens et les contradictions potentielles d'une démarche présentée comme nouvelle et encore assez incantatoire, voire de pratiques par trop silencieuses au regard des vérités qu'elles recèlent.

Il s'agit donc de montrer tout d'abord que l'émergence du DSL dans les années 90 n'est pas le fait du hasard, pas plus que ne l'est, d'ailleurs, la mise en œuvre des deux décentralisations. Il est possible, en effet, de considérer que l'émergence du D.S.L. correspond en fait à une tentative de résolution de multiples tensions qui assaillent les modèles du développement, les modèles des politiques sociales et les modèles d'intervention du travail social, et où le territoire devient autant le vecteur que l'objet des nouvelles politiques publiques.

Cette idée fédératrice de D.S.L., cette notion montante dans le champ du social laisse alors supposer un modèle unifié s'appuyant sur un référentiel commun auquel pourraient se référer sans difficulté les multiples acteurs concernés par ce champ aux facettes nombreuses.
Or, tel n'est pas le cas. Une approche rigoureuse de l'ensemble des composantes de ce possible référentiel fait en effet surgir des dimensions multiples qui nécessitent chacune une approche et une prise en compte particulière. Et ces approches particulières ne sont en aucune façon naturellement compatibles entre elles. Que dire alors des acteurs qui représentent certaines de ces dimensions sachant qu'ils se sont professionnalisés avec celles-ci et qu'ils finissent par la considérer comme étant légitimement leur « chose », en faisant même parfois corps avec elle ?

Et bien non, le D.S.L. n'est pas un champ pacifié et consensuel où il ne s'agirait que d'appliquer des méthodes un peu sacralisées et présentées comme garantes des finalités envisagées. Dans cette optique par trop simplifiée, l'acteur ne serait que le bon ou le mauvais technicien compétent ou incompétent à appliquer des méthodes. Cela équivaudrait d'abord à évacuer complètement le sens injecté dans l'action au quotidien, et ensuite à nier le poids des contraintes externes qui pèsent sur les différents acteurs, et le poids des contraintes que les acteurs eux-mêmes imposent à leurs partenaires et aux populations.

L'observation et l'écoute d'acteurs d'un département – ni meilleurs ni moins bons intervenants que ceux de n'importe quel autre département – illustrent en effet de façon significative la force agissante des logiques d'action à l'œuvre dans le nouvel espace public local constitué par les décentralisations successives, véritable scène où se nouent et se dénouent coopérations et conflits.

Loin de constituer un concept et un modèle stabilisé, le D.S.L. pourrait n'être finalement que l'art de savoir identifier et combiner l'ensemble de ces logiques en les mobilisant de façon opportune avec le respect exigeant et constant de ceux au profit desquels elles sont sensées se mettre au service, à un moment où le terme « exclusion » semble cristalliser de façon très particulière les enjeux sociétaux de ce qu'il est désormais convenu de nommer – juste retour des réflexions de Durkheim sur la modernité – la cohésion sociale.

Alors, si d'aventure on est un travailleur social formé à une époque où l'on évoquait aussi le Travail Social avec les Groupes (TSG) et le Travail Social Communautaire (TSG), et que par ailleurs, on s'est aussi lancé très tôt dans l'enthousiasme associatif militant du développement local des années 70 (les « Volem Viure al païs » d'ici et d'ailleurs), on ne peut, bien sûr, que chercher à interroger d'un même regard à la fois la pratique professionnelle et la pratique militante par rapport au projet de société que chacune dessine et que la démarche de D.S.L. pourrait d'une certaine manière synthétiser.

Et chacun demeure libre, alors, dans cette lecture, de choisir la paire de lunettes qu'il souhaite chausser…

Chapitre 1

TENSIONS DANS LES MODELES DES POLITIQUES PUBLIQUES ET EMERGENCE PROGRESSIVE DU D.S.L.

Le terme de Développement Social Local (D.S.L.) contient trois termes bien différents, « Développement », « Social » et « Local » qui ensemble, exprimeraient un sens bien particulier et différent de chacun des termes en question.

Pour autant, si l'on tente de retrouver l'origine et la filiation de cette notion apparemment nouvelle de D.S.L. (ce qui reste d'ailleurs à prouver), il est nécessaire d'en passer préalablement par le terme de Développement, ce qui conduit également à interroger la dimension du Local, ce à quoi elle s'oppose et pourquoi elle apparaîtrait aujourd'hui valorisée. En même temps, cette immersion dans la question du développement et du territoire permet de repérer les tensions qui font qu'au sein des politiques publiques, les modèles de développement évoluent dans le temps et se succèdent avec de nouveaux termes, si besoin avec des qualificatifs pour mieux les préciser.

Ensuite, il est utile aussi de s'intéresser aux politiques sociales qui ont pour objet particulier, non pas d'œuvrer en faveur des territoires mais en faveur de citoyens confrontés à certaines difficultés, et pour lesquels les modèles d'intervention requièrent à la fois permanence et changement. La généalogie de ces politiques sociales permet alors de comprendre certaines contradictions originelles qui ne s'apaisent pas avec l'évolution plus favorable du contexte économique et social, alors même que le modèle d'intégration s'épuise face à de nouveaux défis et qu'émergent de nouveaux modèles comme autant de tentatives de réponses et de solutions aux nouveaux problèmes posés. Ce sont ces problèmes que l'on désigne alors comme étant la « question sociale », voire la « nouvelle question sociale » quand celle-ci se modifie.

Enfin, il est important d'observer le travail social et l'intervention sociale, ces professionnalités inscrites dans l'action sociale venant compléter les politiques sociales par des interventions individualisées et souples. Outre le fait de garder en eux les traces des conditions de leur émergence, ces métiers anciens n'échappent pas non plus aux tensions qui assaillent les politiques sociales. Ils font ainsi l'objet de remises en question plus ou moins profondes qui conduisent à modifier et à faire évoluer les pratiques professionnelles mais aussi à faire coexister plusieurs modèles, non sans difficulté également.

Le Développement Social Local apparaît alors progressivement à la croisée des tensions multiples de ces trois domaines spécifiques, tout en les articulant d'une façon inédite.

1. TENSIONS DANS LES MODELES DE DEVELOPPEMENT

Tout d'abord, rappelons que si dans les faits, l'économie du développement est véritablement née après la seconde guerre mondiale – bien que cette pensée particulière puise ses racines dans des périodes plus anciennes (voir Adam Smith) –, il est indéniable que la théorie économique du développement s'est toujours organisée autour du thème central de la croissance. Ce ne serait qu'au cours des années soixante-dix – c'est-à-dire au moment où l'on commence à douter du fait que le progrès puisse tout résoudre – que le modèle évolutionniste se serait alors recomposé (Assidon, 2002). 20 ans plus tard, la dimension humaine est en quelque sorte « découverte », qu'il s'agisse d'une ressource ou bien d'un objet de respect au regard d'une perspective de développement.

S'agissant de la France, les tous premiers engagements du pays en faveur du développement n'évoqueront pas ce terme et ne seront pas même conceptualisés. C'est d'aménagement du territoire qu'il sera d'abord question, en l'occurrence d'une politique très volontariste parce que le développement n'est jamais automatique.

Plus précisément, c'est le sentiment après 1945 d'un retard spécifiquement français qui suscite une volonté étatique de modernisation[7]. L'Etat qui maîtrise désormais grâce aux nationalisations nombre de leviers déterminants (transports, énergie, crédit, éducation), entend stimuler la croissance et corriger les retards en matière de consommation, d'investissement et d'exportation. Il utilise pour cela la planification (Commissariat général au plan) puis la DATAR (créée en 1963) pour corriger les maux français qui se nomment alors « malthusianisme, ruralisme, culte du petit et provincialisme ».

Si les préoccupations d'aménagement du territoire émergent surtout après les années 1945, c'est que l'on commence à ce moment à prendre conscience des effets massifs de l'exode rural qui vide les campagnes et engorge en conséquence les villes, créant de la sorte un déséquilibre de moins en moins tolérable qu'il est nécessaire de corriger en rééquilibrant les territoires et la répartition des hommes. Ces volontés d'intervention correctrice vont alors utiliser ou tenter d'utiliser et de conjuguer les politiques/outils que sont l'aménagement du territoire, la planification et la prospective.

L'Aménagement du territoire est une construction progressive destinée à rééquilibrer des territoires habités.

Au cours du mouvement d'exode rural, PARIS devient le véritable centre nerveux de la France[8] en concentrant le siège des décisions

---

[7] Jean Monnet lance notamment le slogan mobilisateur « Modernisation ou décadence ».
[8] C'est le célèbre ouvrage de Jean-François Gravier « *Paris et le désert français* » (1947) qui alerte l'opinion et permet la prise de conscience du grand déséquilibre

avec les administrations, les grandes entreprises, les communications, les transports, mais aussi les élites intellectuelles et politiques. La concentration de population va justifier la création d'équipements, provoquer de la spéculation foncière et un développement incontrôlé des banlieues, bref, induire un coût social élevé alors que les campagnes se vident en même temps de leurs forces vives. L'heure est donc à la réflexion et à la volonté de maîtrise du phénomène.

Les premières démarches d'aménagement du territoire consistent à décentraliser les activités industrielles pour en faire bénéficier les régions en difficulté. Ces initiatives rencontrent la volonté des chefs d'entreprise de favoriser le développement de leur propre région. Les pionniers de l'aménagement du territoire seront donc des chefs d'entreprise et des hauts-fonctionnaires...

Les observateurs avertis (Madiot, 1993)[9] observent toutefois trois périodes historiquement distinctes dans la politique d'aménagement du territoire français :

Une première phase d'affermissement vers 1954 sous l'impulsion de Claudius Petit qui s'attache à la juste répartition des hommes sur le territoire et à l'expansion économique et sociale des régions qui souffrent de sous-emploi ou de développement économique insuffisant.

Une seconde phase qui correspond à l'essor véritable de l'aménagement du territoire, entre 1960 et 1975, avec notamment la création de la DATAR qui va impulser, imaginer, et coordonner des politiques spécifiques comme les métropoles d'équilibres, les agglomérations, les villes moyennes, les contrats d'aménagement, les contrats de pays et « la reconquête de l'espace rural par les agriculteurs, artisans et entreprises »[10].

---

entre Paris et la province, cet ouvrage devenant par la suite la référence de ce constat.
[9] Directeur de recherche au CNRS, Centre d'Etude de la Vie Politique Française.
[10] Selon le discours en 1978 du Président de la République lors du 15ème anniversaire de la DATAR.

Dans les années 1980, l'aménagement du territoire vit ensuite une période de repli due à la crise économique, au chômage, mais aussi à la décentralisation. Il s'agit alors surtout de protéger ou de créer de l'emploi dans les zones les plus fragilisées, dans un contexte difficile de perte de légitimité étatique où l'interventionnisme jacobin et la souveraineté de l'Etat sont remis en cause. L'aménagement du territoire se vit essentiellement sur un mode défensif.

En revanche, lors d'un recensement en 1990, les disparités régionales deviennent plus visibles et l'aménagement du territoire est relancé lors d'un grand débat à l'Assemblée Nationale le 29 mai 1990.

L'Aménagement du territoire apparaît par ailleurs tardivement dans la planification (4ème et 5ème plans), ce qui exprime sans doute, et du moins par rapport à l'époque, une difficulté à le prendre en compte dans une visée à long terme. Mais lorsque celui-ci devint objet de la planification, il le devient de façon assez irréaliste. Les objectifs annoncés sont sans cesse récurrents, ce qui témoigne de l'inefficacité des moyens mis en œuvre.

Tout cela est le signe, vraisemblablement, de la difficulté à maîtriser l'objet de l'aménagement du territoire, notamment parce que celui-ci traite également du changement social, et que ce changement obéit difficilement à des perspectives fixées de façon déterministe avec une méthode que nous nommerions aujourd'hui « *top down* ».

La prospective qui est un outil plus souple se heurte également à l'imprévisibilité de la mobilisation effective des acteurs, quand bien même l'image du territoire et de l'intervention publique s'imposeraient assez facilement à partir des déséquilibres constatés.

Ainsi, au nom du progrès et pendant dix ans, l'Aménagement du territoire aura pour objectif la mise en œuvre d'une politique réparatrice et de reconstruction. Celle-ci s'appuiera sur l'initiative étatique pour s'appliquer de façon essentiellement descendante, mais la politique d'aménagement évoluera ensuite au cours du temps pour s'adapter à son contexte et favoriser notamment la participation locale, ce que la loi Voynet (25 juin 1999) annoncera effectivement dans l'exposé de ses motifs[11]. Après la loi Pasqua de 1995 qui inaugure le cadre législatif pour la thématique de l'aménagement du territoire, la loi Voynet de 1999 réalise ainsi une synthèse entre les réflexions prospectives de la DATAR (recomposition des territoires, agglomérations, pays, maillage et polycentrisme) et la politique prônée par les Ecologistes (développement durable, demande sociale, participation et prévention des risques). L'évidence d'un lien entre la cohérence territoriale et la cohérence sociale émerge alors avec la seconde génération des contrats de plan. Toutefois, si la politique d'aménagement du territoire évolue dans le temps pour s'adapter aux nouveaux besoins exprimés et notamment au besoin de participation, les tensions internes au sein de ses modèles n'en sont pas moins présentes parce que les objectifs poursuivis peuvent être potentiellement contradictoires (Alvergne-Musso, 2000)[12]. Et finalement, faute de doctrine explicite, la conceptualisation du développement s'effectue en fait à postériori grâce à une relecture des contextes et des événements, les outils et méthodologies ayant semblé préalablement suffire en terme de doctrine.

---

[11] « *La planification territoriale doit s'appuyer sur une évaluation des besoins exprimés par la population et les acteurs socio-économiques, des capacités existantes pour y répondre et des solutions nouvelles qui peuvent être mises en œuvre pour les satisfaire* ». La méthode est également modifiée avec un échange constant entre les services de l'Etat et les régions : « *La planification territoriale et la programmation des actions doivent être le produit d'une réflexion décentralisée et d'un dialogue avec l'Etat* ».

[12] « *Si l'aménagement du territoire n'est pas contesté et trouve dans le développement durable un nouveau souffle, il poursuit cependant des objectifs contradictoires : équité, environnement et attractivité. Il doit concilier aussi des ambitions multiples : l'aménagement, le management et le ménagement des territoires* ».

La lente et difficile émergence du concept de développement

Si l'on repère bien la thèse libérale et évolutionniste du retard et des stades de la croissance de Rostow (1970) ainsi que la thèse libre-échangiste des échanges comparatifs de Ricardo (1970) qui ont focalisé les interrogations de l'après deuxième guerre mondiale, ce sont en fait les revendications d'indépendance politique des mouvements nationalistes des pays colonisés qui vont provoquer l'essor de l'économie du développement, dans un contexte de déclin des empires coloniaux.

La thèse tiers-mondiste indique que le développement ne serait qu'une idée occidentale qui déstructure les pays du tiers-monde, leurs valeurs et leurs cultures. La prise de conscience de ce qu'est le développement émerge en fait de façon comparative, notamment à propos du « sous-développement » de certains pays et plus particulièrement des difficultés des pays du Tiers-monde dont reviennent certains coopérants. Pour ces témoins[13], ces pays ont d'abord été considérés comme les périphéries alimentant le centre constitué par nos nations dites développées. La politique menée a abouti à l'extension de monocultures d'exportation qui ont déstructuré les systèmes agraires internes et conduit à l'épuisement des ressources. Face à cette situation alarmante, il a donc fallu se résoudre à stopper l'asphyxie des périphéries et à penser en terme de développement « intégré » au pays. Or, seules les élites urbaines et internationales concevaient et finançaient ce développement, sans tenir compte de la sagesse et du savoir-faire des populations reléguées à fournir la main-d'œuvre nécessaire à la réalisation de ces projets. La résistance passive de la population exprimait donc son refus de cette politique conçue indépendamment d'elle. De là, sans doute et pour partie, les échecs et la situation dramatique des paysans... L'apprentissage social des populations concernées et

---

[13] Odile et Olivier Dubigeon, animateurs ruraux ayant mené pendant deux ans et demi une expérience d'auto-développement en Haute-Volta comme formateurs d'agents de développement et de groupement villageois, s'expriment de la sorte dans la revue Autrement n°47-83.

leur participation s'appuyant sur la formation et la prise en compte de leur culture propre devient alors un enjeu.

Cette façon de penser le Développement par sa prise en charge par la population elle-même, même si elle n'apparaît pas généralisée dans le tiers-monde, engendre et enrichit considérablement la réflexion sur le Développement en France, au moment où ces questions se posent face au déclin des zones rurales. Il ne faut donc pas s'étonner de retrouver par la suite et sur ce mode (même sentiment d'un vécu de situation de colonisation avec une revendication de l'identité culturelle), l'émergence dans les années 1970 de mouvements sociaux se réclamant de cette prise de conscience.

Mais d'autres expériences ont aussi influencé ces modèles de développement s'appuyant sur la participation des habitants. En effet, les modèles de développement post-coloniaux et le programme du « Colonial office » anglais en 1940 puis celui des Nations-Unies en 1955 ont inspiré les pratiques dites du « self-help ». Ce concept sera ensuite diffusé pendant toute la période de décolonisation par l'O.N.U. entre 1945 et 1965. Mais c'est notamment à partir de 1960 que l'ONU théorise et expérimente le « développement communautaire ». Dans un second temps, le développement communautaire ne concerne plus seulement les anciennes colonies, mais également les pays du Tiers Monde et en voie de développement. Les U.S.A ont ainsi lancé vers les années 1960 une vaste campagne de développement communautaire en Amérique latine. Le gouvernement Kennedy finance par le biais de « L'Alliance pour le progrès » des projets de développement s'appuyant sur la participation de la population locale et des travailleurs sociaux. Mais cette initiative étatique suscitera une réaction sociale par le développement de nombreux mouvements d'éducation populaire, particulièrement au Brésil. Une pensée originale révolutionnaire voit alors le jour, qui s'appuie sur l'Eglise Catholique. La pensée « conscientisante » de Paulo Freire se développe. Aux Etats-Unis, dans les années 1930, Saül Alinsky aura préalablement prôné le repérage et la formation de leaders « naturels » dans les quartiers pauvres de Chicago de manière à favoriser la conduite d'actions et la prise de pouvoir par les minorités défavorisées (cette idée d'*empowerment* est d'ailleurs fortement reprise aujourd'hui).

C'est aussi en 1967 que le pape Paul VI popularise avec son encyclique « *Popularum progressio* » les idées de développement pour le tiers Monde.

Petit à petit, le développement communautaire se répand dans les pays européens industrialisés. Mais il ne touche pas la France qui préfère parler « d'animation » qu'elle pratique notamment au Maroc, en Afrique et en Amérique latine avec « Economie et Humanisme » puis avec l'Institut International de Recherche et de Formation pour l'Education et le développement (IRFED).

En France, particulièrement avec la Jeunesse Agricole Chrétienne (JAC) et la DATAR, animation et vulgarisation des techniques agricoles se rejoindront…

On peut toutefois citer une pratique française particulière qui est celle de Lyautey (1854-1934) et son « humanisme colonial » qui se serait appuyé sur le respect des croyances et des coutumes dans un souci de modération et d'équité. De fait, il permit d'expérimenter au Maroc (1912-1925) les idées alors novatrices d'urbanisme, en préconisant une préservation intégrale des villes indigènes du Maroc, respectueuse des témoignages du passé dans l'organisation de l'espace présent (école régulatrice).

Un certain nombre d'influences diverses ont ainsi permis la remise en question d'un modèle dominant de développement qui ne permettait ni une approche pluridisciplinaire ni la participation des populations aux projets qui les concernent, voire qui les maintenait dans la dépendance et l'aliénation, d'autant qu'on s'est aperçu par la suite que, contrairement à ce que l'on pensait, il n'existe pas de modèle unique et universel de développement. Si bien que, comme autant de signes de nouvelles propositions et de contre-modèles, un certain nombre d'adjectifs apparaissent alors accolés au terme développement pour lui apporter un sens très particulier et distinct du modèle en vigueur, modèle qui connote trop la recherche exclusive de la croissance ou du profit, voire d'une certaine domination sur les populations.

Il en est ainsi des qualificatifs « local » ou « social » qui annoncent, sans pouvoir le théoriser, des pratiques différentes et essentiellement les modalités opératoires, dans un premier temps militantes, d'un mode de développement plus respectueux des territoires et des hommes qui les peuplent. Le qualificatif « durable » viendra ensuite compléter ces approches empiriques avec, signe de maturité naissante, un effort notable de théorisation.

Les modèles empiriques de développement

Les premières expériences ont surgi en milieu rural et se sont appuyées ensuite sur les Pays, pour ensuite atteindre le milieu urbain en partant du quartier. Il est intéressant de noter, s'agissant d'initiatives ascendantes, que l'on part toujours de la proximité pour élargir ensuite le terrain d'expérimentation à une périphérie plus large qui englobe d'autres préoccupations qui sont souvent à la source des difficultés rencontrées[14]. Le Développement Social Local qui émerge par la suite pourrait correspondre, en ce qui le concerne, à une adaptation de ces démarches tâtonnantes au domaine plus spécifique des politiques sociales et à la particularité de leurs publics.

Le milieu rural a particulièrement innové en élaborant des pratiques et des démarches relevant d'une approche globale et non plus sectorielle, en cassant ainsi les visions parcellaires et en créant une dynamique collective à partir de l'appropriation des données complémentaires qui caractérisent le territoire local.

En effet, depuis les années 1960, comme on l'a vu, la transformation profonde de la société française, le développement industriel et l'urbanisation entraînent une déstructuration des

---

[14] Cela traduit vraisemblablement le cheminement de la pensée et de la prise de conscience qui s'élargit, dans un processus d'apprentissage progressif.

campagnes françaises, voire en certains cas, une véritable désertification. C'est alors qu'une prise de conscience s'effectue, à la fois dans les milieux politiques et administratifs et au sein du monde rural.

Dès avant 1959, des agriculteurs s'investissent dans divers groupements agricoles, voire chrétiens, pour accompagner l'évolution de l'agriculture et du monde rural et pour l'infléchir dans un sens qui leur soit favorable, tout en veillant à l'animation locale pour améliorer les conditions de vie quotidienne par les loisirs et les aspects festifs et conviviaux. C'est d'ailleurs à ce moment qu'apparaissent les premiers Comités d'expansion encouragés par l'Etat et qui joueront, notamment en Bretagne (Pays du Mené), un rôle très important.

De ce point de vue, l'expérience de la Bretagne, même si elle n'est pas isolée car de mêmes réactions apparaissent en zone montagneuse, demeure exemplaire et emblématique.

Elle signe en effet le départ d'un vaste mouvement à caractère régionaliste s'appuyant notamment sur les procédures agricoles nouvelles (Contrats de pays, Plans d'aménagement ruraux) pour permettre la valorisation des territoires locaux appropriés et revendiqués.

C'est certainement dans cette émergence première des pays qu'il faut voir les fondements de la loi Voynet qui consacre les pays, comme ils avaient été préalablement ciblés par la loi de 1995 dite loi Pasqua, et qui n'émergent donc pas en 1995 et 1999 de façon nouvelle et spontanée...

S'agissant de la Bretagne, Paul Houée (1982)[15] explique que son Mené natal s'est réveillé un jour de printemps 1965 autour du slogan *« Le Mené, un pays qui ne veut pas mourir »*.

---

[15] Observateur participant mais aussi chercheur à la station d'Economie et de Sociologie Rurales de Rennes.

Le Mené est alors une région pauvre de la Bretagne intérieure, éloignée des grands axes de l'économie moderne, fragmentée par divers découpages administratifs et zones d'influences, et qui a dû s'appuyer sur la valorisation de ses propres ressources pour s'extraire de son isolement. Paul Houée indique que le Comité d'expansion du pays du Mené, contrairement à ceux d'autres pays bretons (Nord-Finistère, Cornouaille), s'est volontairement limité dans ses ambitions, mais en revanche, s'est d'emblée délibérément inscrit dans une démarche de développement global ascendant, c'est-à-dire une démarche d'auto développement.

A partir d'une thèse de sociologie et d'études-participations, la dynamique de restitution auprès de la population des résultats faisant émerger un diagnostic global déclenche alors au printemps 1965 des réactions locales qui se matérialisent par de grandes réunions populaires et un jaillissement de propositions. Ce sont les premières communes qui se regroupent et celles qui les rejoignent ensuite, qui forment le Comité d'expansion du Mené qui impulsera ou sera à l'origine de l'ensemble des actions de développement local.

Paul Houée souligne l'intérêt de cette conception du développement global endogène qui s'appuie sur la complémentarité horizontale des activités, des objectifs économiques, sociaux et culturels et sur la participation intense de la population et de ses élus.

Cette horizontalité permet donc de réunir en un même lieu et un même temps plusieurs dimensions (l'économique, le social et le culturel), avec une absence de hiérarchie que l'on retrouve sur un autre plan, celui de la participation indifférenciée de la population et des élus. Toutefois, cette participation est bien une participation…à, et qui rencontre des objectifs et des incitations nationales auxquels elle apporte vie et sens.

Les dispositifs « Plans d'Aménagement Ruraux » (PAR) créés en juin 1970 par le Ministère de l'Agriculture seront en effet particulièrement investis, comme le sera par la suite la politique de rénovation rurale menée par la DATAR.

L'expérience locale du Mené va susciter un vaste mouvement qui va faire écho et s'étendre à toute la Bretagne qui se reconnaît dans les problématiques soulevées. En effet, avec l'accroissement démographique des villes qui entraîne le dépeuplement des campagnes, la Bretagne se segmente entre cantons urbains et périurbains qui profitent d'une croissance généralisée, cantons du littoral plus attractifs qui maintiennent de la vie grâce à la présence de touristes et de retraités, et cantons de l'intérieur qui perdent peu à peu leur substance. Cette Bretagne morcelée devient alors beaucoup trop grande pour poser les problèmes et trouver les solutions adéquates. Les solutions se recherchent alors à l'échelle du pays.

Le pays apparaît en effet comme l'espace humain fondamental des solidarités et de la participation et comme l'espace pertinent pour animer et organiser collectivement la vie commune dans une perspective de développement global. Le pays semble donc bien à bonne échelle[16] face à des besoins sociaux nés de la perte des solidarités traditionnelles, et face à la possible perte consécutive de repères et de sens. L'animation y remplit la fonction pédagogique d'accompagnement. En fait, que le territoire soit Pays ou qu'il soit autre, le local rassure (« small is beautiful ») et devient le fondement des nouveaux mouvements. En effet, le modèle centralisé uniformisateur est perçu comme inégalitaire et déstructurant, et l'on prend désormais conscience que d'une part, l'économie locale peut être tout autant dynamique et structurante,

---

[16] Paul Houée (1982) relève notamment que « *les hommes, surtout les jeunes, ont besoin de retrouver un ancrage, une identité dans un espace d'appartenance familier et signifiant, où ils se sentent connus et reconnus dans la globalité de leur être. A côté d'espaces d'appartenances verticales, sectorielles ou professionnelles, l'homme a besoin d'appartenances horizontales, communautaires, d'un espace-synthèse. Les groupes humains de plus en plus diversifiés ont besoin de prendre conscience ensemble de leur situation, de leurs contraintes, de leurs conflits à objectiver et de leurs solidarités à rendre agissantes, au plus près des intéressés* ».

et que d'autre part, la croissance ne vient désormais plus du centre mais de la périphérie.

L'originalité de la Bretagne est sans doute d'avoir réussi à concilier les forces socio-économiques et les expressions socioculturelles, le potentiel de production et la quête d'identité, et d'avoir permis l'articulation de l'économique et du culturel comme en aucune autre région en France. C'est ce qui lui confère son caractère exemplaire et emblématique.

En 1982, la Fédération des Pays de Bretagne lance alors des fiches d'identité et des « Cahiers de doléance » qui vont parvenir à plus de 600 associations locales. Une partie de celles-ci se retrouveront à Mâcon pour la tenue d'Etats généraux en juin qui signeront en quelque sorte la naissance officielle du développement local. L'Association Nationale pour le Développement Local et les Pays se crée et constitue une référence pour les études et les politiques de développement local. (Le mouvement proposera ainsi les chartes intercommunales, initiatives et solidarités locales, politiques régionales d'appui).

Le deuxième type d'expériences concerne le milieu urbain. L'initiative de Développement Social des Quartiers est plutôt de type descendant, même si les références en ce domaine proviennent du terrain et plus précisément des luttes urbaines de l'Alma-gare à Roubaix qui elles-mêmes sont inspirées par les pratiques des quartiers Nord de Bruxelles.

Le développement social est en fait un terme qui est apparu en fin d'année 1981[17] à l'issue de la procédure « Habitat et vie sociale »

---

[17] Pierre Saragoussi qui est avec Hubert Dubedout l'un des promoteurs du terme Développement Social des Quartiers (DSQ), confirme, lors du Colloque « Cités en question » en 1986, l'origine et le cheminement de cette expression nouvelle : *« Je crois que lorsqu'on a forgé cette notion de développement social, c'était pour s'opposer à d'autres notions qui étaient utilisées. En particulier tout ce qui concernait la population défavorisée... Donc, on voulait nier la façon dont un certain nombre d'institutions parlaient des populations qui résidaient dans ces quartiers... Nous entendions participer à la transformation des rapports sociaux*

et suite aussi aux explosions des quartiers des Minguettes et de Vénissieux, ce dispositif devant trouver un nouveau souffle et une nouvelle légitimité dans le contexte nouveau de la décentralisation. Pour autant, des pratiques antérieures de travail social communautaire ont existé en France ou ailleurs sans mettre en avant spécifiquement le terme de développement.

« Habitat et vie sociale », groupe interministériel, avait été créé en 1977 pour permettre d'enrayer la dégradation physique et sociale de grands ensembles qui était attribuée aux populations défavorisées reléguées dans ces quartiers aux moments des grandes reconstructions de l'après-guerre.

Cette opération, pour réussir, supposait de travailler conjointement sur le bâti et sur la vie sociale, mais elle supposait surtout la participation de la population.

Le développement social des quartiers (DSQ) se proposait alors d'aller plus loin en agissant directement sur les causes de l'exclusion sociale. Les acteurs ont donc cherché à innover en investissant les secteurs économique et de l'emploi (exemple des Régies de quartier) mais aussi les différents domaines permettant l'accès aux transports, au logement, aux loisirs et à la culture. En dépassant l'espace du quartier pour prendre en compte celui de la ville toute entière, la démarche débouchait alors sur le DSU (développement Social Urbain).
Adapté à une situation de crise, le développement local ou social est ainsi un processus qui vise à ce que les populations d'espaces marginalisés prennent leur destin en main. Ce développement postule à en faire des acteurs, mais aussi des partenaires en mesure de négocier, et donc en capacité de maîtriser sur un espace ce qui les concerne.

---

dans ces quartiers et ... déplacer les responsabilités, puisque très souvent, les problèmes de ces quartiers étaient accolés aux populations et jamais aux institutions ».

Le développement social présente toutefois des caractéristiques assez particulières par rapport au développement local, en raison de nécessaires démarches de médiation pour permettre l'expression des populations[18]. En effet, les populations concernées par le développement social sont des populations démunies qui n'accèdent pas naturellement à l'espace public puisqu'elles vivent des situations d'exclusion. Ce ne sont pas elles qui spontanément s'invitent à la table des négociations avec un mandat de représentation de leurs pairs. Le développement social relevant de rapports d'exclusion, il importe alors de développer l'écoute et l'accompagnement, de manière à ce que les catégories qui excluent, voire les institutions, changent leur regard à l'égard des populations en situation d'exclusion. Cette action de médiation constituerait alors un préalable indispensable au développement lui-même, selon Gérard Masson et Jacqueline Mengin (1989)[19].

Pour ces auteurs, 6 principes doivent impérativement fonder la démarche opérationnelle de développement local ou social, ce qui nous permet de proposer une toute première définition :

- Le développement est d'abord un processus avant d'être une procédure et il suppose préalablement une prise de conscience de la population.
- Le développement s'appuie sur des forces endogènes. Il est inutile de rechercher leur représentativité, l'essentiel est leur degré d'implication.
- Le développement est aussi territorial et non sectoriel et il s'appuie sur la transversalité.
- Il recherche le désenclavement et la reconnaissance positive des territoires.

---

[18] Particularités relevées et expliquées par Jacqueline Mengin et Gérard Masson en 1989.

[19] Le développement local apparaît comme une intervention structurée, organisée, à visée globale et continue, dans un processus de changement des sociétés locales en proie à des déstructurations et des restructurations (Mengin-Masson, 1989) : *Le développement local ou social est la voie grâce à laquelle les acteurs entament un processus de remobilisation, de recréation d'un espace social, d'où peut naître un développement ».*

- Le développement suppose un espace comme lieu de concertation et d'articulation des acteurs.
- Enfin, la création d'un espace de négociation est essentielle pour que la population jusqu'alors marginalisée puisse renégocier au quotidien sa citoyenneté auprès des multiples institutions concernées.

Pour ce qui est de la démarche du DSQ, celle-ci prendra une ampleur nouvelle avec la politique de la ville dont l'approche plus globale permet au quartier de ne plus être considéré uniquement comme cristallisant tous les stigmates de l'exclusion, mais comme étant désormais plus ouvert à son contexte, dans une relation plus dialectique et plus riche.

C'est en 1985-1986, lors des travaux préparatoires du IX° plan, que la notion de Développement Social Local est ensuite précisée[20]. Pour autant, la circulaire Questiaux du 28 mai 1982 enjoignait déjà[21] « *l'action sociale à se mettre au service de projets d'intervention locale dans le cadre de vie ou de développement social* ». L'idée n'était donc pas nouvelle mais elle ne fut pas suivie d'effet. Ce n'est qu'à la fin des années 1990 que la notion va retrouver une nouvelle vigueur, comme si le D.S.L. était l'unique et l'ultime solution face aux problèmes contemporains de notre société, alors qu'émerge également une nouvelle notion de développement, le développement durable.

Le développement durable

Si en 1820 déjà, Jean-Baptiste Lamarck prophétise que l'homme est destiné à s'exterminer lui-même après avoir rendu le globe inhabitable, cette question ne se pose et n'est médiatisée pour la première fois qu'au début des années 1970, avec la publication du

---

[20] (Ducroux, 2000, p. 33) : « *Le D.S.L. se caractérise comme la mise en œuvre (...) d'un projet global associant les aspects économiques, sociaux, culturels du développement (...). Un processus de développement s'élabore à partir d'une concertation large de l'ensemble des citoyens et des partenaires concernés, et trouve sa traduction dans une maîtrise d'ouvrage commune* ».
[21] (In Mondolfo, 2005, p. 77).

rapport du Club de Rome. Les prémisses de développement durable se retrouvent en fait dès la fin des années 1960, alors que le consumérisme et l'écologie s'implantent aux Etats-Unis et en Europe - du - Nord et que les « *Class-actions* » constituent un mouvement social. Alors, le Club de Rome mettra en évidence la contradiction entre la finitude des ressources et le caractère exponentiel de la croissance. Ce n'est qu'à partir de 1987 que l'expression « développement durable » apparaît, avec le rapport Brundtland. La notion de développement durable s'impose à l'occasion du Sommet de la Terre à Rio en 1992, lors de la réunion de Chefs d'Etats qui se conclut par la signature de deux conventions internationales. Ultérieurement, le protocole de Kyoto de 1997 destiné à stabiliser et/ou réduire les émissions de gaz à effet de serre, apparaît être une innovation majeure dans la gouvernance internationale (terme qui apparaît également de plus en plus), parce qu'il introduit le principe de précaution dans le droit international.

Selon René Passet (Passet, 1999) le développement durable ne constitue pas une théorie mais un objectif, parce que l'économie est condamnée à redécouvrir sa véritable identité qui est celle d'une activité d'optimisation sous contrainte. L'économie aurait donc fonctionné jusqu'à présent dans une conscience, et une illusion d'ailleurs, d'un milieu sans contraintes. La première contrainte est celle des interdépendances, car une atteinte sur un milieu peut en affecter d'autres. Ensuite, il faut respecter la biodiversité car plus un système est diversifié, plus le réseau des interdépendances s'enrichit et accroît ses chances de surmonter les perturbations dont il peut faire l'objet. Enfin, il faut tenir compte du fait que le problème du monde n'est pas la sous-production mais la surproduction et la résolution du problème de sa répartition.
Ainsi, le développement cesse enfin de se confondre avec une pure croissance quantitative et se définit (Rapport Brundtland), comme « *un mode de développement qui ne compromet pas la capacité des générations futures à satisfaire leurs propres besoins* ». Ce principe de responsabilité réactualise les principes moraux de Kant *(« Agis de telle sorte que tu puisses également vouloir que ta*

maxime devienne une loi universelle. Ton devoir envers moi est la source de mon devoir envers toi, car si tu es « l'autre » pour moi, je suis « l'autre » pour toi. »), du moins en ce qui concerne les devoirs à l'égard des générations futures.

Avec le développement durable, une nouvelle dimension est donc prise en compte, celle du temps et du futur que nous ne connaîtrons pas mais que connaîtront nos enfants et leur descendance. La notion de développement durable postule une forme de développement qui ne conduise pas au délabrement du lien social et à la misère des hommes. C'est précisément sur cet aspect que se fonde également le Développement Social Local (D.S.L.).

Le Développement Social Local

Parallèlement à la diffusion croissante du terme de développement durable, le terme de Développement Social Local, héritier actuel (mais sans mémoire de sa filiation, comme s'il était né sous X !) de toutes les pratiques antérieures de développement local, de développement social urbain et de travail social communautaire, se trouve aujourd'hui réactivé et semble dorénavant fonder un nouveau référentiel d'action en matière de travail social, alors que les travailleurs sociaux ne s'étaient guère institutionnellement impliqués dans les dispositifs de développement social urbain antérieurs.

Si la Mutualité sociale Agricole avait depuis longtemps fait siennes les pratiques de Développement Social Local (et on le comprend aisément compte-tenu de l'histoire du développement local en milieu rural), la Caisse Nationale d'Allocations Familiales a souligné dans ses orientations le caractère inéluctable du développement social pour le travail social. Ces deux institutions ont d'ailleurs été parmi les premières, avec les services sociaux de sociétés immobilières, de la SNCF et autres services sociaux dont certains ont aujourd'hui disparu, à expérimenter le Travail Social avec les Groupes introduit en France en 1959, c'est-à-dire un mode d'intervention qui s'appuie sur les propres ressources des membres du groupe et qui invite à considérer que l'approche strictement individuelle ne constitue pas le seul horizon d'aide. Or, le Développement Social Local suppose précisément une aisance préalable à travailler avec les groupes. CAF et MSA vont alors contribuer à la définition et à la diffusion du modèle du D.S.L., notamment en ce qui concerne la CNMSA par l'élaboration dès 1988 d'un document de référence de 208 pages sur le sujet, document qui va irriguer l'ensemble de ses caisses et inspirer dès l'année 2000 les Contrats de Développement Social Territorialisé (CDST). A l'heure du bilan en 2006, ceux-ci sont au nombre de 26 et s'appuient sur 12 caisses MSA engagées dans la démarche (BIMSA, 2006, p. 14). La CNMSA diffuse même ce modèle vers les pays d'Europe Centrale et Orientale en accompagnant sur place les acteurs locaux dans le cadre, par exemple, d'une mission en Pologne entre 2002 et 2004 (une assistante sociale MSA faisait notamment partie de l'équipe composée de cinq caisses MSA), et en élaborant une petite brochure destinée à donner des conseils et préconisations aux collègues de la MSA missionnés pour intervenir dans ces pays. Une réactualisation des CDST est par ailleurs effectuée en février 2006 et donne lieu à une nouvelle brochure présentant les principes fondateurs du CDST, ses modalités techniques de mise en œuvre et les relations contractuelles de la caisse centrale de la MSA avec les caisses locales. Le bulletin mensuel interne de la CNMSA est également un moyen de diffusion des expériences, celle de la Haute-Garonne étant notamment présentée dans le mensuel de mai 2006.

En ce qui concerne la CAF, la lettre circulaire N°2001-038 du 28.09.2001 fixe les orientations d'action sociale 2001-2004 de la CNAF et inscrit clairement le D.S.L.comme l'un des objectifs des caisses. Un groupe de travail constitué sur ce thème aurait élaboré pour les caisses un élément de doctrine sur le D.S.L. en octobre 2003, tout en recensant le nombre de caisses engagées dans cette démarche depuis 4 ans. Ainsi, en 2003 (Haurie, 2005, p. 60), *« Plus de la moitié des CAF déclarent s'être engagées sur les quatre dernières années dans des démarches de développement social ou d'action territoriale ».* (Soulignons toutefois au passage qu'action territoriale n'est pas nécessairement synonyme de

D.S.L.). Ce groupe de travail aurait alors proposé les définitions suivantes (Haurie, 2005, p. 61) :

> *« Le développement social est défini comme un processus organisé de changement durable mobilisant des acteurs de façon collective et donnant pour objectif de renforcer les différentes formes de cohésion sociale telles que chaque acteur puisse y contribuer et en bénéficier de façon équitable et solidaire. Le développement social local est défini comme un processus de développement social tendu, à l'échelle d'un territoire, vers l'élaboration et la réalisation d'un projet politique finalisé, s'appuyant sur la mise en œuvre d'une stratégie globale fondée sur la capacité des différents acteurs à y participer ».*

Les CAF vont donc déployer des formations internes en direction de leurs agents et promouvoir la démarche de D.S.L. comme partie intégrante de leur propre action sociale.

Il faut par ailleurs remarquer que la loi d'orientation relative à la lutte contre les exclusions du 29 juillet 1998 fait également expressément référence au D.S.L. comme étant une priorité des instituts de formation de travailleurs sociaux. Depuis, forums, congrès, colloques et rencontres se succèdent sur ce thème.

On peut à cet égard relever qu'en fin d'année 2000, le « *Journal de l'Action Sociale* » tire ainsi un numéro hors-série sur le Développement Social alors que l'Observatoire de l'Action Sociale Décentralisée (ODAS), très lié au J.A.S., le distribue lors des Assises franciliennes du D.S.L. après avoir créé préalablement le Réseau d'Informations sur le Développement Social (RIDS) avec le soutien technique et financier de très nombreux et très divers organismes têtes de réseau nationaux.

Pour l'ODAS (JAS, 2000) le D.S.L. est un processus dynamique, une raisonnable utopie qui consiste à créer ou restaurer des liens sociaux distendus ou absents en raison de la massification de l'exclusion et de l'isolement, en s'appuyant notamment sur les potentiels créatifs des habitants dans un objectif de solidarité. Le D.S.L. restaure l'usager (de l'action sociale) dans son rôle d'habitant impliqué et mobilisable, et dans son rôle de citoyen acteur et solidaire.

L'ODAS propose ainsi sa définition du D.S.L. :

> « *Le développement social local consiste en la mise en oeuvre d'une dynamique de revitalisation du tissu social par la mobilisation en ce sens de toutes les politiques publiques et l'encouragement d'initiatives favorisant la prise en compte collective, par la population, des problématiques sociales dans un cadre de très grande proximité* ».

Cette définition est également assortie de critères sélectifs destinés à garantir la qualité et l'actualité du concept essentiellement opératoire.
Ces critères précisent en particulier que :

- Le traitement d'un domaine particulier de la vie quotidienne doit aussi atteindre et transformer d'autres domaines.
- Un territoire précis doit être déterminé et des catégories diversifiées de population doivent être associées à toutes les phases de l'action.
- Une phase de diagnostic local partagé avec les habitants doit exister.
- Les habitants doivent participer à la fois à la définition des objectifs et à la mise en œuvre de l'action.
- Un partenariat réel avec des acteurs locaux de natures diverses doit être instauré (institutions, associations, professionnels…et Elus) pour permettre une entrée de la démocratie représentative dans une dimension participative.
- Une procédure d'évaluation doit être réalisée (si possible avec les habitants, ou du moins, ceux-ci doivent en être informés).

L'affichage d'un objectif de démocratie participative, non pas opposé mais apposé à la démocratie représentative, représente quelque chose de nouveau. Tous les modèles de développement cités préalablement souscrivent pleinement à cet objectif participatif également, mais dans le cadre du D.S.L., il est évoqué explicitement une ambition d'inflexion du mode de participation à la démocratie et au système politique.

En définitive, les différents modèles de développement recensés relèvent tous du domaine de la pratique et participent tous d'une démarche participative et globale. Bien qu'en réaction au modèle dominant, ils ne présentent toutefois pas de liens les uns avec les autres en terme de généalogie ou de références d'expériences fondatrices capitalisées sur lesquelles s'appuyer de manière à conceptualiser globalement la notion de développement véritablement souhaité. C'est finalement chaque qualificatif qui a vocation à spécifier et définir le modèle attendu…

Précisément, à l'instar de ces modèles qui ne capitalisent pas leurs pratiques et ne parviennent pas à les articuler, la Politique de la ville, politique publique née dans les années 80 et ayant pour ambition de lutter contre l'exclusion et la marginalisation des quartiers, n'a pas réussi à s'appuyer sur les savoirs des travailleurs sociaux et à fédérer l'ensemble des pratiques pour développer son action globale sur les territoires délimités. C'est sur ce constat que le rapport Brevan-Picard (2000) préconise donc vingt ans plus tard l'élaboration de Projets Sociaux de Territoire (PST) sollicitant l'ensemble des travailleurs sociaux – Département, CCAS, CAF, associations – dans une logique de décloisonnement. Aussi, l'Association des Départements de France (ADF), la Caisse Nationale d'Allocations Familiales (CNAF), le Conseil Supérieur de Travail Social (CSTS) et la Direction Interministérielle à la Ville (DIV) se réunissent en 2001 au sein d'un comité de pilotage pour élaborer un cahier des charges relatif à la mise en œuvre et à l'accompagnement méthodologique de ces PST qui seront effectivement lancés en octobre 2002.

Ces PST représentent davantage des méthodes de travail que des dispositifs et concernent spécifiquement l'action sociale[22].

Il s'agit particulièrement de décloisonner les logiques institutionnelles et de faire converger les pratiques professionnelles des intervenants sociaux sur les territoires de la politique de la ville, et pour ce qui concerne le Travail social, de le « remettre au centre des politiques publiques qui s'expriment sur les territoires de la politique de la ville ».

Les grands objectifs des PST se révèlent particulièrement proches de ceux du D.S.L. puisqu'ils énoncent (Sauveyre, Vanoni, 2005) l'ambition de développer les coopérations interinstitutionnelles, de favoriser un nouveau positionnement des habitants reconnus comme coproducteurs du développement social de leur territoire, de mobiliser les travailleurs sociaux sur les quartiers en difficulté aux côtés des équipes de la politique de la ville, afin de produire de nouvelles qualifications des acteurs et de valoriser les savoirs et savoir-faire des professionnels de l'action sociale, de privilégier une approche des politiques sociales par les spécificités d'un territoire et non pas une approche par public ou par dispositif, et enfin, de donner une place aux politiques sociales et aux acteurs du social (professionnels de l'action sociale, associations, habitants) dans les projets de renouvellement urbain en cours.

La méthode expérimentale des PST se distingue alors de celles des politiques de la ville en ce sens où (Sauveyre, Vanoni, 2005, p. 10) *« la différence consiste dans la position essentielle donnée aux professionnels de terrain – et au « terrain » tout court (associations, habitants…) – dans la production du diagnostic, donc dans l'appel à la capacité de ces acteurs à « donner sens au*

---

[22] Sauveyre et Vanoni qui ont suivi cette expérimentation en expliquent les objectifs (DIV, 2005, p.8) : *réunir l'éventail le plus large possible d'acteurs en charge à différents niveaux de l'élaboration puis de la mise en œuvre des politiques sociales, pour les faire produire ensemble du diagnostic (connaissance) et de l'échange de pratiques (inter-connaissance), dont doivent découler des orientations d'actions (projet) puis des stratégies d'action (mise en œuvre) en vue du développement du territoire ».*

territoire ». De même, le PST permettrait de se décentrer d'une logique de l'offre pour se positionner davantage dans une logique de besoins.

Ces constats mettent en évidence, en creux, une dérive gestionnaire des contrats de ville actuels, les agents du contrat de ville ne se situant plus directement du côté de l'écoute des besoins des populations. Comment mener alors un diagnostic partagé lorsque l'on perd cette capacité d'écoute première ?

En conclusion de ce tour d'horizon sur le développement qui ne peut bien sûr être exhaustif, on peut remarquer que le concept de développement n'apparaît en France qu'après la guerre de 1945. Les années de reconstruction de l'après guerre sont alors tournées délibérément vers l'idée que le progrès qui ne peut être que continu, réalisera le bonheur des hommes. Cette croyance se justifie par le fait que la croissance est soutenue et qu'il suffit de l'accompagner par une politique volontariste correctrice de ses méfaits. Mais les grands déséquilibres démographiques que, de fait, la croissance accentue (concentration dans les grandes villes, dévitalisation des zones rurales) laissent nombre de territoires et de catégories sociales de côté. Lorsque la crise survient, les déséquilibres s'aggravent et réactivent les prises de conscience et les réflexions nées de la comparaison avec des modèles de développement extérieurs à la France. Les réactions de refus, voire de révolte s'exacerbent et trouvent leur pleine expression dans l'expérimentation qui se veut démonstrative et alternative au modèle de développement imposé. Les formes de développement local et de développement social fleurissent comme autant de réponses créatrices et fédératrices d'acteurs qui se ressaisissent en commun de leur devenir avec la volonté d'en être les auteurs. De la sorte, ils contribuent au vaste mouvement qui rendra possible et nécessaire la décentralisation. Cette décentralisation changera considérablement le contexte de déclinaison des politiques publiques et déstabilisera acteurs et institutions. D'autres en saisiront rapidement l'intérêt et mettront à profit les opportunités qui se présentent pour en tirer avantage.

On constate également que l'Aménagement du territoire (dont la politique de la ville, d'ailleurs, fait partie) est tout entier voué à la croissance, et que c'est lorsque celle-ci est interrogée dans son efficacité, voire remise en cause dans ses finalités, qu'apparaissent des pratiques alternatives (et des théories lorsque cela est possible) qui constituent de véritables mouvements sociaux réfutant le modèle qui s'impose. Ce faisant, ces pratiques innovantes traduisent une tension évidente dans les modèles et acceptions du développement tel qu'il se pratique.

La notion même de développement semble émerger lorsque l'on prend conscience de l'importance de la dimension culturelle dans le développement, celle-ci pouvant se révéler être un frein (quand elle n'est pas prise en compte) ou bien un moteur lorsque l'on prend appui sur elle, mais à la condition expresse de ne pas l'instrumentaliser, c'est-à-dire de ne pas la considérer au service exclusif du processus de développement (par la formation et l'éducation notamment). A défaut de cette prise en compte de la dimension culturelle dans le développement, on ne parle en fait que de développement économique ou de croissance. La négation de la dimension culturelle a conduit par ailleurs à une époque à raisonner en terme de domination, parce que la culture qui correspond à des manières collectives, de penser, d'agir et de ressentir est déterminante du « vouloir vivre ensemble » des hommes qui habitent les territoires que les développeurs veulent aménager. Aménager ou développer les territoires sans la participation des hommes et au mépris de ce qu'ils sont, équivaut donc à les dominer en leur imposant des modèles qui ne sont pas les leurs.

D'une manière générale, la croyance dans le progrès régresse à partir des années soixante-dix et le paradigme de la première période marqué par une conception évolutionniste du progrès et de la modernité se recompose. La réflexion sur le développement est alors clairement engagée dans de nouvelles directions depuis le début des années 1990, « l'humain » (Assidon, 2002) y faisant une entrée remarquée. Aujourd'hui, l'hyper concentration des habitants dans les villes et ce qu'elle génère de troubles sociaux (violences, solitude), le chômage important, la mondialisation de l'économie et des échanges qui rend proche et presque permanent ce qui est très lointain, qui accélère les rythmes de vie et qui dénoue les solidarités de proximité, tout cela contribue à la disparition des repères quotidiens et à la perte d'identité, qu'il s'agisse d'identité personnelle ou d'identité collective. Avec aussi les fléaux nouveaux qui portent atteinte à la santé ou à l'environnement (Vache folle, marées noires, accidents nucléaires, pollutions, dérèglements climatiques, déforestations, grippe aviaire…), et qui sont autant de signes d'impuissance à maîtriser les effets du productivisme, de la consommation à grande échelle et des échanges commerciaux multipliés, c'est la croyance dans le modèle de la société moderne (ou post-moderne si l'on préfère) qui est ébranlée en ce qu'elle comporte de risques potentiels pour l'humanité. La nécessité de promouvoir des formes de développement respectueuses des ressources naturelles et des hommes envahit alors de plus en plus les consciences. D'un autre côté, les scandales et les « affaires » politiques répandus par une presse avide finissent par jeter le doute et discréditer une partie des élus légitimement investis de l'intérêt général.

Alors, devant cette perte générale de confiance et cette perte du sentiment d'appartenance collective et de solidarité, des hommes et des femmes en appellent au sursaut et à la ressaisie de leur devenir commun par eux-mêmes. C'est pourquoi l'on parle aujourd'hui autant de citoyenneté et de participation. Or, comme les politiques sociales et l'action sociale sont chargées de mettre en œuvre la solidarité nationale et que ce sont ses acteurs qui sont les témoins privilégiés de la souffrance sociale, il n'est pas étonnant alors, que ceux-ci soient les porte-parole de ce qui peut apparaître comme un mouvement social nouveau, le Développement Social Local.

Il est certain que le développement local en milieu rural des années 1960 et 1970 a su articuler l'économique et le social en mobilisant l'identité culturelle. Le Développement Social des Quartiers, en évoluant vers le Développement Social Urbain a su, quant à lui, montrer la multiplicité des facteurs à prendre en compte pour lutter contre l'exclusion et œuvrer à un mieux vivre en ville. Mais il n'a pas su s'appuyer sur l'action sociale et le travail social qui avaient pourtant historiquement développé des pratiques expérimentales antérieures intéressantes dans le domaine communautaire, même si celles-ci se sont estompées par la suite. Pour ce qui est du Développement Social Local, celui-ci revendique aujourd'hui la prise en compte du facteur humain dans les pratiques de développement territorial, non plus comme une contribution mais comme un objectif en soi. C'est également ce qu'ont recherché les Programmes Sociaux de Territoire, programmes expérimentaux destinés à développer des pratiques nouvelles et plus participatives sur les territoires actuels de la politique de la ville.

Ainsi, l'évolution même du paradigme du développement, (apparu d'ailleurs très tardivement puisque préalablement, le développement était généralement assimilé à la croissance et permettait surtout de comparer et de mesurer à l'aide d'indices la situation de pays dits sous-développés), contribue fortement à la construction de cette notion de Développement Social Local. Or le Développement Social Local a la particularité de réunir et de fédérer une multiplicité d'acteurs, d'institutions, aux postures et aux positionnements très divers et parfois antagoniques. Ceci n'est pas sans ambiguïté. Il est donc nécessaire d'observer également dans l'évolution des modèles des politiques sociales et de l'action sociale, ainsi que chez leurs acteurs, et plus particulièrement les travailleurs sociaux, ce qui peut l'expliquer.

2. TENSIONS DANS LES MODELES DES POLITIQUES SOCIALES

Evoquer les politiques sociales n'est pas simple. En effet, les politiques sociales sont par nature des politiques publiques qui recouvrent une théorie du changement social la plupart du temps implicite, et elles traduisent aussi la complexité d'un Etat très différencié, segmenté et qui n'est pas unitaire. Les politiques définies par certains segments de l'Etat peuvent effectivement être tout à fait contradictoires entre elles. Et cet Etat segmenté, anarchique, a besoin en permanence d'outils et d'instances de régulation. Ces segments font naître des politiques sectorielles, ce qui pose le problème de leur liaison avec les politiques globales. Cette liaison nécessite des transactions et des agents chargés de cette transaction, que Gramsci appelait les « intellectuels organiques ». L'Etat avec ses institutions hégémoniques tente alors par le biais d'un compromis de relier ce qui ne l'est plus, dans un contexte où le territoire géographique apparaît comme l'ultime recours, alors que ce territoire est en même temps porteur de sens très différents. Ce qui ajoute aussi de la complexité, c'est que les politiques sociales correspondent par ailleurs à des solutions historiques imaginées pour éviter l'affrontement direct du Politique et du Civil, ainsi que l'affrontement direct de l'Economique et du Social, constituant de la sorte des compromis. Ces politiques possèdent notamment différents modèles qui évoluent dans le temps, se succèdent, voire se superposent en démultipliant les images de référence auxquelles on associe leurs publics.

Le territoire, outil des politiques publiques, mais notion polysémique

On peut constater que le modèle d'Etat et d'administration publique, dans son rapport au territoire, s'est montré particulièrement incertain depuis la fin des années 1970. En effet, après l'abandon du modèle d'intervention jacobin, il n'y aurait pas eu de choix véritablement clair entre un modèle d'Etat qui fixe les règles et les normes en laissant le soin aux différents niveaux d'administration et de gestion de s'organiser, et un modèle d'Etat participant et co-auteur et co-acteur des politiques locales (c'est ainsi que l'Etat était présent notamment dans ce que l'on a appelé la « co-gestion » du RMI, du FSL et du FDAJ jusqu'en 2003 et 2004). Certains (Epstein, 2005) voient même dans la création actuelle d'agences nationales (ANRU, Agence nationale de cohésion sociale…) une volonté manifeste de l'Etat d'échapper aux pouvoirs locaux par une recentralisation et un gouvernement à distance, ce qui aurait pour effet de dissocier décentralisation et déconcentration qui pourtant avaient été menées de concert lors de l'Acte I de la décentralisation. Avec ce constat, nous retrouvons une nouvelle fois la réalité de tensions dans les modèles. Mais cette fois-ci, cette tension ne concerne plus les modèles de développement mais plus globalement les modèles de l'intervention publique avec la question de la répartition des rôles entre l'Etat, ses services déconcentrés et les collectivités locales, voire les associations qui participent (de gré ou de force) à l'intervention publique, un peu comme si les tensions se vivaient désormais croisées, à la fois sur le plan horizontal (entre différents secteurs et acteurs) et sur le plan vertical (entre différents niveaux de collectivités). Dans ce contexte, le territoire devient alors un médiateur et un objet de régulation (ou du moins une tentative). Pour autant, chacun parle de territoire sans y voir les mêmes réalités, ce qui peut rendre difficile le dialogue ou bien provoquer nombre de malentendus. Or le terme territoire possède précisément (Aballéa, 1996) quatre sens qu'il est nécessaire de bien distinguer :

- Le saptio-social, c'est à dire la communauté enracinée dans un espace particulier, ce territoire étant générateur de sentiment d'appartenance, d'identité culturelle et vecteur de lien social (espace quelque peu mythique),
- L'espace-flux qui évoque davantage un espace fonctionnel et impersonnel voué aux échanges économiques sans prise en compte du facteur humain, sinon comme instrument,
- L'espace du politique qui est le lieu d'exercice de la démocratie représentative et des représentations collectives du « vivre ensemble », le territoire de l'intégration,
- L'espace de compétences qui traduit plutôt le périmètre des diverses interventions administratives dans le respect des règles établies et dans une recherche de rationalité et d'efficacité.

Il est alors évident que ces différentes réalités se recouvrent partiellement, mais c'est surtout leur indifférenciation dans les représentations communes qui rend le chevauchement problématique. La plus grande confusion consiste à déduire que local (proximité) signifie global ou communautaire, ce qui est une erreur puisque le local peut ne s'intéresser qu'à du sectoriel et ignorer par ailleurs les volontés participatives. Ces distinctions nécessaires conduisent également à bien différencier les politiques territorialisées (celles qui relèvent d'une approche sectorielle et d'un rapport à un territoire objet) des politiques territoriales (qui sont le fait d'un territoire sujet), de manière à ne pas confondre dans un même élan décideurs, destinataires et acteurs, et de manière également à bien identifier les différents enjeux en présence. Michel Autès (Autès, 1995) considère que les politiques territorialisées sont en effet des politiques d'initiative gouvernementale qui se déclinent sur le territoire en épousant ses contraintes et ses particularités, tandis que les politiques publiques territoriales naissent au sein du territoire et ont pour finalité le devenir au sein de ce territoire. Avec les politiques territoriales, c'est donc la production de l'espace public qui est en jeu et qui devient le fondement de la production de la décision publique. A l'inverse, dans les politiques territorialisées, l'action se décrète en dehors du territoire et le territoire n'est que le terrain d'application de cette politique nationale. En fait, politique territoriale et politique territorialisée s'opposent parce qu'elles mettent surtout en évidence deux modalités distinctes de l'action publique, dont l'une est d'essence participative alors que l'autre est le résultat de décisions prises, au nom d'une démocratie représentative, par le Parlement ou par le pouvoir réglementaire. Mais ces différentes clarifications ne suffisent pas encore à expliquer le formidable investissement dont fait l'objet le territoire. En fait, c'est qu'avec la perte identitaire (Beauchard, 2003) liée à la mobilité généralisée, à l'importance des flux, à la multiplication des réseaux et à la dématérialisation des lieux, l'unité n'est plus assurée et la conscience d'une déliaison se développe. Pour compenser, il faut donc rechercher des identités imaginaires de substitution. Le territoire offre ainsi un espace pour l'imaginaire dont le patrimoine, par exemple, peut constituer l'un des marqueurs. Chargé symboliquement, le territoire représente en fait la communauté idéale ou chacun apprend à vivre en harmonie avec les autres et à en cultiver la mémoire... le mythe n'est pas loin. La mise en scène du territoire permet, au fond, de le faire véritablement exister[23] et d'entretenir la croyance. Dans l'invention des territoires, on retrouve d'ailleurs les éléments structurants essentiels à la vie collective : la norme qui est le signe du politique et de l'institutionnel, mais aussi les sociabilités et les modes de vie qui sont le signe de la vie qui se transforme.

Au sein de cet espace où les confrontations potentielles peuvent surgir, il est alors nécessaire[24] d'élaborer une « gouvernance » fédérant habitants et acteurs autour du bien commun et de sa définition, et opérant également des médiations entre l'intérêt public et les intérêts privés, entre ceux qui votent et ceux qui sont élus, entre ceux qui généralement savent et ceux qui ignorent, bref entre ceux qui sont par nature très différents et qui ont des intérêts divergents.

Or cette gouvernance est délicate parce qu'elle cherche à maintenir en état d'équilibre des forces en perpétuelle tension et qu'elle mobilise pour cela des registres différents potentiellement contradictoires (Bourdin, 2003), comme l'ordre et le changement[25]. En effet, le « Vivre ensemble » nécessite l'intégration par tous les habitants, aussi différents soient-ils, d'une norme commune, ainsi que la maintenance d'un ordre suffisant pour maintenir cette norme. Les habitants, bien que différents, doivent se sentir suffisamment semblables pour accepter cette norme. En revanche, la nécessité de maintenir une mobilisation citoyenne autour de projets suppose des intérêts spécifiques en commun, un certain

---

[23] Le géographe Martin Vannier (2003, p. 125) remarque en effet que : «*Avant d'être une fabrique institutionnelle sourdement travaillée par les acteurs de la gestion publique (...), l'invention des territoires est un atelier social qui se nourrit de nos pratiques et de nos imaginaires* ».
[24] Il s'agit de savoir (Vannier, 2003, p. 131) « *énoncer (le) bien commun (qui) est le passage nécessaire qui fait advenir l'unité du multiple* ».
[25] Comme l'indique Alain Bourdin (2003, p. 103) : « *(...) Le projet consiste à capter des ressources diverses et à les concentrer, ce qui implique plus ou moins de priver d'autres acteurs de ces ressources ou, en tout cas, d'apporter une perturbation dans leur distribution. (...) Dans ces conditions, penser que les projets qui portent une forte dimension territoriale peuvent et doivent s'inscrire nécessairement dans les découpages territoriaux existants est une erreur* ».

désordre initial et surtout des intérêts distincts d'autres intérêts qui vont opposer potentiellement des « nous » incluant à des « eux » excluant. C'est en effet en « rejetant » d'autres personnes que l'on va ressentir dans une plus grande fusion la force du projet commun et pouvoir se préparer au travail corollaire de captation des ressources nécessaires. Or, en l'occurrence, la vitalité du projet s'accommodera assez mal de frontières géographiques prédéfinies et contraignantes.

Concilier la gouvernance du « Vivre ensemble » et la gouvernance du projet (qui suppose la libre adhésion) constitue donc un art difficile. Or, en territorialisant leurs services, les institutions sociales (Conseils généraux, CAF…) leur assignent souvent comme objectif de travailler en mode projet, alors que l'acteur politique (qui se confond avec l'institution sociale dans le cas du Conseil général), cherche à produire un ordre et un cadre territorial stable, ce que font les Conseils généraux en organisant notamment leurs services en Unités Territoriales d'Action Sociale.

Ainsi, les UTAS peuvent recevoir une injonction à caractère paradoxal si on leur demande à la fois de produire du projet de territoire et de contribuer à l'instauration et à l'institutionnalisation du « Vivre ensemble » local, sans que soient mis à jour les ressorts différents de ces objectifs avec les modes de gouvernance qui leur correspondent. Ceci veut dire que le D.S.L. qui en appelle au changement et donc à l'innovation et au projet, ne saurait se satisfaire d'un périmètre géographique imposé épousant, par exemple, des contours administratifs. Par ailleurs, et comme le souligne Philippe Bernoux (2004), le fonctionnement par projet suppose à la fois la mise en réseau d'acteurs, une question commune aux acteurs et la création d'un investissement de forme qui corresponde au groupe projet. Ces nécessités appellent de la compétence plus que de la fonction hiérarchique. Par extension, cela veut dire que le D.S.L. ne saurait non plus se satisfaire de la présence de cadres hiérarchiques imposés et assimilés, par leur simple fonction, à des chefs de projet.

Ces différentes approches des termes territoire, politiques territorialisées et politiques territoriales révèlent donc les différents enjeux qui les traversent, en valorisant notamment le rôle des acteurs et des habitants de ces territoires, tout en relevant les tensions potentielles qui en découlent. Or, d'autres tensions traversent également les politiques sociales du fait même de leur histoire.

Les politiques sociales, héritières de l'invention du social

Le social est apparu (Donzelot, 1994) comme une invention nécessaire pour rendre gouvernable une société ayant choisi un régime démocratique. En tant que compromis, cette invention permet en effet de résoudre la tension résultant de contradictions non résolues face à une égalité politique réalisée alors que l'égalité économique ne l'est pas, et face à deux rationalités qui s'affrontent, la rationalité économique et la rationalité sociale. Effectivement, lors de la révolution de 1848, les hommes obtiennent le droit de vote. Mais la dramatique fermeture des Ateliers nationaux qui consacraient un véritable droit effectif au travail pour les sans-emploi de l'époque provoque une confrontation violente du capital et du travail. Cette contradiction crée la « question sociale » (il est frappant de noter les similitudes avec la question sociale actuelle, même si les symptômes qui la désignent aujourd'hui sous les termes d'exclusion ou de désaffiliation ne s'entourent pas des mêmes formes de violence). Pour remédier à ces difficultés inhérentes à son fondement égalitaire, la République invente alors la Solidarité qui se concrétise avec le droit social. La technique assurantielle socialise les risques et les répare. L'ouvrier n'est plus totalement soumis et dépendant du patron et l'Etat intervient, non pas de façon idéologique, mais pour permettre la gestion de ce conflit. Dès lors, naît l'Etat-providence qui va substituer un interventionnisme social à l'affrontement direct ouvriers/patrons et qui va consacrer l'émergence de deux logiques antagoniques, la rationalité sociale et la rationalité économique, qui n'auront de cesse de s'affronter, l'une voulant soumettre l'autre et vice-versa.

La pression sociale sera croissante pour obtenir toujours plus d'interventions, installant ainsi l'autorité et la légitimité d'un Etat-providence au détriment de la prise en compte par les intéressés eux-mêmes de leur propre devenir[26]. De la sorte, et comme l'a dit Tocqueville (1840), il n'y a plus rien entre l'Etat et l'individu, le rapport est un face à face direct, sans les corps intermédiaires pourtant indispensables à la liberté et à la vie démocratique. C'est alors dans ce vide social préoccupant laissé par l'Etat-providence (et c'est en ce sens, comme le montre Pierre Rosanvallon (1992) que la crise de l'Etat-providence n'est pas qu'une crise financière, mais également la traduction de sa trop grande réussite), que vont naître les différents mouvements de développement précédemment évoqués. Il s'agira alors pour eux, face à cette démocratie asséchée par le rôle prépondérant de l'Etat et face à la perte de souveraineté populaire, de s'emparer à nouveau de la question sociale de façon civile et citoyenne en réarticulant les dimensions économique et sociale.

Les paradigmes des politiques sociales

Partageons tout d'abord avec François Ménard (1997, p.150) qu'est politique sociale *« toute politique participant à la prise en charge de la cohésion sociale et du lien social, que ce soit à travers des dispositifs de promotion, de protection ou de prise en charge, à travers des démarches préventives, réparatrices ou « développementales », en partant de publics ou de territoires, en se référant aux dimensions culturelles, économiques ou environnementales de l'activité humaine »*. Une définition aussi large et englobante permet de considérer que le social est une articulation entre des secteurs différents (domaines thématiques) et des modes d'intervention distincts (déclinés de différentes façons selon l'imminence ou pas du risque), et qu'il requiert de ce fait la participation de nombre d'acteurs complémentaires appartenant à

---

[26] Donzelot, 1994, p.176 : « *A l'affrontement direct du capital et du travail, à la violence immédiate qui en découlait, on a pu substituer la nécessité de compatibiliser l'économique et le social. Mais en transférant cette nécessité à l'Etat, en le faisant devenir responsable du devenir de la société* ».

la fois au champ public et au champ privé. Cette ampleur du champ induit donc de la complexité.

Dans le même temps, la construction très concrète de droits individuels fabrique des catégories abstraites de populations cibles qui vont produire autant de représentations sociales que de catégorisations. Or, ces représentations ne vont pas rester figées et elles vont évoluer dans le temps. C'est ainsi que l'on en viendra notamment à « inventer » l'insertion comme nouveau et nécessaire mode d'intervention auprès des publics dits « exclus » que la société ne parvient plus à intégrer, alors que les anciens modèles assistantiels et protecteurs perdurent toujours pour les catégories ciblées préalablement.

Dans une visée un peu surplombante, Michel Autès montre que la cohésion sociale (Autès, 1999) correspondrait en fait à cette nécessité particulière d'articuler l'économique – production et circulation des richesses, administration des choses – et le politique – pouvoir, domination et gouvernement des hommes. Le social serait avant tout une forme d'articulation. Mais ce social se serait aujourd'hui autonomisé au point de se substituer au politique qui l'a produit (remarque corollaire : le politique ne s'est-il pas lui-même autonomisé comme fonction particulière ?).

L'action sociale s'inscrit alors dans la spécificité du social. Elle associe le projet volontariste et promotionnel émanant de l'Etat au projet supplétif et réparateur. Le social, articulant sous une forme spécifique l'économique et le politique, s'élabore à partir de deux supports essentiels que sont le droit du travail et la protection sociale. Le premier support est constitué du droit du travail et de ses réglementations, et le deuxième correspond à la protection sociale, c'est-à-dire aux mécanismes assurantiels visant à maîtriser ce qui apparaît à un moment comme un risque social.

Plus précisément, le volet de la protection sociale associe en fait trois modalités d'intervention spécifiques, l'assurance (pour les gens qui travaillent), l'assistance (pour ceux qui ne peuvent pas travailler), et enfin l'action sociale visant à intervenir directement sur la société. Ces trois domaines ne sont pas étanches et entretiennent des liaisons particulières, leurs « frontières » se déplaçant et présentant souvent des porosités. En fait, l'action sociale constitue souvent une réponse individualisée face aux carences des systèmes assurantiels et assistantiels[27].

Le travail social vient alors se situer à la jonction des logiques contemporaines d'action sociale et des logiques plus lointaines de l'assistance. Cette dualité originelle serait d'ailleurs (Autès, 1999) présentée comme étant au fondement de l'aspect paradoxal du travail social. Dispositif souple et plus facilement innovant, l'action sociale représente en conséquence le domaine d'élection de l'intervention créative en matière d'animation, de prévention et de tout ce qui peut contribuer à l'émancipation, loin des cadres rigides et restrictifs des systèmes correctifs et assistantiels. L'action sociale est de la sorte largement marquée par l'initiative privée que l'Etat tente de rationaliser (pouvoir normatif) en créant et imposant des cadres. Héritière de sa généalogie, l'action sociale traduit donc ses contradictions originelles (à la fois richesses et faiblesses), c'est-à-dire d'un côté une vision volontariste et promotionnelle émanant de l'Etat, et de l'autre, une vision supplétive et réparatrice où fleurit aussi l'initiative privée. Mais elle traduit également très concrètement les changements de paradigmes[28] qui traversent la société.

Le droit social, par exemple, représente l'expression juridique de la volonté redistributive et protectrice de la puissance publique. Ce droit social (Borgetto-Lafore, 2000) va s'inspirer de la pratique sociale pour construire de façon très concrète des droits nouveaux,

---

[27] Jacques Tymen et Henry Nogues (1988, p. 26) indiquent : « *L'action sociale vise à remédier aux injustices les plus criantes qui demeurent, même après l'intervention de la protection sociale légale* ».
[28] Selon Kuhn (1983), un paradigme comprend quatre éléments fondamentaux : des principes métaphysiques généraux (une vision du monde ou le référentiel), des hypothèses (le lien entre le système symbolique et l'univers concret), des méthodologies (articulation des représentations au réel) et des instruments spécifiques (réalisation concrète des principes et normes du paradigme), l'ensemble étant stabilisé, faisant système et sens pour la communauté scientifique.

contrairement au droit politique et au droit civil qui ont pris en compte des citoyens, certes libres et égaux dans leur capacité à contracter, mais citoyens essentiellement abstraits. Ce paradigme de la protection apparaît avec l'émergence de la notion de risque social, parce qu'il élimine la notion de faute (l'ouvrier était par exemple « responsable » de ne pas avoir pris toutes les précautions lors d'un accident de travail, le salarié était « responsable » de son bon état de santé et de l'entretien de sa force de travail...) et qu'il prend au contraire en compte les inégalités de fait en tentant de les corriger par une protection solidaire.

De cette façon, le droit social favorise le développement du service public, bras armé ou instrument de la puissance publique, mais il favorise en même temps, en raison des inégalités qu'il reconnaît en les traitant juridiquement, l'émergence de lobbyings permettant d'établir des rapports de force et leur dépassement dans des compromis. Ces deux visées sont contradictoires. En effet, dans un cas, la puissance publique représente l'intérêt général et provoque l'expansion hégémonique de l'Etat central, alors que dans l'autre cas, c'est la mobilisation de la société civile qui est supposée. Ces deux politiques se développent simultanément de façon contradictoire. Cette tension qui met face à face la société civile et l'appareil administratif en expansion croissante pose inévitablement la question de l'articulation du public et du privé, du centre et de la périphérie, des logiques professionnelles et du service public, tout en nourrissant les conflits de légitimité qui s'y rattachent.

Par ailleurs les droits individuels élaborés par le droit social supposent l'appartenance à des catégories bien spécifiques mais abstraites (les personnes âgées, les handicapés, les enfants, les allocataires, les retraités, les chômeurs, etc.) pour obtenir les prestations correspondantes. Comme ces droits sont individuels et qu'ils supposent une démarche personnelle pour les faire valoir, les représentations sociales liées aux catégories bénéficiaires de ces droits vont contribuer à une individualisation des problèmes sociaux qui les sous-tendent. Avec la création de ces droits individuels (Castel, 1995) qui transforment des problèmes sociaux en problèmes individuels, une véritable handicapologie va alors se constituer.

Sous l'effet des apports de la psychologie et de la psychiatrie, on parle d'abord dans les années 1950 d'asocialité. L'asocialité est une situation où s'expriment des déficits et des incapacités des individus et des familles à s'intégrer à la société. Puis, dix années après, avec la croissance et le progrès qui laissent à la marge nombre de personnes, on évoquera davantage l'idée d'inadaptation sociale. Les années 1970 voient apparaître la notion de handicap (loi de 1975 sur les handicapés). On passe ainsi progressivement (Autès, 2000) d'un registre où domine la culpabilisation à un registre de victimisation du fait des effets subis de la crise économique. Puis sous la poussée néo-libérale et devant l'échec des politiques d'intégration et leur coût de plus en plus difficile à supporter pour la collectivité (accès à la propriété, au logement, accès à la consommation, formation, mesures pour l'emploi...) et alors que le chômage apparaît de plus en plus structurel et non plus conjoncturel, de nouvelles catégories apparaissent. On les appellera les nouveaux pauvres puis les exclus, voire les disqualifiés, les surnuméraires, les inutiles au monde... En fait (Castel, 1995), il s'agit surtout de personnes désaffiliées ayant rompu leur lien intégrateur avec leur communauté d'origine (le pays, le quartier, le milieu culturel), leur communauté de travail (l'usine, l'entreprise), et/ou leur cellule familiale (conjoint, parents, fratrie) et qui sont devenues de ce fait très vulnérables et exposées aux crises identitaires... Le travail ayant perdu de sa « centralité », ce sont donc les formes modernes de la solidarité et de l'échange autour du travail qui sont atteintes. Dans ce contexte, la solidarité n'est plus naturelle, elle reste à construire. Le problème principal est alors de parvenir à reconstruire ce lien social qui concrétise les interdépendances et qui fait que les gens peuvent vivre en société.
Le nouveau paradigme d'insertion voit alors le jour mais – signe d'impuissance grandissante – renvoie de plus en plus aux exclus leur responsabilité personnelle face aux difficultés qu'ils rencontrent.

L'insertion comme nouveau modèle

La nouvelle question sociale des années 80 (chômage massif, précarité, déficit d'intégration, banlieues qui explosent, sentiment d'insécurité...) alimente les réflexions et fait surgir des rapports[29] que l'on considérera comme fondateurs des politiques d'insertion.

Ces politiques d'insertion inventent de nouvelles technologies d'intervention qui ne correspondent ni à des interventions traditionnelles réparatrices, ni à des interventions correctrices, ni à des interventions assistantielles classiques. Elles sont avant tout expérimentales et proposent de la sorte un nouveau paradigme pour l'action au sein duquel la participation individuelle et collective est requise. La loi de 1988 instaurant le RMI en est à cet égard emblématique. Il n'est d'abord plus question de distinguer les personnes qui travaillent de celles qui ne travaillent pas, mais de s'attacher à leur apporter un minimum de ressources au regard de leur situation. L'innovation majeure concerne surtout le contrat d'insertion par lequel la personne s'engage à des démarches réelles d'insertion tandis que la collectivité s'engage de son côté à lui fournir les moyens de son insertion. La société civile locale est conviée au sein des Commissions Locales d'Insertion à contribuer à ce projet, et l'insertion devient ainsi autant un droit individuel qu'un devoir collectif.

Pour autant, ce contrat ainsi que le modèle généralisé de contractualisation qui va prévaloir vont renforcer de fait l'individualisme dans l'échange social.

Par ailleurs, d'autres aspects apparaissent problématiques. En effet, le RMI conçu au départ comme provisoire dans un contexte plutôt conjoncturel fête néanmoins ses dix ans avec plus d'un million d'allocataires. Faute de perspectives réelles pour ses bénéficiaires, l'insertion qui devait correspondre à un processus dynamique ne

---

[29] Il s'agit des rapports de Bertrand Schwartz « *L'insertion professionnelle et sociale des jeunes* », d'Hubert Dubedout « *Ensemble, refaire la ville* », et de Gilbert Bonnemaison « *Prévention, répression, solidarité* ».

révèle souvent que des situations statiques ou stationnaires, et l'inefficacité relative de cette politique réduit alors son destinataire à un statut d'objet de cette politique, loin du sujet impliqué et véritable acteur attendu. De même, avec le principe du contrat d'insertion (même si l'on se refuse à y voir l'idée d'une contrepartie), en véritable injonction, la société, moyennant l'attribution de l'allocation, fait obligation aux démunis de s'investir dans un projet personnel et de l'énoncer explicitement.

Or, comment des personnes particulièrement insécurisées dans leurs conditions matérielles d'existence et dans leurs conditions affectives, pourraient-elles dépasser un quotidien qui les angoisse et les perturbe pour se projeter dans un avenir certainement vécu comme plus incertain que le présent ? Comment peuvent elles dégager encore de l'énergie pour un projet alors que toute leur énergie est déjà mobilisée ou dévorée par des questions immédiates ? N'est-ce pas bien trop leur demander ?

Pour l'heure encore, seule l'insertion professionnelle réussie et débouchant sur un emploi durable permet l'intégration attendue. L'insertion sociale qui s'en distingue (et souvent par défaut), interroge alors la société sur ses finalités. En effet, quel sens peut avoir une insertion uniquement sociale dans un monde où la norme et l'identité se réfèrent au travail, même et quand bien même celui-ci perdrait sa centralité ? Inversement, les personnes très distantes de l'emploi et ne pouvant y accéder n'ont-elles pas droit au respect et à la même dignité, en tant que membres à part entière de la société ? Pourtant, dans un contexte au chômage important, la loi de décentralisation du RMI de 2003 rend prioritaire l'insertion professionnelle, les formes d'insertion sociale (santé et logement) n'ayant plus qu'un statut très secondaire par rapport à l'insertion professionnelle. Par ailleurs, le principe de l'activation des dépenses passives (les Contrats d'avenir et CIRMA sont en effet financés pour une bonne part par l'allocation du minimum social qui leur correspond) consacre l'idée d'un minimum social en relation étroite avec l'insertion professionnelle. Le Revenu de Solidarité Active à venir donne également une prime à l'insertion professionnelle malgré son approche initiale plus large et compréhensive de la pauvreté dans laquelle sont plongés tous ceux désignés comme percevant moins de 60% du revenu médian. On assiste alors à une certaine dualisation de la société (l'économique pour l'intégration réussie et le social pour en gérer les échecs), alors même que l'insertion faisait le pari de la ré-articulation de l'économique et du social...

Ces modèles d'insertion interrogent donc fondamentalement les capacités intégratives de la société ainsi que le silence qui perdure sur les inégalités. Ce déficit d'intégration et la cristallisation sur l'insertion ne peuvent qu'induire la permanence de l'assistance envers les personnes vulnérables considérées avec une certaine condescendance. De même, le transfert au local des traditionnelles interventions de l'Etat (qui confie au local le soin d'édicter des normes pour lesquelles il ne donne que les procédures), n'est-il pas le signe de son impuissance et de son échec ? L'Etat peut-il totalement déléguer sa fonction de garant de la cohésion sociale ? Peut-il sans risque d'inégalité de traitement transférer à la charge des départements la responsabilité des minima sociaux et de l'insertion de leurs bénéficiaires ?

Telles sont les grandes questions que posent aujourd'hui les politiques d'insertion, que celles-ci concernent des personnes exclues ou bien des espaces d'exclusion. A leur niveau, ces politiques (dont l'exemple du RMI) illustrent bien les tensions entre leurs finalités sous-jacentes d'intégration et les capacités réelles d'intégration de la société.
Les travailleurs sociaux sont alors en première ligne pour répondre de ces contradictions.

3. TENSIONS DANS LES MODELES D'INTERVENTION DU TRAVAIL SOCIAL

Les métiers dits canoniques du travail social, Assistants sociaux, Educateurs spécialisés et Animateurs, portent en eux les traces des conditions de leur émergence. Malgré leurs différences, ils possèdent en effet en commun la même dualité, voire le même paradoxe originel (Autès, 1999) qui fait d'eux à la fois des agents d'intégration prescripteurs de normes et de règles, et des agents d'émancipation favorisant l'expression et l'autonomie des personnes et des groupes. Ils sont tous ensemble, ainsi que nombre de nouveaux métiers sociaux qui les ont rejoints, remis en cause dans le cadre de ce que l'on a pu appeler la crise de l'Etat-providence.

Historiquement, les toutes premières interventions sociales (qui relèvent de la solidarité spontanée) se remarquent dans les sociétés primitives où l'on trouve auprès de la tribu, du clan ou de la parenté l'appui ou le soutien nécessaire. Ensuite, au nom d'un principe de charité d'essence mystique, les instances religieuses apportent secours et assistance aux nécessiteux. La Révolution et le principe de laïcité viennent alors introduire des fondements plus laïques à certaines interventions, mais celles-ci demeurent malgré tout le fait d'initiatives essentiellement privées s'appuyant sur le bénévolat et le militantisme. Ce n'est qu'au début du vingtième siècle que l'intervention sociale commence à apparaître sous forme salariée. Les premières formes émergent avec les « maisons sociales » des quartiers pauvres de Paris où les « travailleuses sociales » entreprennent de civiliser la classe ouvrière. Elles seront ensuite relayées par les Surintendantes d'usine qui veillent à la santé des femmes travaillant dans les usines d'armement pendant la première guerre mondiale. L'intervention est alors moralisatrice, hygiéniste et nataliste. Le brevet de capacité professionnelle d'assistante sociale est créé en 1932 et le secret professionnel est reconnu en 1946. La profession trouve ainsi son assise et sa protection. La technicité acquise par les formations apportera de la légitimité aux interventions jusqu'alors militantes.

Ces techniques sont de trois natures : individuelle (le Case-Work inspiré par Mary Richmond), de groupe (le travail social avec les groupes) et communautaire (le travail social communautaire influencé par les Centres sociaux et par les pratiques québécoises). C'est toutefois la relation d'aide individuelle qui dominera largement en France comme méthode d'intervention. La profession d'Assistante sociale élabore ses fondements autour de la famille puis autour de la relation parents-enfant. L'Assistante sociale devient également la spécialiste de l'accès aux droits avec le développement et la complexité de toutes les réglementations sociales.

Les Educateurs apparaissent à la fin des années trente avec les maisons de correction et de redressement. L'influence de la psychologie et celle de courants pédagogiques novateurs permettent la fermeture de ces établissements et orientent différemment les conceptions éducatives jusqu'alors moralisatrices et coercitives. La rééducation s'appuie alors sur des références scientifiques. Les Educateurs trouvent leur pleine légitimité avec l'ordonnance du 2 février 1945 relative à l'enfance délinquante. Leurs interventions se déploient ensuite auprès des jeunes handicapés ou inadaptés. Les métiers de l'éducation spécialisée prennent ainsi en charge les déficiences intellectuelles et physiques mais également les risques de maltraitance ou de délinquance. En sortant du milieu institutionnel, les Educateurs s'attaquent, dans le milieu familial, à ce qu'ils estiment être les racines de l'inadaptation. Les législations sur la protection de l'enfance de 1953 et 1958 consacrent le droit comme cadre de référence de l'intervention des Educateurs qui verront leur profession reconnue par l'établissement d'une convention collective et la création d'un diplôme d'Etat en 1967. L'objet des interventions des Educateurs se constitue autour du savoir sur l'inadapté qui se forme à partir des confrontations des différentes théories psychologiques.

Les Animateurs constituent le troisième corps des professions sociales. Ils se rattachent directement à l'éducation populaire de la fin du 19ème siècle, celle-ci étant liée à l'obligation scolaire et chargée d'optimiser les acquisitions de l'école laïque. Les grands mouvements d'éducation populaire sont tout autant laïcs et républicains que catholiques sociaux, mais toujours d'initiative privée. Les visions militantes et émancipatrices des origines seront ensuite relayées par des visions technicistes et professionnalisées. Le terme d'Animateur apparaît dans le début des années 1960 mais les filières de formation sont complexes et souvent remaniées, dans une construction peu progressive. Le Ministère de la Jeunesse et des sports y joue un rôle central. L'intervention des Animateurs épouse les formes des politiques publiques en s'attachant à l'animation des quartiers urbains nés de l'urbanisme de l'après-guerre, et des campagnes en proie à la désertification. Bien qu'appartenant au champ social, la profession d'Animateur s'oppose toutefois fortement à ce qui peut évoquer des pratiques d'assistance. Elle apparaît par ailleurs plus adaptable aux nouveaux contextes de définition des interventions sociales mais s'éclatera entre les divers secteurs culturels, socioculturels et sociaux. Aussi, face à la conception initiale de l'animation, sans doute ne reste-t-il plus aujourd'hui que ses techniques d'intervention appliquées à la production culturelle, à l'intégration sociale et à la récréologie[30] ...

Ces métiers sociaux si différents mais ayant en commun des prescriptions normatives seront ensuite rejoints par d'autres (Conseillères en économie sociale et familiale, Educateurs de jeunes enfants, etc.) au fur et à mesure que de nouveaux besoins se créent et que des réponses s'élaborent. La dénonciation dans les années 70 de leurs traits communs normatifs assimilés à du contrôle social (mais passant sous silence les dimensions promotionnelles des individus et des groupes) provoquera en quelque sorte leur unification symbolique sous le vocable générique de « travail social » et révèlera de la sorte les premières tensions, c'est-à-dire des tensions entre le pôle intégrateur et le pôle émancipateur de l'intervention sociale.

Par la suite, divers événements contribueront à remettre à nouveau en cause ces différents métiers. La décentralisation de 1983, notamment, rapproche les techniciens sociaux des élus politiques à qui ils doivent désormais rendre des comptes alors qu'ils n'y sont pas préparés et qu'ils disposent d'une relative autonomie technique. La coopération s'établira longtemps sur un mode méfiant avec pour toile de fond, un conflit de légitimités. Les

---

[30] Comme le souligne Geneviève Poujol (Poujol, 2000, p. 24) : « *Le projet d'animation n'a pas fait long feu. Il s'est progressivement éteint en tant que projet de société* ».

prérogatives d'expertise et d'autorité instituée seront notamment requestionnées (Aballéa, 1996).

Le partage des compétences entre collectivités s'effectue par ailleurs sur des critères assez flous, ce qui nourrit des conflits de prérogatives institutionnelles qui impactent les métiers sociaux dans leur légitimité ou non à intervenir. A titre d'exemple, lors de la transformation en 1985 des anciens Bureaux d'Aide Sociale (BAS) en Centres Communaux d'Action Sociale (CCAS), il était notamment prévu de constituer un Conseil de développement social dans chaque département. Or cette disposition fut supprimée par la suite, conduisant à faire ainsi de la décentralisation un acte relevant essentiellement d'un transfert de gestion, alors que cette disposition aurait pu permettre aux différents acteurs institutionnels de construire ensemble une action sociale départementale. On peut d'ailleurs relever la même caractéristique purement gestionnaire de l'Acte II de la décentralisation...

Ainsi, avec chacune des vagues de décentralisation, les acteurs ont été contraints à se repositionner – voire pour certains, à chercher leur place – en fonction des nouvelles compétences de chacun.

Mais par ailleurs, les compétences décentralisées sont aussi celles qui présentent le plus de rigidité gestionnaire (Autès, 2001), et dans un contexte où les budgets sont serrés et la dépense croissante, la marge de manœuvre est très réduite pour les institutions. Or, on le sait, gouverner, c'est hériter (Lascoumes-Le Galès, 2007), et les politiques sédimentées s'imposent aux nouveaux décideurs qui n'ont en fait que très peu de choix et de pouvoir de décision et s'attachent en conséquence à surtout surveiller étroitement leurs dépenses.

La décentralisation intervient effectivement dans un contexte de crise économique et sociale (ce qui ne paraît pas être le fait du hasard) avec pour conséquence, une explosion des dépenses liées à l'aide sociale. Le développement de la pauvreté et de la précarité conduit les travailleurs sociaux à multiplier les dossiers d'accès aux droits et à travailler dans l'urgence avec des publics de plus en plus nombreux. Leur temps est alors consacré à l'intervention ponctuelle, à la sollicitation et à l'attribution d'aides financières diverses et immédiates pour aider au mieux les demandeurs en détresse, au détriment de l'approfondissement des situations et de l'instauration d'un climat favorisant la confiance et l'élaboration d'une relation d'aide destinées à promouvoir dans un travail à plus long terme, l'autonomie du demandeur d'aide. De la sorte, le travailleur social est finalement, et malgré les intentions premières, renvoyé au registre de l'assistance et instrumentalisé par la gestion des dispositifs. Par ailleurs, dans ce contexte budgétaire contraint, le travail social est aussi remis en question et sommé de faire la preuve de son utilité et de son efficacité, de faire la preuve, en fait, de son efficience. Le social se trouve alors pénétré par les techniques rationalisatrices de la gestion et perçu tel un produit comme un autre, à un moment où l'entreprise est également réhabilitée comme modèle. Arrive alors le règne des tableaux de bord, des batteries d'indicateurs et la nécessité gestionnaire de l'évaluation. De même, pour rendre plus efficiente la déclinaison de leurs politiques, les employeurs introduisent des principes de management au sein de leurs services, ce qui contribue à la modernisation attendue du service public. C'est alors l'heure et l'ère du travail en mode projet, avec des objectifs à se fixer, des prestations à définir, des cahiers des charges à élaborer, des appels d'offre à rédiger et des partenariats à contractualiser (les partenaires étant du coup réduits à des prestataires). Les procédures se décrètent « d'en-haut » et se généralisent pour application immédiate. L'essence vocationnelle (Aballéa, 1996) du travail social peut alors se trouver mise à mal par ce qui est vécu comme une technicisation de l'intervention. Le travail social se concentre alors sur les procédures et la gestion de dispositifs à la définition desquels il ne participe pas. Son autonomie se restreint. Le travail se décrit désormais en séquences consécutives et spécialisées constituant un process, c'est-à-dire une forme nouvelle de taylorisation des tâches qui ne permet plus l'approche personnalisée et globale d'un travailleur social référent unique.

La mise en oeuvre du RMI va aussi constituer une remise en question du travail des assistantes sociales habituées aux techniques d'intervention familialistes s'appuyant sur une approche relationnelle de type clinicien (observation « au chevet du patient »). Il va falloir désormais s'intéresser à l'insertion professionnelle que les travailleurs sociaux ne connaissent pas (sauf ceux qui sont à l'origine de l'insertion par l'activité économique) et dialoguer avec les partenaires du monde économique qui sont des interlocuteurs inconnus. Le face à face des travailleurs sociaux dans la confidentialité va devoir par ailleurs s'ouvrir à d'autres partenaires dans un partage d'informations qui va apparaître menaçant pour le secret professionnel et pour le monopole parfois jaloux de l'intervention auprès des familles.

Les nouvelles politiques transversales permettant la réponse globale et coordonnée à une question et dont la politique de la ville représente le modèle le plus abouti, vont aussi mettre les travailleurs sociaux en situation de participer à des réunions et à des opérations pour lesquelles ils n'ont pas de savoir-faire spécifique, tant ils sont habitués à la relation individuelle et pas à un travail avec des groupes et des collectifs. Vont alors surgir de nouveaux métiers de chefs de projet, de chargés de mission, de coordonnateurs, qui vont venir concurrencer les travailleurs sociaux dits « canoniques » auprès des employeurs, ceux-ci s'intéressant plus à l'expérience acquise et aux compétences qu'aux diplômes et à la qualification initiale. Cet état de fait concurrentiel représentera une nouvelle source de tension au sein du champ social entre les métiers nouveaux dits de l'intervention sociale (Chopart, dir., 2000) et les métiers traditionnels du travail social. Le rapport Brevan-Picard (Brevan-Picard, 2000) a notamment particulièrement mis en évidence cette critique implicite[31] de la politique de la ville à l'égard du travail social.

---

[31] (Brevan-Picard, 2000, p. 122) : *"La généralisation du terme d'intervenants sociaux laisserait à entendre que les travailleurs sociaux classiques ne remplissent pas de manière satisfaisante leur fonction sociale, qu'ils sont insuffisamment efficaces et que, dès lors, la société a besoin de nouveaux venus, des intervenants sociaux, présentant des profils nouveaux et mettant en œuvre d'autres manières de faire : moins individuelles et plus territoriales, moins à long terme et plus dans l'urgence, moins psychosociales et plus institutionnelles ».*

Mais les politiques transversales sont aussi à la source d'autres types de tensions. En effet, le fait de requérir plusieurs dimensions, acteurs et pratiques pour solutionner un problème, contribue à brouiller les distinctions et frontières entre différents domaines jusqu'alors distincts, non sans difficulté pour l'action sociale et ses acteurs tiraillés entre différents modèles de référence[32].

Le modèle libéral fait également une irruption forte dans le social. En effet, parallèlement à la mondialisation de l'économie et à la crise de l'Etat-providence, l'ambition de moderniser et d'accroître la qualité des services rendus tout en maîtrisant leurs coûts invite à emprunter à l'économie marchande ses méthodes de fonctionnement ainsi que ses critères d'évaluation (Merrien, 1999). De même, la montée du chômage et la massification des problèmes d'exclusion ajoutées à un souci de maîtrise des dépenses, favorisent la réhabilitation de l'entreprise et valorisent la culture entrepreneuriale (Castel, 2000). Cet éloge de l'esprit d'entreprise a pour corollaire la responsabilisation de l'acteur individuel. Les publics en difficulté n'y échappent pas. Ils se voient renvoyer leurs échecs et sont en quelque sorte rendus coupables de leur « inemployabilité », alors que celle-ci est pourtant, pour une large part, le fait de l'état actuel du marché du travail. Les publics en difficulté sont donc sommés de faire les efforts nécessaires à l'amélioration de leur situation, au risque de perdre les aides compensatoires. De ce fait, c'est donc plus un modèle d'individualisation et de responsabilisation des personnes en difficulté par rapport à leur « employabilité » et/ou leur intégration qui prévaut, qu'une réflexion sur les mécanismes économiques et sociaux qui invalident certaines personnes en produisant précarité, vulnérabilité et exclusion. En effet, chaque aide accordée doit se « mériter »[33]. Les différents dispositifs d'aide sont formatés en ce

---

[32] Ainsi, comme le souligne François Aballéa (Aballéa, 1995, p. 51-52), « *L'action sociale se trouve alors au cœur de tensions : entre le sectoriel et le territorial, le central et le local, l'analyse exogène des besoins et le soutien aux initiatives locales, le normatif et l'innovation, l'assistance et l'autonomisation, l'individuel et le collectif, les cibles institutionnelles et les situations de fait* ».

[33] Michel Chauvière (Chauvière, 2004, p. 139) y voit le passage d'une rationalité en valeur à une rationalité en moyens, voire à une rationalité économique, « *d'où*

sens et le travailleur social chargé de la délivrance des aides devient le gardien vigilant du principe du mérite.

C'est alors dans ce contexte profondément déstabilisé que le Développement Social Local va proposer un modèle nouveau pour le travail social et l'intervention sociale.

Le Développement Social Local, un nouveau concept d'intervention sociale ?

Le Développement Social Local ou D.S.L. est souvent présenté comme renouvelant les méthodes d'intervention du travail social et il figure dans le nouveau référentiel d'activités du diplôme d'Etat d'assistant de service social.

Inscrit dans le nouveau domaine d'intervention social d'intérêt collectif (ISIC), sa définition conceptuelle est toutefois assez difficile à obtenir, ce qui est assez récurrent. Brigitte Bouquet et Christine Garcette (1998) indiquent qu'il tend à supplanter le travail social communautaire, ce qui sous-entend que les pratiques qui lui correspondent ne sont pas nouvelles. En effet, les pratiques développées récemment au Québec existent bien mais elles n'ont pu se transférer en France en raison d'une absence de culture communautaire et de la prégnance du modèle jacobin au service d'une République une et indivisible et d'un citoyen avant tout abstrait. En France, le terme communautaire demeure peu évocateur (sinon connoté négativement), et on lui préfère les images liées aux classes sociales qui ont porté le mouvement ouvrier et les différentes revendications sociales relayées par les syndicats et mutuelles. Cet ancrage ouvrier d'un travail social communautaire pionnier est d'ailleurs à l'origine des Centres sociaux. Pour Brigitte Bouquet et Christine Garcette (1988), le D.S.L. exprime la volonté de trouver des solutions à des problèmes au moyen d'un processus collectif associant les bénéficiaires dans

---

le sentiment légitime d'un risque de dénaturation de l'éthique même de l'action sociale par suite d'une mutation forcée de ses valeurs, de ses objectifs, de ses objets et de ses procédures ».

la mise en œuvre, et une combinaison de l'économique et du social privilégiant la participation comme mode d'action.

Pour l'ODAS et Jean-Louis Sanchez (2001), le D.S.L. est « *une nouvelle réponse publique visant à irriguer l'ensemble des politiques locales d'une aspiration volontariste à la reconstruction du lien social* ». Il s'agirait donc d'affecter des valeurs supplémentaires aux politiques territoriales (et non pas territorialisées) permettant la prise en compte du lien social comme élément déterminant de ces politiques. Pour cela, il est préconisé d'impliquer tous les acteurs locaux et générations dans le développement d'initiatives festives, culturelles, sportives, éducatives et sociales pour favoriser les solidarités de proximité. Le D.S.L. implique aussi pour l'ODAS la nécessité de mobiliser toutes les politiques publiques pour permettre une dynamique de revitalisation du tissu social et favoriser la prise en compte collective par la population des problématiques sociales dans un cadre de grande proximité. Cet objectif est donc à la fois extrêmement ambitieux par la largeur du champ couvert et pour ses effets attendus. Mais il constitue également un formidable défi pour le travail social et l'occasion d'un renouveau des pratiques car il suppose la capacité à créer des relations entre des dispositifs différents (par exemple l'insertion professionnelle et la psychiatrie de secteur), des registres d'intervention différents (par exemple la prévention et le traitement curatif), des institutions différentes, et surtout la participation des destinataires des politiques sociales. Cette perspective globale qui nécessite le décloisonnement des dispositifs et des institutions n'est pas exempte de tensions. En effet, les redéploiements d'institutions diverses sur les mêmes territoires et autour d'un même objectif, pourraient conduire potentiellement à de nouveaux conflits de pouvoir et de légitimité et à une évolution des orientations de ces organismes. Dans son essai d'une construction de typologie du D.S.L. à partir des trois dynamiques qui le sous-tendent (le développement personnel, le développement social et le développement organisationnel), Jean-Marie Gourvil (Gourvil, 1992), remarque notamment que le D.S.L. peut devenir le nouveau marketing d'institutions. Or, dans un développement hypertrophié et pathologique de la dimension organisationnelle, l'usager disparaîtrait au profit d'une pure logique de promotion institutionnelle…

Le champ de l'action sociale étant particulièrement morcelé et les conflits de légitimité sous-jacents, les adeptes du D.S.L. sont donc portés à la militance. Or au-delà de la militance, le D.S.L. ouvre de nouveaux horizons professionnels, voire, selon Philippe Mondolfo (Mondolfo, 2001) un nouveau destin professionnel pour le travail social[34].

Il est nécessaire à ce stade de s'arrêter un instant pour tenter d'illustrer par des exemples concrets, des situations de travail qui expriment une volonté des travailleurs sociaux ou intervenants sociaux de s'orienter vers une démarche de D.S.L.. Soyons prudents : ces quelques exemples n'ont aucunement vocation à servir de support pour une analyse des pratiques ou pour une quelconque évaluation quant à leurs effets. Ils ont simplement vocation à illustrer de manière ni exhaustive ni exemplaire, comment certaines démarches recherchent, avec la médiation du travail social, à rendre les populations actrices de leur propre vie en dépassant la singularité de leur situation personnelle et en développant la solidarité. Toutes ces démarches postulent la dignité des personnes et leur restauration identitaire par la médiation du travail social. D'autres démarches ou exemples peuvent par ailleurs illustrer utilement une autre dimension qui est celle de la mobilisation d'un partenariat multiple, ce qui demeure encore, à l'heure actuelle, assez innovant.

Quelques exemples de démarches participatives :

Des femmes bénéficiaires du RMI qui ne peuvent être dans une démarche d'insertion professionnelle mais qui se sentent isolées et

---

[34] Philippe Mondolfo (2001, p. 130-132) souligne que le D.S.L. présente un « nouveau destin professionnel » voire une re-professionnalisation pour le travail social, notamment parce qu'il produit *« des effets identitaires forts au plan symbolique (regain de sens), territorial (redéfinition du périmètre d'action), organisationnel (répartition personnelle et collective du travail) et des qualifications (apprentissage de nouvelles compétences et méthodes) »*.

en manque de reconnaissance se voient proposer par des travailleurs sociaux qui ont repéré sur le plan local des difficultés récurrentes dans les modes de consommation, de participer à un projet d'épicerie sociale. Ce n'est encore qu'une vague idée à laquelle il faut donner un contour précis. Ces femmes font des propositions, s'investissent, entrent dans le Conseil d'administration et portent le projet auquel elles ont donné un contenu précis. Au bout de deux ans et à l'aide de subventions obtenues, l'épicerie voit le jour.

Quelques demandeurs d'emploi de longue durée qui n'arrivent pas à trouver de travail sont volontaires pour participer à un chantier d'insertion dont l'objectif est de réaliser un petit film. Accompagnés par le réalisateur, ils vont en définir le contenu et mettre finalement leur parcours en image, l'un d'eux passant devant la caméra. Le film devient leur film et leurs noms défilent au générique en tant que co-réalisateurs. Ils feront d'ailleurs valoir énergiquement leur droit à l'image.

L'expérimentation du Revenu de Solidarité Active pose comme principe de départ d'associer les destinataires à sa mise en œuvre. Sur invitation des travailleurs sociaux, un groupe de bénéficiaires volontaires constitue un groupe témoin qui va analyser le dispositif proposé, apporter des critiques et des suggestions. Des membres du groupe accompagnent techniciens et élus dans des réunions d'information et apportent leur témoignage. Ils n'hésitent pas à apostropher eux-mêmes d'autres bénéficiaires dans la salle. Régulièrement interviewés par la presse, ils sortent de l'anonymat d'un statut stigmatisant et conquièrent publiquement leur dignité. Certains trouveront rapidement un emploi.

Des éducateurs proposent à des familles volontaires qui ne partent jamais en vacances et qui rencontrent des difficultés dans leur fonction parentale, des séjours vacances à la mer avec leur enfants et l'équipe éducative, de manière à vivre ensemble et autrement la réalité quotidienne. Ces séjours « déconditionnants » permettront à chacun de considérer l'autre d'une façon différente, avec moins d'à priori et moins de distance institutionnelle. Ces séjours visent à restaurer la fonction parentale dans une démarche de plus grande proximité et de partage collectif des moments vécus, loin des contraintes du cadre social habituel.

Une association caritative propose de réhabiliter des logements (travaux de papiers et peintures) avec l'aide des familles concernées tout en l'organisant sous forme d'un micro chantier d'insertion. L'équipe sera très réduite pour respecter l'intimité des familles. Les travailleurs sociaux démarchent les familles intéressées. Les familles et leurs enfants participent aux choix des supports et à l'organisation des travaux. Leur cadre quotidien est ainsi rénové et réinvesti positivement. Ailleurs, des expériences mobiliseront directement les familles, sans recours à un micro chantier d'insertion.

Un groupe de femmes immigrées d'un quartier dit en difficulté et sortant peu de chez elles, est régulièrement réuni par des conseillères en économie sociale et familiale pour évoquer les problèmes du quotidien et trouver des solutions. Des moments conviviaux de confection et de partage de repas traditionnels ponctuent parfois ces réunions. Les CESF proposent alors à ces femmes de sortir de leur quartier et d'aller découvrir la ville et ses administrations d'une façon un peu ludique, par un jeu. Les femmes rassurées prennent de l'initiative et décident par la suite d'organiser elles-mêmes une excursion d'une journée pour visiter un château dans le département.

En santé communautaire, au Québec, l'intervention clinique s'appuie sur les ressources du milieu social et sur la réciprocité de l'échange. Puisque la psychothérapie individuelle est incapable de satisfaire les besoins primaires non comblés qui rendent les personnes dysfonctionnelles, il s'agit de stimuler l'entraide de l'environnement et de transformer « l'aidé » en « aidant » à son tour, ce qui lui redonne un sentiment d'utilité et de l'espoir. Avec une meilleure estime de soi, sa capacité d'adaptation s'améliore.

Les démarches ou processus de D.S.L. peuvent aussi avoir pour objectif d'impulser ou de soutenir des initiatives de rencontres intergénérationnelles, de manifestations festives, d'échanges de savoir-faire, de valorisation du patrimoine et de l'environnement, de mémoire du territoire, de travail sur la citoyenneté, de soutien aux initiatives de jeunes, de maintien de lien social... Ces processus peuvent déboucher sur la création d'activités ou services qui faisaient jusqu'alors défaut (accompagnement scolaire, organisation de modes de garde d'enfant, création de centre social ou de centre de loisirs, transports à la demande, pôles multimédia, brochures d'information, prévention de conduites à risques...), bref, tout ce qui concourt à la qualité du vivre ensemble. On comprend alors aisément que nombre d'initiatives préexistent à la démarche ou à la « labellisation » D.S.L. tout en correspondant à ses valeurs.

En conclusion de ces différents propos, rappelons que nous avions posé comme hypothèse que le Développement Social Local émergeant dans la période contemporaine, pouvait se présenter comme un régulateur des tensions entre les acteurs sociaux et les institutions déstabilisés par les effets successifs et cumulatifs de la crise économique, de la crise de l'Etat-providence, de la mondialisation de l'économie, de la décentralisation, de la montée des intercommunalités et de l'Europe, de la désaffection du politique... et par conséquent, de la perte des repères et des solidarités. De la sorte, se construirait ainsi progressivement une nouvelle notion qui permettrait de créer un nouveau référentiel d'action pour les politiques sociales et un sens nouveau pour l'action collective.

L'investigation autour du terme Développement, soit le premier terme de l'équation D.S.L., montre bien que la réflexion théorique sur le développement provient globalement d'une remise en question des postulats et des modalités de la croissance économique. Plus particulièrement, la décolonisation puis le constat de la paupérisation et de la dépendance des pays du Tiers Monde à l'égard des pays industrialisés et développés, suscitent des refus et des pratiques alternatives aux méthodes jusqu'alors employées.

Ces pratiques envisagent le développement d'une façon globale, c'est-à-dire intégrant dans une même démarche des finalités économiques, culturelles et sociales. Ce faisant, ces pratiques postulent nécessairement la participation des habitants et le respect de leur manière et de leur volonté de vivre ensemble.

Ces modèles sont introduits en France avec le retour des coopérants, et popularisés également par des mouvements nourris par des idéologies autogestionnaires. Transposant ces modèles issus du Tiers Monde aux régions françaises et à ses campagnes désertifiées par l'urbanisation croissante, des leaders du monde rural « inventent » à partir des années 1960 le développement local. A cette époque, le modèle de développement qui prévaut en France est centralisé, industriel et productiviste. Il est porté par une croyance forte en les vertus de la croissance et du progrès. Le constat des inégalités géographiques et sociales provoquera de la tension dans les modèles de développement. L'Aménagement du territoire se proposera, dans un premier temps, de corriger les effets géographiquement inégalitaires de la croissance sans véritablement pouvoir maîtriser celle-ci. Ce n'est qu'ultérieurement que le développement sera théorisé, voire conceptualisé.

Le développement social, issu du Développement Social des Quartiers, participe de la même démarche que le développement local tout en ciblant le territoire urbain. Développement durable et Développement Social Local traduisent ensuite de la même façon une remise en question du modèle de développement dominant, et revendiquent un autre modèle de développement privilégiant la prise en compte du facteur humain avant tout. Le D.S.L. va même plus loin en ambitionnant la modification des rapports sociaux d'exclusion.

Mais ce constat sur les tensions dans les modèles de développement ne saurait suffire à considérer que le D.S.L. puisse permettre de réguler les tensions supposées, parce que le développement n'est pas le seul théâtre du déroulement des différentes tensions évoquées ci-dessus. En effet, le D.S.L. interroge aussi les politiques sociales. Les Programmes Sociaux de

Territoires conçus de façon expérimentale illustrent d'ailleurs particulièrement les tensions émergentes à la croisée des problématiques de développement et de mise en œuvre de politiques sociales territorialisées.

Comme les politiques sociales sont des politiques publiques, elles en possèdent toutes les caractéristiques, c'est-à-dire qu'elles sont associées à des valeurs, à des normes, à des théories de l'action et à des représentations sur ces théories. Pourtant, il faut reconnaître que les valeurs qui fondent les politiques sociales demeurent très généralistes et que les finalités de ces politiques sont parfois non explicitées (a-t-on, par exemple, véritablement défini ce qu'était l'insertion ? On a plutôt énoncé ce qu'il fallait faire, et comment le faire et s'organiser). En fait, cet implicite renvoie avant tout au compromis historique qui a fait naître le social, alors qu'égalité politique et égalité économique ne pouvaient se réaliser et qu'il fallait résoudre ces tensions permanentes par un traitement particulier de cette question sociale de l'époque, au moyen notamment d'un Etat-providence qui se voyait alors confier la responsabilité du bien-être et du devenir de ses sujets. Les premières politiques sociales mises en place permettent de couvrir les risques sociaux dominants, au moyen de la technique assurantielle (Ewald, 1986) que vient compléter l'intervention assistantielle. Or, l'Etat ne maîtrisant pas l'initiative économique privée qui, dans son développement, laisse à la marge de la croissance et de la société nombre de personnes, crée alors par segments consécutifs ou simultanés et au fur et à mesure que les problèmes se posent à lui, de nombreux dispositifs d'aides. De la sorte, et puisqu'il est lui-même soumis à des pressions diverses et contradictoires, l'Etat développe nombre de politiques catégorielles s'adressant à des publics désignés de façon abstraite. Les deux formes d'intervention coexistent néanmoins, mais avec des rigidités ou des carences qui rendent nécessaire une forme de régulation. Celle-ci apparaît avec l'action sociale et le travail social. La crise économique des années 1970 et la précarité et la pauvreté massives qu'elle engendre viennent alors remettre en question la légitimité de ces modèles. L'assistantiel fait son grand retour face à l'assurantiel qui se révèle impuissant à résoudre les problèmes liés au chômage omniprésent. La décentralisation recompose ensuite le champ de l'action publique en modifiant l'attribution des compétences. La complexité envahit alors le champ institutionnel du social, rajoutant ainsi de la perplexité à répondre aux défis de la nouvelle question sociale. Les politiques transversales font alors leur apparition pour tenter d'apporter de la cohérence dans un champ où les acteurs et les institutions sont dispersés voire éclatés, et où le territoire devient le seul dénominateur commun. Le D.S.L. fraie son chemin au milieu de cette complexité et intuitivement fort de ses valeurs éprouvées dans des pratiques antérieures sous d'autres vocables, revendique pour ce qui le concerne, un modèle de développement qui permette l'instauration et l'expression de nouvelles formes de solidarité locales.

Or, les approches sectorielles demeurent toutefois, et la coexistence avec des politiques dites transversales interroge les articulations de ces politiques différentes. Dans sa volonté de promouvoir des nouvelles solidarités, le D.S.L. pourrait alors jouer les conciliateurs et les médiateurs… La dernière question est alors celle des acteurs potentiels du D.S.L. Le D.S.L. représente-t-il un enjeu particulier pour les travailleurs sociaux qui constituent le noyau dur de l'action sociale ?

D'emblée, on constate que le travail social est lui-même soumis à de multiples tensions. Les tensions premières résultent de la fonction double, voire paradoxale, que le travail social a toujours occupée : intégrer les personnes et les groupes dans une société qui impose ses valeurs et ses normes, tout en travaillant à l'émancipation de ces personnes et groupes, au risque de promouvoir leurs propres valeurs au détriment de celles de la société qui les environne. La gestion de ce risque devient alors tout « l'art » du travailleur social. Le travail social est donc en tension permanente et il est en ce sens toujours lieu de contradictions. Il devient aussi de plus en plus épuisant car les professionnels, démunis face à l'exclusion et ayant souvent peu de réponses à apporter (l'emploi et le logement se font rares), n'ont finalement plus qu'eux-mêmes à offrir dans la relation. Mais le travail social est aussi déstabilisé par de profondes remises en question. Dans une visée plus libérale, la crise économique et la crise de l'Etat-providence interrogent le travail social sur son efficacité et sur son coût, dans un contexte voué aux restrictions budgétaires. Impuissant à remédier aux situations d'exclusion et injustement stigmatisé pour cela, le travail social, positionné au front office de l'urgence, est aussi désigné dans un premier temps comme incapable de s'investir (ou indisponible ?) dans les nouveaux dispositifs transversaux (politique de la ville, insertion) qui nécessitent des savoir-faire en méthodologie de projet et en travail multi partenarial et avec les groupes. De nouveaux profils avec de nouvelles compétences émergent alors, qui séduisent davantage les employeurs. De la sorte, le travail social se trouve à nouveau relégué à l'aide individuelle qui l'enferme. Pourtant, les aspirations des travailleurs sociaux telles qu'elles se sont exprimées dans les années 1970, ainsi que l'approche globale annoncée par le VIème plan et la circulaire de 1975 devaient logiquement conduire au développement des méthodes d'intervention de type collectif et communautaire. Mais les effets destructurants de la crise puis de la décentralisation renvoyèrent les travailleurs sociaux à un face à face avec la personne dans une relation strictement duelle, tout en le leur reprochant.

Dans ce contexte, le D.S.L. pourrait alors présenter l'opportunité d'un retour des méthodes collectives d'intervention du travail social, et d'une certaine réhabilitation des travailleurs sociaux, dans la mesure où ce sont des professionnels de la relation et que le partage d'informations entre multiples acteurs et partenaires nécessitent des précautions éthiques dont les travailleurs sociaux se sont toujours présentés comme étant les garants.

Comme on le voit, le D.S.L. semble énoncer une forme de réponse aux multiples tensions vécues historiquement dans différents champs (développement, politiques sociales, travail social), ce qui peut expliquer la séduction opérée auprès des institutions sociales (Colloques de l'ODAS qui associe départements, communes, CAF, MSA...) et une ferveur quasi religieuse envers une pratique investie de la mission de résoudre tous les dysfonctionnements et les paradoxes auxquelles celles-ci sont soumises. En effet, chacun peut y trouver un intérêt et un bénéfice immédiat :

- Le travail social mis en accusation pour son inefficacité, voire ignoré (politique de la ville), se trouve re légitimé. La mythique intervention collective, l'approche globale et le travail social communautaire, jusqu'alors impossibles, ont à nouveau droit de cité.
- Les travailleurs sociaux voient dans le D.S.L. (inconsciemment, sans doute) une façon de résoudre (ou l'illusion de résoudre) la question paradoxale originelle avec un nouveau modèle d'intervention très consensuel. Dans l'imaginaire, la fonction normative pourrait ainsi s'effacer au profit d'un accompagnement réel et authentique des problématiques d'usagers dans le respect déontologique et éthique réaffirmé à l'occasion.

Mais plus précisément, les travailleurs sociaux entrevoient surtout dans le D.S.L. la possibilité d'influer enfin sur la définition des politiques sociales en participant localement et avec les publics concernés à la construction de l'action sociale, et également de pouvoir déployer leur autonomie et leur créativité.

- La société civile voit dans le D.S.L. une réaffirmation des droits des usagers et de leur participation citoyenne, ainsi qu'une contribution concrète à l'effort visant à constituer une démocratie participative relayant ou complétant la démocratie élective.
- Les diverses institutions perçoivent la possibilité d'élaborer un mode nouveau de management (participatif ?) permettant de remobiliser leurs équipes autour de projets fédérateurs.

Dans ce contexte, les Conseils Généraux bénéficient d'une relégitimation de leur intervention sociale, car cette nouvelle méthode apporte de l'authenticité et du sens à la territorialisation des politiques sociales, et de l'authenticité dans la méthode d'intervention au regard des valeurs du travail social.

- Les politiques publiques peuvent compter désormais sur l'investissement et sur la mobilisation des acteurs sociaux, pour permettre le changement social et l'intégration attendus, lesquels ne peuvent se décréter d'en haut.
- Ce jeu d'acteurs ouvert et partenarial permet enfin à chaque acteur de revendiquer sa place institutionnelle (CAF, MSA, Communes, Associations, le Conseil général étant plutôt hégémonique dans le système) et sa légitimité, au sein d'un projet qui sublime les intérêts particuliers et transcende les différences dans un idéal commun.

Toutefois, les vertus intégratives du D.S.L. et la lutte générale contre la tendance à l'anomie qu'il sous-entend présentent aussi leurs limites, car on sait qu'il pourrait, en certains cas, ne s'agir éventuellement que d'une participation de forme et non de fond, d'une participation financière sans participation sur le sens, en un mot d'une participation symbolique, simplement pour ne pas être « hors-jeu ». Il pourrait également ne s'agir que d'une simple incantation voire d'un souci essentiel d'affichage pour présenter une image favorable de son institution.

A un autre niveau, il faut également être conscient que la coordination et l'articulation des politiques au local pourraient se faire pressantes pour l'usager si elles lui confisquaient dans les faits sa parole et ses actes (il ne s'agirait alors que de la rationalisation de l'action publique). Ces actions traduiraient alors de la sorte une forme renouvelée de contrôle social sur les personnes et sur les groupes (cf. Tocqueville sur les risques de despotisme au local en l'absence de corps intermédiaires).

Enfin, et à l'inverse, il faut également signaler à l'extrême, un risque politique pour les élus qui se verraient contester par les travailleurs sociaux leur légitimité représentative, au nom d'une légitimité « cognitive » de ceux-ci, ce risque constituant de la sorte une possible réactivation d'un conflit de pouvoir et de légitimité apparu dans les débuts de la décentralisation.

Mais cette ferveur récente en faveur du D.S.L. pourrait toutefois se trouver largement tempérée par la réalité de l'Acte II de la décentralisation en raison de l'importance des compétences transférées aux départements (et d'une nouvelle légitimité acquise, d'ailleurs) et qui pourrait les éloigner momentanément ou durablement du D.S.L...

Dans l'immédiat ou à première vue, le D.S.L. semble bien participer d'une construction progressive d'un nouveau modèle d'intervention rendu nécessaire par les nombreuses tensions contemporaines constatées dans les modèles des politiques publiques. Ce nouveau modèle permettrait ainsi de réguler potentiellement ces tensions par l'élaboration de nouvelles règles communes à appliquer localement. Ce nouveau modèle pourrait ainsi se présenter tel un nouveau référentiel d'action des politiques publiques, du moins d'après cette première approche historique et théorique, puisqu'il s'appuie sur des valeurs et qu'il comporte des normes et des théories de l'action. Mais cette construction historique et sa cohérence apparente recèlent toutefois des contradictions internes qui ne peuvent masquer la complexité d'une démarche traduisant la recherche d'un paradigme nouveau pour l'action publique.

Chapitre 2

LES REALITES COMPLEXES ET EXIGEANTES DU D.S.L.

Si la notion de D.S.L. s'est ainsi développée, c'est bien parce que les modèles des politiques sociales échouent désormais à intégrer les populations exclues des fruits d'une croissance qui n'est plus ce qu'elle était et qu'ils nécessitent alors des dispositifs supplétifs et incitatifs très ciblés qui en appellent au territoire et à la responsabilité des individus pour produire les efforts nécessaires à la cohésion sociale que l'Etat seul ne peut plus garantir. Mais cette notion se déploie également parce qu'elle séduit institutions et employeurs qui y voient une façon de renouveler leurs modes d'intervention et les pratiques de leurs professionnels à un moment où le travail social est stigmatisé pour son approche trop individualisante et assistantielle. De leur côté, les travailleurs sociaux y voient la perspective d'une meilleure reconnaissance professionnelle et sans doute l'espoir d'une participation à la définition de politiques sociales désormais annoncées comme plus territoriales que territorialisées.

Le local apparaît ainsi paré de toutes les vertus, et le Développement Social local la solution à de multiples maux contemporains, dans un élan et une aspiration apparemment très consensuels. Mais derrière cette notion plutôt fédératrice, que se cache-t-il réellement ? En quoi les différents acteurs concernés (élus, techniciens et population) ont-ils des intérêts communs et des intérêts bien distincts ?

Cette notion de D.S.L. représente-t-elle vraiment une méthode nouvelle de travail porteuse de sens et de participation ? Peut-elle constituer une nouveau référentiel d'action pour les politiques sociales et à quelles conditions ? Ces différentes interrogations nécessitent en fait de déconstruire en quelque sorte ce qui apparaît être un construit social pour en montrer toutes les composantes, les possibles contradictions et les ambiguïtés sous-jacentes. Elles nécessitent surtout de mettre au jour les motivations des différents acteurs, leurs modes de coopération et d'en révéler toute la complexité alors que le D.S.L., par son aspect consensuel, risque de les simplifier, voire de les occulter.

C'est en sollicitant différents concepts que cette déconstruction devient possible. D'abord en soumettant le D.S.L. à l'éclairage de la notion de référentiel, puis en situant ensuite les acteurs potentiels et distincts du D.S.L. que sont les élus, les techniciens et la population, face à leurs propres mondes de justification, ce qui constitue alors une véritable grammaire du lien politique. Or cette grammaire du lien politique homogénéisante étant insuffisante à justifier les actes ou motivations intimes des acteurs, il faut aussi compléter cette grammaire par une grammaire de l'individu qui valorise tous les ressorts proprement individuels de l'activité, et qui révèle la quête et la construction identitaire de l'être humain. Enfin, après ces approches analytiques complémentaires qui déconstruisent finement l'action collective et différencient ses acteurs, une approche plus synthétique peut alors confronter le D.S.L. au référentiel du développement, valoriser la notion de pouvoir et la construction des règles de l'action collective auxquels le D.S.L. n'échappe pas, et interroger le « politique » qui a pour fonction essentielle la prise en compte du « bien commun » et donc la construction du sens. Pour terminer, ce questionnement théorique et cette déconstruction de la notion peuvent alors être soumis à la parole des acteurs eux-mêmes (acteurs d'un département) et à leur vision du D.S.L. à partir de leurs pratiques quotidiennes et croisées de terrain.

1. Le D.S.L constitue-t-il un nouveau référentiel d'intervention ?

Un référentiel est un outil qui produit intellectuellement des images sur la société (Mény-Thoenig, 1999). Il possède des caractéristiques cognitives, normatives et instrumentales. Dit autrement, le référentiel aide à comprendre et à agir sur le monde, du moins sur certaines réalités sociales en les éclairant d'un regard particulier, et à partir de cette compréhension, il aide ensuite à intervenir sur ces réalités selon certains principes choisis et à énoncer de quelle façon s'y prendre. Or, (Jobert-Müller, 1987), le référentiel révèle également des réalités de pouvoir dans l'élaboration des politiques publiques dans la mesure où il montre les processus par lesquels certains acteurs (ceux que l'on nomme les médiateurs[35]) en dominent d'autres pour imposer leur vision du problème à traiter et la façon dont il faut le traiter, c'est-à-dire imposent la définition du problème et la politique à conduire. Mais c'est bien cette question du pouvoir qui est problématique dans le D.S.L.

En effet, les diverses interactions intervenant dans les représentations sociales ou dans l'application des politiques ne concernent pas seulement les médiateurs mais aussi les destinataires de ces politiques.

Or, lors des relations de service (Warin, 1993), les usagers interagissent aussi sur le fonctionnement des services. Leurs propos et leurs actes ne sont pas sans effets sur les représentations, les règlements et les normes de conduite. Ces réactions d'usagers sont même aujourd'hui de plus en plus sollicitées, voire activement recherchées dans la mesure où l'on serait passé (Astier, 2005) d'un Etat providence à un Etat service et où l'on demande désormais aux agents publics de « produire de la société » dans les différents

---

[35] Les médiateurs (Müller, 2003) agissent à l'interface de différents réseaux grâce à leur multipositionnalité et réalisent la transaction entre référentiel global et référentiel sectoriel. Ils sont généralement issus des groupes dont ils vont définir le « rapport au monde ».

espaces d'action, en invitant les usagers à s'inscrire dans une dynamique de projet. La relation de service de déplacerait donc vers une notion de reconnaissance et d'*empowerment*, dans une logique de co-production du service public où l'individu serait considéré dans toute sa singularité, loin de l'individu citoyen abstrait de l'égalité républicaine. Dans cette action publique qui se fabrique désormais par « le bas » et non plus par « le haut », il ne peut donc être question de médiateurs dominants, qui plus est lorsqu'il s'agit du D.S.L. qui postule la participation des habitants aux décisions qui les concernent. En effet, les politiques publiques et l'ordre social implicite qu'elles traduisent ne peuvent se décréter par des élites sans contribution des destinataires de leurs interventions. Elles ne peuvent non plus, en ce domaine, entériner le monopole de l'expertise légitime par de seuls hauts technocrates.

Une deuxième réserve liée à la précédente interroge également la notion de référentiel pour le D.S.L. : Le référentiel a plutôt été pensé dans un cadre de politiques publiques nationales produisant les normes et définissant les priorités d'intervention, alors que le champ d'inscription du D.S.L. qui participe légitimement du maintien de la cohésion sociale est géographiquement territorial. La décentralisation (actes I et II confondus) donne de nouvelles et importantes responsabilités aux élus locaux qui vont fabriquer et investir à cet effet un nouvel espace public territorial. Or, les multiples enjeux catégoriels qui s'expriment ou s'affrontent sur le plan local ignorent le cadre global de négociation qui relève du niveau ministériel et de la norme imposée. Par ailleurs, les référentiels actuels se transforment en rhétoriques consensuelles destinées à un usage plus communicationnel que transactionnel dans un contexte de montée en puissance avec la décentralisation et l'émergence de l'Europe de cultures territoriales concurrentes, voire antagoniques (Faure, 1997). La réhabilitation des vertus culturelles de chaque territoire se réaliserait ainsi autour d'une globalité virtuelle délimitée par des frontières communales, intercommunales, départementales ou régionales, de manière à les différencier avantageusement des collectivités voisines. A cet égard, sans doute pourrait-on évoquer une instrumentalisation des spécificités territoriales à des fins promotionnelles. Le risque encouru est d'ailleurs de voir instrumentaliser le processus de socialisation politique des acteurs locaux autour de l'objectif de production des normes par ces intérêts spécifiques et par des intérêts électoraux de court terme et de communication. La décentralisation et la construction européenne déplacent donc les débats et les enjeux en érigeant la construction des territoires comme fondamentale, voire première. Les référentiels existants sont donc particulièrement interrogés et déstabilisés.

Or, un référentiel se doit d'être stable pour structurer l'activité des acteurs de manière cohérente et durable. Mais en période de crise (déstabilisation et perte ou plus exactement multiplication des repères évoquée préalablement), les certitudes sont ébranlées. Différentes analyses et hypothèses surgissent alors et s'affrontent. Les structures de la connaissance, les normes et le système d'acteurs se cherchent et évoluent pour trouver des solutions au nouveau problème pour lequel les solutions antérieures s'avèrent inadaptées. Cette période d'instabilité dure tant que le secteur concerné ne se restructure pas autour d'un nouveau modèle. C'est ainsi qu'il faut d'ailleurs comprendre l'émergence et le développement des *dispositifs* comme nouvelles modalités d'intervention publique (Développement Social des Quartiers, Comités locaux de prévention de la délinquance, Missions locales, RMI...), les dispositifs évoquant à la fois l'idée de montage d'éléments hétérogènes et la souplesse institutionnelle nécessaire à l'action en marge des règles administratives habituelles (Ion-Ravon, 2005). Il s'agit là, en fait, d'un travail local de production des normes.

Cette recherche d'efficacité au moyen d'interventions plus souples et plus « bricolées », ces tâtonnements illustrant les ruptures et transitions des modes d'intervention publique traduisent en fait davantage une recherche de paradigme nouveau (Surel, 1997) qu'une recherche de référentiel. Or, le paradigme[36] d'action est précisément une notion coutumière en action sociale...

---

[36] Le paradigme est selon l'approche épistémologique de Kuhn (1983), un ensemble structuré et cohérent qui comprend des principes métaphysiques

Quoiqu'il en soit, et malgré ses limites, le référentiel représente bien des « idées en action » et l'on peut tenter d'inscrire les différents éléments et énoncés du D.S.L. au sein du modèle d'analyse proposé sous la forme du tableau ci-après.

Le modèle présenté précisément à la page suivante représente la dimension normative du référentiel.

La dimension cognitive, avec ses cadres cognitifs communs correspond à l'élément d'interprétation causale du problème à résoudre. Les cadres cognitifs permettent à une diversité d'acteurs sociaux concernés ou touchés par la politique publique de construire les informations jugées pertinentes et utiles pour l'action et de déterminer la nature des supports (normes secondaires d'application du droit, règles de métier, etc.) qui peuvent servir de ressources. En ce qui concerne le D.S.L., généralement, l'interprétation causale du problème à résoudre fait plutôt facilement l'objet d'un consensus car nombre d'acteurs, quels qu'ils soient, s'accordent à reconnaître la perte de lien social comme résultante de la prégnance de l'individualisme et du cumul de nombreux facteurs comme la précarité, le chômage, l'évolution de la famille, la perte des solidarités traditionnelles, etc.

Il semble que ce ne soit pas cette dimension du référentiel qui soit source de difficultés pour les acteurs, mais plutôt la pertinence ou bien l'efficacité des éléments de réponse. En revanche, la question des inégalités sociales est souvent occultée.

---

généraux, des hypothèses, des méthodologies et des instruments spécifiques, cet ensemble faisant provisoirement l'unanimité. A un moment, le paradigme ne parvient plus à résoudre les anomalies que pose le réel et le paradigme entre en crise jusqu'à l'émergence d'un nouveau paradigme qui aura réussi, parmi d'autres, à s'imposer. La période de remise en question et de constitution d'un nouveau paradigme correspond chez Kuhn à une révolution scientifique.

PROPOSITION DE SCHEMA DE REFERENTIEL POUR LE DSL

ELEMENTS CONSTITUTIFS	DEFINITION	APPLICATION POUR LE D.S.L.
VALEURS	Représentations les plus fondamentales sur ce qui est bien ou mal, désirable ou à rejeter	- Solidarité (fraternité ?) - Citoyenneté, Participation - Cohésion sociale
NORMES	Définition des écarts entre le réel perçu et le réel souhaité. Les normes définissent des principes d'action plus que des valeurs	- Créer et restaurer du lien social - Mobiliser en ce sens toutes les politiques publiques - Encourager les initiatives favorisant la prise en compte collective par la population des problématiques sociales dans un cadre de proximité
ALGORITHMES	Relations causales qui expriment une théorie de l'action. Les algorithmes peuvent être exprimés sous la forme « Si..., Alors... »	- Si l'on ne réinsère pas les exclus, alors c'est la fracture sociale - Si l'on ne recrée pas du lien social et de la cohésion, alors c'est l'explosion sociale ou l'anomie
IMAGES	Remarquables vecteurs implicites de valeurs, de normes ou même d'algorithmes. Les images font sens immédiatement.	Le SDF qui meurt de froid, la banlieue ghetto, la friche rurale, l'abstention électorale et les votes extrémistes, le vieillard isolé, la fracture sociale, la montée du racisme, les besoins sécuritaires, la diagonale démographique du vide, la perte d'identité...

La dimension instrumentale du référentiel correspond aux principes d'action qui doivent orienter l'action. Le Journal de l'action sociale (JAS, 2000) en fait une description précise :

- Le traitement d'un domaine particulier de la vie quotidienne doit aussi atteindre et transformer d'autres domaines.
- Un territoire précis doit être déterminé et des catégories diversifiées de population doivent être associées à toutes les phases de l'action.
- Une phase de diagnostic local partagé avec les habitants doit exister.
- Les habitants doivent participer à la fois à la définition des objectifs et à la mise en œuvre de l'action.
- Un partenariat réel avec des acteurs locaux de natures diverses doit être instauré (institutions, associations, professionnels…et Elus) pour permettre une entrée de la démocratie représentative dans une dimension participative.
- Une procédure d'évaluation doit être réalisée (si possible avec les habitants, ou du moins, ceux-ci doivent en être informés).

De manière synthétique, nous pourrions résumer ces principes d'action au moyen des termes suivants : Transversalité, globalité, participation, territorialisation et partenariat.

Enfin, le dernier volet du référentiel concerne les médiateurs. Les médiateurs pourraient être représentés potentiellement et selon le cas, par le Conseil Supérieur du Travail Social, les centres de formation en travail social, l'ODAS, des associations, des réseaux, voire les travailleurs sociaux organisés collectivement…

La présentation de grille proposée ci-dessus montre que le D.S.L. peut être analysé sur le plan théorique à la lumière du référentiel. En effet, le D.S.L. peut s'assimiler au registre des politiques publiques au confluent des politiques sociales et des politiques de développement ou d'aménagement du territoire. Pour autant, si l'on s'attache à faire rentrer le D.S.L. dans les grilles idéales-typiques de l'analyse séquentielle de Charles O. Jones (Müller, 2003, p. 23), c'est-à-dire dans une politique publique aboutie, cela ne marche pas bien : Premièrement, il n'y a pas vraiment de travail à proprement parler politique qui permette actuellement de transformer des problèmes jusqu'alors privés (ici la pauvreté, l'exclusion et la domination) ou techniques (faire de l'insertion, faire participer), en objet de controverses publiques pour parvenir à une mise en agenda politique[37]. Deuxièmement, on ne peut pas dire non plus qu'il y ait véritablement identification publique d'une problématique. Les analyses et les mobilisations restent pour le moment encore le fait de colloques militants, de petits clubs d'initiés somme toute assez fermés qui ne parviennent pas à déborder dans l'espace véritablement public. Sans doute, parmi les acteurs de la mise en œuvre des politiques sociales, peut-on percevoir un travail militant cherchant à agir sur les représentations collectives de l'action sociale, de manière à en faire émerger de nouvelles. Sans doute en serait-on alors, de ce point de vue, à un niveau embryonnaire. Voire même à une fixation à ce niveau, puisque la mise en œuvre des décisions/solutions correspondantes apparaît rarement d'un point de vue extérieur au milieu.

En effet : y a t'il réellement politisation du terrain et interpellation des responsables politiques ? Des problématisations et des solutions apparaissent-elles vraiment dans l'offre politique ? Celles-ci font-elles l'objet d'une médiatisation de la part des médias ? Est-ce que l'on constate par ailleurs d'un point de vue opérationnel un volontarisme institutionnel avec des prises de décisions ?...

En fait, la nécessité du D.S.L. apparaît surtout dans les discours et dans les écrits. Et lorsqu'il y a mise en œuvre effective, celle-ci se

---

[37] Le cas du département spécifiquement observé pour cette étude montre toutefois et d'une certaine façon une mise en agenda politique local de diverses expérimentations en faveur de l'insertion, dont le Revenu de Solidarité Active qui va être à l'origine d'une vague de généralisations sur le territoire français. On ne peut cependant prétendre que ces expérimentations décrétées politiquement aient fait initialement l'objet de controverses publiques.

heurte le plus souvent aux contraintes internes et aux contraintes externes des institutions qu'évoqueront les acteurs un peu plus loin. Il semble bien que la volonté de D.S.L. soit alors surtout le fait de travailleurs sociaux soucieux d'échapper à un modèle bureaucratique de l'action sociale, et à leur volonté de politiser les enjeux sociétaux relatifs aux inégalités et à la domination que subissent les publics dont ils ont « la charge ». A travers l'idée de participation des bénéficiaires de l'action sociale, il s'agit de lutter contre la domination dont ils sont victimes, en leur restituant une marge d'initiative. Il importe alors de faire remonter vers le haut les problèmes, de manière à ce que l'agir démocratique (Habermas) ne soit pas complètement englouti dans une gestion très technocratique des problèmes sociaux. Or, l'agir démocratique semble encore peu mobiliser les élus et la population concernée sur les enjeux du D.S.L.. Sans doute est-ce lié au fait que selon le point de vue que l'on épouse, c'est-à-dire selon le type d'acteur concerné (élus locaux, techniciens ou population concernée, c'est-à-dire en se plaçant soit dans une posture de « maître d'œuvre, maître d'ouvrage ou maître d'usage » ou bien encore en invoquant soit une légitimité représentative, une légitimité cognitive ou une légitimité de sujet destinataire), les contenus des éléments constitutifs de ce que l'on repère comme référentiel pour cette forme nouvelle de mise en œuvre de politique publique (avec ses valeurs, normes, algorithmes ou images) ne peuvent que différer. Cela est notamment dû à la coexistence de « mondes » ou « grandeurs » différents et qui illustrent la diversité des principes de justice qui sont à l'origine des actions entreprises.

2. La diversité des principes de justification des acteurs

Le D.S.L. suppose des acteurs multiples et donc une coordination et des accords entre eux quant à leurs attentes réciproques. Leur coopération suppose qu'ils soient capables de juger des principes au fondement d'une situation à partir d'un système commun d'équivalence. Or, pour les différents acteurs du D.S.L., qu'ils soient élus, techniciens ou population, les justifications sur les actions ou inactions peuvent être très diverses et différentes. Luc Boltanski et Laurent Thévenot (Boltanski-Thévenot, 1995) ont identifié plusieurs principes à l'origine des justifications et qui constituent de la sorte une véritable grammaire du lien politique particulièrement précieuse pour analyser les organisations (qui sont en fait des montages composites de dispositifs relevant de différents mondes) mais aussi les dynamiques partenariales. Ces différents mondes de référence présentent chacun des ordres de grandeur qui qualifient et distinguent des êtres de condition semblable amenés, si besoin au travers « d'épreuves » préparées à cet effet, à démontrer leurs compétences au sein de « cités » de vie qui pour eux font sens. Dans le D.S.L., un certain nombre de valeurs et de normes doivent être partagées. Or les différents « mondes » ne se réfèrent pas aux mêmes valeurs et provoquent en conséquence des tensions entre les acteurs. Il s'agit alors de savoir identifier les mondes en présence et de tenter d'élaborer des compromis entre ces mondes qui utilisent différentes justifications :

- La justification civique (analyse des textes de Rousseau), est basée sur la volonté collective et l'égalité ;
- La justification industrielle (analyse des textes de Saint-Simon), est basée sur l'efficacité et la compétence ;
- La justification domestique (analyse des textes de Bossuet), est basée sur les relations de confiance personnalisée liant, à travers un ensemble de chaînes de relations, les membres d'une collectivité ;
- La justification par l'opinion (analyse des textes de Hobbes), est basée sur la reconnaissance par les autres ;
- La justification marchande (analyse des textes de Smith), est basée sur le marché ;
- La justification inspirée (analyse des textes de Saint-Augustin) établit un lien immédiat entre la personne et une totalité (par exemple, Dieu pour les mystiques ou l'Art pour les artistes) ;

Mais dans certains cas, les compromis seront impossibles et la situation de blocage persistera et traduira autant d'incompréhensions que les mondes en présence n'auront pas été identifiés, voire même, soupçonnés. D'une façon générale, Isabelle Astier (Astier, 2005) a fait remarquer que la co-production des normes avec les usagers (tendance actuelle) au sein des services publics supposait avant tout la confiance. Or la confiance appartient au monde domestique, ce qui veut dire que l'intervention publique aurait tendance à évoluer d'un principe civique (la recherche de l'intérêt général pour des citoyens abstraits) au profit d'un principe domestique (la conciliation d'intérêts privés concrètement éprouvés). Comme Isabelle Astier, d'autres auteurs (Bigot-Rivard, 2000) ont aussi remarqué que l'intervention sociale relevait de compromis entre différents mondes (n'oublions pas non plus l'aspect double et paradoxal du travail social souligné par Autès) et que cela la caractérisait spécifiquement. Cela rend l'approche des économies de la grandeur très pertinente pour analyser le D.S.L..

Cela dit, le travail social montre une grande proximité avec le monde de l'inspiration, où la grandeur est indissociable de la personne avec la valorisation de la relation entre les êtres, l'investissement et le développement de la personne (Boltanski et al, 1991). Ainsi, les assistants sociaux et les éducateurs qui invoquent la relation d'aide comme fondement de leur métier, témoignent du registre de l'inspiration. Cette logique de l'inspiration laisse supposer que les usagers en difficulté ont notamment besoin des services sociaux pour se révéler à eux-mêmes ou aux autres, et que cette finalité est bien celle du travail social. Or, compte-tenu de la confiance nécessaire à la coproduction de la relation de service ainsi que de l'objectif d'*empowerment*[38] des personnes, le monde domestique devient aussi de plus en plus présent. Il l'est également lorsque des

---

[38] Selon Jacques Donzelot (Donzelot, 2003, p. 182-184), l'*empowerment* est un processus par lequel est donné à quelqu'un ou à une organisation du pouvoir ou de l'autorité, de la confiance en soi et de l'estime de soi. Cette notion décrit le processus par lequel chacun devient partie prenante de son destin individuel et de celui de la communauté dans la ville.

travailleurs sociaux (éducateurs ou travailleuses familiales) s'évertuent au domicile ou en institution à assister les personnes et à partager avec elles les tâches de la vie quotidienne. Par ailleurs, et du fait qu'ils accueillent des publics pour leur ouvrir des droits sociaux (fonction de redistribution des ressources ou de protection sociale), les travailleurs sociaux signalent également leur appartenance au monde administratif qui est celui de la réglementation.

En fait, en étant à la croisée du monde de l'inspiration, du monde domestique et du monde administratif, voire à l'intercession des trois, ce qui constitue la médiation administrative, les travailleurs sociaux, et c'est leur particularité, réalisent un compromis socio-administratif. Mais lorsque l'ampleur des tâches administratives et de la gestion de dispositif prend le pas sur la dimension relationnelle et l'instrumentalise, empêchant de ce fait le libre exercice du travail relationnel, alors les crispations apparaissent et se cristallisent autour de la revendication de l'appartenance au monde de l'inspiration (même si la formulation ne s'effectue pas en ces termes), voire même au monde domestique si la proximité à l'usager est particulièrement revendiquée. Le monde administratif est alors vécu comme un monde qui colonise le monde de l'inspiration et la sphère privée.

Dans le secteur plus spécifique de l'insertion par l'activité économique, lorsqu'un intervenant social travaille en entreprise d'insertion, en association intermédiaire, en chantier d'insertion ou en accompagnement des personnes pour développer chez elles la socialisation et les compétences nécessaires à l'insertion professionnelle ultérieure, alors on réalise à cet endroit un compromis du monde de l'inspiration avec le monde de l'industrie. Le monde de l'industrie est celui où les objets techniques et les méthodes scientifiques trouvent leur place. L'ordonnance du monde industriel repose sur l'efficacité des êtres, leur performance, leur productivité, leur capacité à assurer une fonction normale, et à répondre utilement aux besoins. Le compromis avec le monde de l'inspiration est réel puisqu'il s'agit pour les accompagnateurs de favoriser « l'employabilité » des personnes en s'appuyant et stimulant leurs ressources personnelles. Les éducateurs techniques, moniteurs d'atelier, encadrants techniques relèvent de ce registre. Ce compromis ne s'effectue toutefois pas sur un mode pacifié. En effet, dans le secteur de l'insertion où le bénéficiaire du RMI doit désormais faire de plus en plus la preuve de sa bonne volonté pour mériter l'allocation perçue, la mise au travail devient facilement une injonction forte.

Il est un autre monde qui, souvent fantasmatiquement d'ailleurs, (l'exclu est généralement trop isolé ou dominé pour s'associer), inspire fortement les techniciens de l'intervention sociale dans un « nous » incluant les exclus. Il s'agit du monde civique qui attache une importance primordiale aux collectifs. Dans ce monde, il s'agit de surmonter les singularités qui divisent pour faire l'union de tous, souvent d'ailleurs sur un registre militant car solidaire. Selon les priorités, les cibles ou les façons de travailler, les compromis avec les mondes des techniciens (inspiration, industrie, administratif) vont être alors de nature différente.

Lorsque l'action entreprise par les intervenants sociaux se colore d'animation sociale où l'objectif est en quelque sorte de révéler les personnes à elles-mêmes (maïeutique) de façon à ce qu'elles puissent s'inscrire dans une dynamique participative collective, alors le compromis se fait avec le monde de l'inspiration. L'animation de groupe et les métiers qui utilisent différents supports (culturels, récréatifs, voire ceux de l'insertion sociale) relèvent de cette catégorie. Mais là encore, on sent passer le voile du monde domestique qui permet la proximité avec le bénéficiaire, en jouant les ressorts du partage des difficultés intimes et la relation de confiance. En revanche, lorsque c'est le projet lui-même qui est valorisé et qu'il s'accompagne d'objectifs opérationnels, de stratégies, de programmes et autres méthodologies, alors le compromis s'effectue avec le monde industriel. Il s'agit alors d'identifier, d'observer, de diagnostiquer, bref, de faire appel à la mesure. Ces métiers sont ceux de chef de projet, d'agent de développement local, d'ingénieurs sociaux. Les méthodes employées, loin du colloque singulier du travailleur social avec l'usager, pointent les carences méthodologiques d'un travail social individuel. Le compromis s'élabore dans l'intervention sociale, quand le même acteur sait conjuguer les deux techniques et les deux principes (par exemple un chef de projet à l'origine travailleur social). En ce cas, le compromis s'effectue sur un mode plus harmonieux (sauf à changer de registre au cours de l'action) que lorsque les techniques et les acteurs s'opposent autour de leurs méthodes et qu'ils s'y accrochent pour préserver leur identité professionnelle. Dans ce cas, le compromis n'est plus possible et c'est le conflit.

On peut imaginer retrouver ce même conflit dans les relations hiérarchiques entre les intervenants de terrain qui mettent en œuvre, et les cadres qui mesurent leur activité et leur productivité à l'aide d'indicateurs, de tableaux de bord et de ratios. Un cadre parvient relativement plus facilement à se faire comprendre des acteurs de terrain s'il est également travailleur social d'origine (ou s'il sait s'expliquer dans le même registre). Dans la médiation qu'il va opérer, il va savoir puiser dans les registres et du monde industriel et du monde de l'inspiration. Mais encore une fois, lorsque les travailleurs sociaux se sentent dépossédés de l'essence de leur métier au profit de l'administratif et de la gestion, alors il leur devient impossible d'entendre et l'incompréhension domine, voire le conflit.

D'autres métiers de l'intervention à domicile s'inscrivent, se réfèrent voire revendiquent l'appartenance à la catégorie de l'intervention sociale et du travail social parce que cette inscription est avant tout synonyme de reconnaissance. Pour autant, ces métiers ne se réfèrent pas du tout au monde de l'inspiration et ce n'est d'ailleurs pas un objet de conflit. Quant il s'agit en effet d'effectuer des tâches à la place des personnes parce qu'elles en sont incapables (le ménage, la toilette, les repas) et qu'il n'y a en cela aucune visée éducative d'apprentissage, alors on est strictement dans le monde domestique. On se substitue aux personnes défaillantes. Cet assistanat n'est toutefois pas entaché par le soupçon qui touche le travail social lorsqu'il se substitue à la personne et aliène ses capacités potentielles. Il n'y a pas de compromis avec un autre monde, la nature de l'activité est simple et sans ambiguïté.

En revanche, lorsque ces activités s'inscrivent dans le secteur concurrentiel, alors elles expriment un compromis avec le secteur marchand. L'accès aux services dépend ainsi de la richesse des individus. Si cet accès est socialisé (intervention de caisses de protection sociale), alors l'activité ne relève plus du secteur marchand mais de l'intervention sociale.

Les encadrants des services d'aide ménagère et d'aide à la personne vont en revanche effectuer des compromis avec le monde de l'industrie, en rationalisant les interventions pour garantir la productivité globale.

Enfin, un dernier domaine d'activité peut être relevé, celui des conseillères en économie sociale et familiale (CESF). Cette activité réalise un compromis entre le monde domestique et le monde de l'industrie, parce que les CESF se situent d'une part dans le monde domestique quand elles interviennent auprès des personnes sur l'équilibre alimentaire dans les repas, la gestion budgétaire et la tenue du logement, et d'autre part dans le monde de l'industrie quand elles mobilisent des connaissances techniques opérationnelles et pragmatiques, un savoir économique, et qu'elles se montrent aptes à monter un projet. Elles sont généralement peu inspirées par le relationnel et se montrent davantage techniciennes, tout en revendiquant leur appartenance au travail social.

Comme on le voit, ces différentes illustrations témoignent de la pluralité des mondes et des principes de justice à l'origine des actions des techniciens. La plupart du temps, leur intervention est le signe d'un compromis entre différents mondes. Toutefois, les principes de justice à l'origine de leur action peuvent se révéler incompatibles et générer des conflits non surmontables. Si le monde de l'inspiration est historiquement fondateur des métiers canoniques du social, l'envahissement de l'administratif et de son aspect bureaucratique dans le champ du travail social (impersonnalité de la règle à appliquer) pose en effet problème.

Lorsque cet envahissement est par ailleurs renforcé par l'injonction au résultat émise par les employeurs (rationalisation, mesure des résultats, statistiques, impératifs gestionnaires), conformément au monde de l'industrie, la tension est plus vive encore. Les travailleurs sociaux se sentent remis en question par rapport à leur identité professionnelle.

Par ailleurs, la référence au monde civique et son indifférenciation de la singularité des personnes dans un cadre collectif (voire la stigmatisation liée aux qualificatifs englobants de populations ou quartiers particuliers) pose problème aux tenants de l'approche clinique du travail social.

Des conflits de légitimités (voire des concurrences) peuvent aussi s'exprimer caricaturalement entre les élus (monde civique) et les techniciens (monde administratif, voire autres mondes ou bien compromis de mondes) qui peinent parfois à trouver leur place. Les relations hiérarchiques entre personnels de terrain et cadres peuvent aussi faire l'objet de violents affrontements lorsque les agents du front se voient dépossédés de leur technicité, instrumentalisés et utilisés pour la réussite personnelle de leurs cadres ou de leurs élus.

Les milieux professionnels et les institutions sont donc le théâtre de tensions, voire de conflits qui peuvent être larvés ou violents et que le D.S.L. ne peut que mettre en scène, loin de l'idée d'un champ d'intervention pacifié et consensuel. Il n'est pas sûr qu'un référentiel puisse alors s'appliquer de façon universelle, quand on voit que les valeurs, algorithmes et images évoqués précédemment sont si diversifiés et qu'ils peuvent même constituer des référentiels multiples et spécifiques correspondant, sur le fond, à des approches métiers et à des impératifs identitaires. La sagesse veut, bien sûr, que les acteurs sachent dépasser leurs conflits au nom de l'intérêt général des populations au service desquelles ils se situent. L'intérêt général est justement la préoccupation des élus. Mais quels sont leurs mondes d'inspiration propres ?

Les mondes de référence des Elus

La réponse paraît simple. Dans le monde civique, il y a prééminence des collectifs. Les actions des gens y sont pertinentes lorsque participant d'un mouvement social, elles témoignent d'une action collective qui donne sens aux conduites des individus et les justifie. Le monde civique trouve sa forme la plus accomplie dans la République et dans la démocratie qui assurent la représentation des citoyens (Boltanski-Thévenot, 1999). Dans la mesure où les élus ont pour fonction de représenter les citoyens et l'intérêt général, il paraît donc évident que leur monde de référence est bien celui du monde civique. Toutefois, recueillir la majorité des suffrages sur son nom suppose des qualités personnelles, une renommée et une reconnaissance suffisantes de la part des électeurs pour se présenter à l'onction de leur suffrage (hors cas des sénatoriales). A cet égard, et si l'on considère également les phénomènes d'identification et d'influence qui se jouent dans une élection, on peut penser que c'est le monde de l'opinion qui est à l'origine de l'accès à la fonction de représentation des citoyens. Ce capital de renommée et d'influence n'est d'ailleurs pas acquis une fois pour toutes et il doit s'entretenir (les réélections ont lieu généralement tous les six ans et sont susceptibles de faire basculer la majorité d'un exécutif local). L'entretien de ce capital de confiance ou de renommée dans la perspective du gain de scores et de la victoire aux élections peut alors être à la source d'autres compromis (entendus dans un sens autre que celui donné par Boltanski et Thévenot). Toutefois, l'évolution importante du rôle des élus entraîne de plus en plus la présence d'autres mondes que ces deux mondes évoqués.

Du fait de la décentralisation et de l'émergence de l'Europe, les élus sont en effet confrontés à l'émergence des territoires et à leur concurrence au sein d'un vaste marché européen ou international. Après le référentiel modernisateur dominant des années d'après guerre, l'irruption du référentiel global du marché dans les années 80 (Müller, 2003) traduit une vision de la société organisée autour de principes néo-libéraux porteurs de nouvelles normes pour l'action publique (limitation des dépenses publiques, modernisation du rôle de l'Etat, remise en cause des politiques industrielles, ouverture à la concurrence des services publics...) dont les élus doivent tenir compte. Face à ces challenges, l'élu local se professionnalise (Faure, 1989) et doit désormais combiner sa légitimité traditionnelle avec une légitimité managériale, puisqu'il doit gérer sa collectivité comme une entreprise[39].

La prise en compte de ces responsabilités diverses de gestion et la nécessité d'en rendre compte auprès des électeurs pour faire preuve du souci d'un bon usage de l'argent des contribuables, évoquent la rationalisation et le sens de la mesure et donc le monde industriel. Quand il s'agit d'évoquer la norme, la règle et la référence à la loi, on peut alors évoquer le monde administratif. En ce sens, les élus sont donc bien conduits à effectuer des compromis avec d'autres mondes pour justifier de leur action. Lorsqu'il s'agit par ailleurs, dans un contexte concurrentiel, de vanter les mérites de son territoire pour attirer des entreprises, les justifications relèvent alors du monde marchand. De même, concurrence, compétition et rivalité caractérisent l'action des partis politiques sur le marché des élections où l'électeur achètera l'offre politique ou électorale au meilleur vendeur et au meilleur prix. En revanche, dans un registre plus négatif et lorsqu'il est question de « clientélisme » politique, c'est-à-dire de grande proximité, voire d'opportunisme et de connivence avec l'électeur pour permettre à l'élu sa propre réélection, ne peut-on parler d'un compromis avec le monde domestique ? Comme on le voit, l'élu est donc en situation d'élaborer des compromis de plus en plus nombreux avec des mondes délivrant des sens différents de ceux à l'origine de ses missions. Il est aussi confronté à une rhétorique double et difficile (Müller, 2003) où il doit à la fois radicaliser son discours pour permettre l'affrontement des positions partisanes (monde civique de l'expression des intérêt collectifs ou monde marchand de la

---

[39] Benoît Lajudie, chargé de mission au Commissariat général au plan indique précisément (2004, p. 134-135) que *« les élus sont et seront de plus en plus confrontés à l'étroite imbrication du développement économique, du développement social et du développement territorial (...). Ils sont, de tous les responsables que compte un territoire, les seuls à avoir une vision d'ensemble, ce qui fait d'eux les acteurs désignés du management stratégique des territoires ».*

meilleure offre) et utiliser le langage des politiques publiques pour justifier de ses choix face aux diverses contraintes techniques et économiques dans la gestion des problèmes sociaux (monde industriel ou monde marchand). Cette nécessité d'un double langage expliquerait d'ailleurs la crise actuelle des partis politiques. La crise de légitimation (Habermas, 1979) n'est pas loin non plus, lorsqu'il ne s'agit plus pour l'électeur que de choisir entre des groupes gestionnaires alternatifs qui ont pour mission essentielle sinon exclusive de gérer avec la meilleure efficacité le système, plutôt que de participer à des choix de société. Or la fonction essentielle de l'élu est précisément de construire du sens au sein des territoires abstraits de la décentralisation et de reformuler de la citoyenneté.

C'est à ce niveau, indéniablement, que le D.S.L. doit entrer dans le débat public. Il doit devenir objet de problématisation sur la scène politique. A défaut, il ne pourra jamais s'ériger au rang de référentiel de politique publique. Il doit par ailleurs donner également un plein espace aux populations.

Les mondes de référence de la population

En matière de politiques sociales (volets protection, prise en charge ou promotion des personnes), la relation à la population n'est pas, par nature, symétrique. Le fait, par exemple, de la désigner comme étant à protéger indique qu'elle a été repérée préalablement comme étant fragile (effet normatif). La relation n'est pas plus symétrique dans le cas de la prise en charge. Pour autant, une relation asymétrique n'exclut pas la dignité et le respect de la personne. Avec le D.S.L., il s'agit de rompre avec les logiques d'assistanat et de distribution d'allocations et de mesures, pour replacer les destinataires des politiques sociales dans leur dimension citoyenne, c'est-à-dire (Braud, 2004) leur permettre de participer pleinement à la vie économique, sociale et culturelle. Cela permet, d'ailleurs, de reconstituer des moments de relations symétriques, au besoin par le soutien et l'impulsion déterminante du travailleur social qui sera en capacité (Mondolfo, 2001) de restaurer les conditions nécessaires de vitalité. Ce n'est que lorsque la population est en situation de groupe organisé et autonome qu'il est alors possible d'évoquer ses mondes de référence : Quand la population parle au nom d'une partie de la société civile qu'elle représente, il est question du monde civique. Mais si elle s'exprime au nom de populations qui ne sont pas en capacité de le faire (ce qui peut être le cas des associations), il est davantage question du monde de l'inspiration. Des usagers peuvent aussi réagir à des projets qu'ils considèrent comme un produit qui ne leur convient pas (aménagement routier, projet d'usine d'incinération, projet d'équipement). Si leur argumentation relève de la prise en compte de l'intérêt général, alors il s'agit du monde civique, mais s'il ne s'agit que d'exprimer des intérêts individuels et singuliers guidés par la notion de satisfaction du besoin et de rapport de client, alors c'est davantage le monde marchand qui est présent.

Dans un autre registre, lorsque, dans les relations de service, il est question de co-produire du service avec l'usager et que cela mobilise de la confiance (confiance réciproque dans la négociation et dans la délibération), ce sont alors les valeurs du monde domestique qui émergent. Valeur montante, la valeur domestique est pour autant peu revendiquée par les professionnels car les travailleurs sociaux ont souvent tendance à prétendre savoir ce qui est bon pour les personnes et à leur place.

Le cas des associations qui revendiquent la représentation des usagers témoigne aussi de certaines ambiguïtés ou pour le moins d'une certaine ambivalence. En effet, les associations sont à des degrés divers en tension entre une logique de solidarité où elles opèrent une socialisation de réciprocité ou bien une socialisation de l'intégration, et une logique utilitariste où elles se voient vouées à la logique instrumentale monétaire ou à la logique d'échanges non monétaires.

Mais au-delà de l'évocation de cette tension interne entre l'aspect socio-politique (monde civique et monde de l'inspiration) et l'aspect économique (monde marchand et monde de l'industrie), il semble bien que la participation revendiquée, négociée, recherchée ou acceptée des associations dans les débats irriguant l'espace public territorial, corresponde davantage à la mobilisation d'une « expertise » plutôt qu'à la recherche d'une représentativité réelle de la population locale (qui resterait à prouver). Effectivement, il est probable qu'aucune collectivité publique, quel que soit son échelon territorial, ne puisse prétendre apporter seule une réponse adéquate au problème du traitement des fractures sociales dans l'accès à l'ensemble des biens fondamentaux, qu'il s'agisse de l'éducation, de l'emploi, du logement ou des soins, et au-delà, de l'accès à une pleine citoyenneté. Or, les savoirs associatifs, différents des savoirs administratifs et des savoirs scientifiques, sont aussi des lieux de production de connaissances spécifiques, de connaissances produites au plus près du malheur social (en cela d'ailleurs, elles ne diffèrent pas de celles produites par les travailleurs sociaux d'institutions publiques...).

Mais les associations sont surtout des lieux de socialisation qui permettent d'effectuer l'apprentissage des choix et des affiliations électives par opposition aux cadres donnés par la famille, le « pays » ou le milieu professionnel. Elles contribuent donc aux constructions identitaires et représentent en ce sens des ressources. Elles participent par ailleurs également à cette recherche d'un nouveau mode de gouvernance à la condition (Belorgey, 2003) qu'on ne leur fasse pas épouser le neutralisme ou l'objectivité (réelle ou supposée ?) de l'institution qui leur feraient perdre alors leur propre spécificité. Le rôle de l'élu est là aussi déterminant car il peut totalement stériliser (Sadran, 2004) le débat en le monopolisant[40].

---

[40] (Sadran, 2004, p. 38) : « *(...) L'un des faits décisifs est la bonne conscience avec laquelle les professionnels de la politique s'opposent – victorieusement –, à une irruption des profanes sur la scène de la délibération démocratique. Ils le font de plusieurs manières. D'abord en s'emparant, et en se parant, de l'idée de la proximité et de la démocratie participative pour introduire des procédures inoffensives, aseptisées, véritables leurres destinés à occuper le terrain pour neutraliser ou instrumentaliser la concurrence de plus en plus vive des associations, des groupes d'intérêts et des citoyens eux-mêmes (...). Ensuite, et c'est plus grave encore, en manifestant une forme d'autisme à l'égard des procédures participatives existantes lorsqu'elles sont susceptibles de peser sur l'exercice de la délibération et les conditions d'élaboration de la décision.*

Le risque consiste aussi, malgré la décentralisation, à privilégier la démocratie politique (représentative) au détriment d'une démocratie sociale et participative et à instrumentaliser la participation – quand elle existe – à des fins d'auto-légitimation des élus. La décentralisation elle-même n'est pas exempte de contradictions. Elle vise à rapprocher la décision des citoyens, mais en même temps, le temps court des résultats effectifs permettant la reconduction électorale s'oppose au temps long de la construction de la citoyenneté qui requiert confiance en soi, expression et participation. La décentralisation consacre aussi de nouvelles centralités qui confèrent potentiellement une toute puissance aux Conseils généraux en matière d'action sociale[41] et qui peut provoquer des luttes pour la reconnaissance ou le pouvoir de la part d'autres institutions. En ce cas, la population serait alors disqualifiée dans sa légitime prétention à être co-acteur du processus de développement local.

Cette immersion dans les différentes grandeurs et dans les mondes de justification montrent ainsi une formidable complexité des principes qui guident les différents acteurs possibles du D.S.L., et par là-même, loin d'un référentiel unique du D.S.L., l'existence possible d'une multiplicité de référentiels qui agrègent et unifient au sein d'un même groupe d'appartenance (par exemple les métiers, les statuts), les valeurs et les motivations des acteurs. Les mondes se croisent en permanence, s'opposent et se contredisent potentiellement. Des compromis s'élaborent souvent, mais des tentatives de compromis peuvent aussi s'épuiser dans un conflit insurmontable. Le compromis suppose en effet un effort de conciliation de la part des acteurs mais en même temps, un certain sacrifice quant à la prééminence des valeurs de son propre monde au profit du bien commun. En ce sens, les compromis sont toujours

---

[41] François Ménard (1997, p. 47-56) interroge : « *Ne voit-on pas en effet se reconstituer sur le plan du territoire départemental, un décalque de l'Etat jacobin à échelle réduite, à partir des compétences transférées et de la manière dont les départements s'en emparent ? De ce point de vue, à l'échelon départemental et infra-départemental, les associations et autres acteurs de l'intervention sociale n'ont peut-être pas plus d'autonomie que du temps où ils avaient affaire à l'Etat* ».

précaires. Ils s'appuient sur les capacités des acteurs et renvoient à leurs motivations très personnelles et morales. Précisément, des motivations beaucoup plus intimes peuvent être à la source des actions et des comportements des individus, compliquant ainsi davantage la lecture et la compréhension de l'action collective organisée. Cela nécessite alors de repérer et d'identifier l'essence des déterminants individuels.

3. Approche de l'action par les déterminants individuels

Les modèles du référentiel et des économies de la grandeur présentés jusqu'à présent s'appliquent à des acteurs repérés et catégorisés (élus, professionnels, population). Cette différenciation et cette catégorisation supposent une unification et une homogénéisation des représentations et des ressorts d'action de chacun de ces groupes particuliers autour de valeurs ou principes d'action présupposés communs. Ces modèles et concepts permettent aussi une analyse assez fonctionnaliste des acteurs en mouvement. Mais cette approche exclut la prise en compte de chaque acteur et de sa singularité, et ne permet pas non plus de rendre compte des relations des acteurs avec la globalité et la complexité de leur environnement, sinon de leur environnement immédiat. Or, la réalité de l'être humain est particulièrement complexe (Martuccelli, 2002) et plurielle (Lahire, 2005) et il serait parfaitement illusoire d'en présenter une lecture simplifiée visant à faire admettre l'idée d'un soi intime unifié et permanent. On peut en effet lire dans les expériences socialisatrices successives la multiplicité de références à la fois contradictoires et structurantes pour la constitution du soi, et la véritable grammaire de l'individu que constitue ses différentes dimensions sociologiques. Il est possible ainsi de repérer l'existence de nombreux supports qui sont autant d'étayages pour pouvoir se présenter distinctement à l'autre, comme l'existence de réseaux ou cercles sociaux qui donnent une consistance plus collective à ces étayages, mais aussi la réalité des rôles qui permettent une certaine conformité aux attentes sociales et que chacun endossera de manières particulières. L'identité se présente alors comme ce qui permet à la fois d'être semblable et différent des autres et comme ce qui motive à agir, avec ce que cela suppose de respect pour être véritablement autorisé à être et à faire. L'agir suppose toutefois un accord avec soi-même et ses propres valeurs, que chacun réalise alors plus ou moins dans le cadre d'une éthique personnelle qui colorera l'action d'une façon bien spécifique.

Au-départ, le nouveau-né qui vient au monde n'est pour commencer, qu'un projet d'individu (Elias, 1997) et ce sont ses socialisations successives qui vont permettre son individualisation. Les différentes socialisations s'enchaînent (socialisation primaire, socialisation secondaire) et se cumulent, mais elles peuvent aussi dans le même temps se confronter et s'entrechoquer. C'est le cas de l'enfant qui reçoit des influences contradictoires de plusieurs milieux (parents, crèche, assistante maternelle, école...). Il fait ainsi précocement l'expérience de la pluralité des mondes. Il en est de même pour l'adulte qui peut endosser dans le même temps plusieurs rôles et statuts à la fois (conjugal, parental, salarial, associatif...). Ces différentes expériences intériorisées vont constituer de véritables répertoires sociaux complexes (Lahire, 2005) dans lesquels la personne viendra puiser, selon les nécessités, les ressources indispensables à son action. L'acteur ne serait donc pas un acteur « unifié » et pacifié, égal à lui-même en toutes circonstances. Il serait au contraire un être multiple, stimulé ou inhibé (voire indifférent) par les différentes situations dans lesquelles il est plongé et qui réactivent de façon plus ou moins consciente ses expériences antérieures et la façon dont elles se sont déroulées, expliquant ainsi, au-delà des faits objectifs de la situation observée, des réactions puisant leur justification intime dans d'autres situations vécues...

Pour l'être humain, les épreuves d'individualisation vont être multiples, d'autant que la société moderne très différenciée lui propose (impose) de très nombreuses situations où il va devoir se définir. Ainsi, l'individu est-il aussi un personnage social et il s'agit sociologiquement, de pouvoir faire le lien entre les épreuves personnelles et les enjeux collectifs. Danilo Martuccelli (Martuccelli, 2002) identifie précisément cinq dimensions sociologiques de l'individu constituant ainsi une véritable grammaire de l'individu :

- Le support est ce qui aide l'individu à se tenir lui-même (de l'intérieur ou de l'extérieur) comme à la fois Être souverain sur soi et Être distinct des autres, face au monde et aux situations dans lesquelles il est placé.
- Le rôle établit un lien entre les structures sociales et l'acteur, rattachant des modèles de conduites aux divers statuts ou aux positions sociales, garantissant ainsi la stabilité et la prévisibilité des actions.
- La confirmation sociale de l'individu passe par le respect qui lui est dû, quelque soit le régime (hiérarchique, égalitariste dont la différence) d'interactions dans lequel il se situe ou auquel il est soumis. Ces formes de respect peuvent être désir d'affirmation publique de soi, quête de considération individualisée et exigence de confirmation sociale.
- L'identité est ce qui permet dans un seul et même mouvement à la fois de souligner la singularité d'un individu et de nous rendre, au sein d'une culture ou d'une société données, semblables à certains autres.
- La subjectivité définit un rapport particulier avec le monde social, marquée par l'idéal de bâtir un domaine de soi soustrait au social (intériorité, intimité, conscience, introspection, sens intérieur...). La subjectivité est une expérience particulière de soi.

Dans notre société individualisante, l'injonction est particulièrement forte à se tenir de soi-même et les supports qui peuvent être variés (matériels, symboliques, proches, lointains, conscients, inconscients, activement structurés, subis...) sont différemment mobilisés parce que différemment distribués. Cela constitue une des premières inégalités. L'argent, par exemple, est un support qui procure de l'indépendance. Mais la sur-activité est aussi un support qui procure un sentiment de puissance et qui gratifie. C'est dire alors les effets négatifs du chômage ou d'une activité quotidienne subie qui nécessitent plus encore de faire appel aux ressources intérieures pour garantir la permanence de son individualité. Or, les supports ne sont pas toujours visibles, ce qui brouille les lectures et les interprétations qui peuvent être contraires à la réalité[42], contribuant ainsi à plus de domination sur les plus démunis.

En effet, ceux qui ne disposent de pas grand chose d'extérieur sont contraints plus que les autres à se tenir de l'intérieur. C'est ainsi qu'il faut comprendre les supports intérieurs que constituent les substituts tels que l'alcool ou la drogue, qu'il faut aussi comprendre les refus d'hébergement de la part des SDF, alors que paradoxalement, l'injonction sociétale produit un discours à l'encontre de ces personnes qui manquent de supports externes, en leur enjoignant de faire encore plus d'efforts par elles-mêmes. De même, l'insistance de l'Etat providence, de l'assistance ou de la charité qui proposent de la prise en charge, stigmatisent encore plus et rendent très visibles la fragilité des personnes vulnérables, leur ôtant un peu plus de dignité alors qu'elles font justement de terribles efforts pour ne pas dépendre des autres. La « fatigue d'être soi » (Ehrenberg, 1998) est alors le signe de notre modernité où les plus las sombrent dans la dépression et l'addiction. Par ailleurs, l'absence de confrontation et de conflit structurant autour de la loi et de la règle ne permettent pas les saines oppositions d'où émergent les identités, alors que le triomphe de la communication pacifiante et utopique contribue à stériliser les conflits en opacifiant les enjeux autour d'une définition manichéenne du bien (l'harmonie) et du mal (le conflit), ouvrant ainsi davantage la voie à la violence et à la force. Ce contexte ne favorise bien évidemment pas les identités et induit alors un long et patient travail relationnel pour les produire.

---

[42] Danilo Martuccelli relève ainsi que les positions sociales ont un lien avec la nature des supports (Martuccelli, 2002, p. 92-93) : « *Plus la position d'un individu dans la société est élevée, plus il se trouve pratiquement tenu de l'extérieur, plus il s'auto conçoit comme s'auto tenant de l'intérieur (...). Plus fragile est la situation sociale d'un individu, plus il est contraint pratiquement de se tenir de l'intérieur* ».

Les personnes en grande précarité nécessitent donc plus que d'autres le respect pour restaurer l'individualité et la confiance qui leur font défaut, et c'est la tâche prioritaire du travail social que de redonner dignité et respect aux populations exclues.

Pour ne pas reproduire de domination, un changement de posture du travail social s'impose donc et suppose une certaine forme d'alliance et d'accord avec les démunis.

Les appartenances à des réseaux peuvent également constituer des supports pour les personnes mais elles n'en présentent pas moins certains risques. En effet, d'importantes relations de pouvoir traversent aussi les réseaux, les acteurs centraux concentrant les pouvoirs et utilisant les acteurs périphériques pour asseoir leur propre pouvoir. Boltanski et Chiapello (Boltanski-Chiapello, 1999) montrent ainsi que l'exploitation se développe dans le monde connexionniste (nouveau monde identifié, celui de la « cité du projet »), où la réalisation du profit passe par la mise en réseau des activités. Dans ce monde en réseau, l'individu existe plus ou moins selon le nombre et la valeur des connexions qui passent par lui. Le « faiseur » de relations, celui qui est au centre de plusieurs toiles d'araignées domine par sa mobilité, sa capacité à créer des liens. Pour perdurer, il a besoin de l'immobilité de ses « doublures » qui entretiennent à son profit les liens qu'il a créés. De ce fait, il les rend totalement dépendants. Au terme du projet, et quant celui-ci est achevé, il peut couper les liens avec ses « doublures » devenues inutiles et ainsi les « mettre à mort ». Après l'exploitation, naît ainsi l'exclusion. En effet, lorsque l'exploitation des « doublures (agressées dans leur dignité d'être humains) perdure, et se cumule, alors s'installe l'exclusion, parce que cette exploitation prend une forme si intense qu'elle affecte la vitalité elle-même, c'est-à-dire toutes les capacités de reproduction dont dispose un individu. Dans le monde industriel, cette forme d'exploitation s'appelle épuisement par le travail. L'exclusion s'explique aussi très bien par l'analyse des réseaux[43]. Aussi, dans une perspective de D.S.L. et

---

[43] (Boltanski et Chiapello, 1999, p. 450) : « *C'est par la privation de plus en plus drastique des liens et par l'apparition progressive d'une incapacité, non*

pour lutter contre toutes formes d'exclusion, le travail social et l'intervention sociale nous semblent avoir pour mission et pour rôle de réinscrire les exclus dans des réseaux actifs, constituant de la sorte les supports extérieurs nécessaires à leur individuation et de favoriser ainsi la permanence d'un lien social pour tous. Pour aider les personnes à s'insérer dans des réseaux, voire en contribuant à la constitution de ces réseaux dans cet objectif, il importe alors de veiller à ce que les acteurs missionnés du social n'épousent jamais le rôle du « faiseur », quand bien même l'institution les surinvestirait dans ce rôle, et qu'ils restent bien les « mailleurs » (c'est-à-dire des faiseurs de réseaux qui n'agissent pas pour leur propre compte mais pour le bien commun) des réseaux nécessaires à l'existence des exclus.

Pour ce qui est des rôles précisément, ceux-ci sont tellement multiples aujourd'hui que les individus les endossent de diverses façons qui vont de la proximité à la distance, ce qui permet d'une certaine manière de se protéger. Martuccelli appelle cela la stylistique des rôles. La stylistique met en évidence deux façons d'habiter un rôle, soit dans l'incarnation du rôle (l'individu est ce qu'il fait), soit dans la distanciation au rôle (l'individu ne se définit pas par ce qu'il fait : complexification de la théâtralité du soi).

Ces différences expriment la distance ressentie entre son vécu intérieur et ses tâches sociales. Evidemment, le spectateur ne décrypte pas forcément ces subtilités. Quatre figures possibles se détachent (Martuccelli, 2002) qui constituent des idéaux-types : les sérieux, les ironistes, les rigides et les fugitifs, mais que nous ne développerons pas ici.

Les diversités de rôles et ces multiples façons de les habiter compliquent la lecture et l'interprétation des actions. Il devient alors difficile d'attribuer définitivement à une catégorie d'acteurs

---

seulement à créer de nouveaux liens, mais même à entretenir des liens existants (détachement des amis, coupure du lien familial, divorce, absentéisme politique), que se manifestent les formes extrêmes d'exploitation. N'est-ce pas cette absence de liens, cette incapacité à en créer, ce largage absolu, qui constituent la condition de « l'exclu », telle qu'elle est aujourd'hui fréquemment décrite ? ».

un principe de justification, d'une part parce que chaque acteur est unique dans sa catégorie, et d'autre part, parce que chaque acteur détient dans sa gamme de jeux une multitude de rôles à habiter ou à déserter. Cette palette de comportements a surtout pour fonction de permettre à la fois la protection et l'affirmation personnelles, et l'identité constitue le véritable enjeu de ces différentes façons d'endosser les rôles sociaux disponibles.

L'identité correspond à l'articulation d'une histoire personnelle et d'une tradition sociale et culturelle. Elle est ce qui garantit un sentiment d'appartenance sociale, par la combinaison de propriétés communes à un groupe d'acteurs et de propriétés plus intimes. Mais l'identité n'est jamais donnée d'avance. Elle s'éprouve ou se construit comme résultante de médiations diverses. L'identité correspond au résultat d'un travail incessant entrepris pour permettre le sentiment de la continuité de soi au milieu de toutes les sollicitations et de toutes les épreuves de la vie. Ce sentiment de continuité personnelle est toutefois pour beaucoup induit par l'identité sociale. Dès lors, il devient évident que les publics en difficulté et exclus notamment du monde du travail, éprouvent les plus grandes difficultés à faire ce travail et à se présenter comme des individus à part entière puisqu'ils sont amputés de cette identité sociale structurante...

La nécessaire confirmation sociale de l'individu passe alors par le respect qui lui est dû. Ce que l'on peut nommer respect, c'est le désir toujours plus grand d'une affirmation publique de soi, d'une quête de considération individualisée, ainsi que toutes ces exigences de confirmation sociale, quelles que soient, ou plutôt en fonction, de ses propres particularités individuelles (sexuelles, raciales, ethniques, religieuses, sociales, physiques, esthétiques...etc.). Cette demande de reconnaissance et de respect prend toutefois un caractère extrêmement aigu et tragique chez les personnes exclues. Celles-ci se vivent en effet comme transparentes aux yeux des autres et des institutions, parce qu'elles n'ont pas de rapport structurel durable établi avec eux. Il en ressort une terrible humiliation, voire une auto négation de soi. C'est pourquoi le travail social et l'intervention sociale doivent être très précautionneux dans leur relation aux populations exclues. Au nom du respect qui est dû à ces populations et afin d'éviter de réitérer une relation de domination, voire de l'amplifier, il importe d'agir avec tact, lucidité et esprit critique. Or, la prégnance de la dimension administrative et gestionnaire dans les dispositifs ainsi que les injonctions à la responsabilisation des personnes exclues mettent souvent les travailleurs sociaux et intervenants sociaux en difficulté face à de multiples contradictions, notamment lorsqu'il est impossible pour eux de reconnaître et d'exprimer les situations très réelles d'inégalités, et qu'il leur faut sommer les personnes d'être (d'en être) responsables, d'avoir un projet (de sublimer leur précarité en s'imaginant dans un ailleurs) et de se tenir de l'intérieur (faire comme si les difficultés n'existaient pas). C'est pourquoi la thématique de l'éthique, qui fonde le rapport à l'action, est chez les professionnels de plus en plus présente. Elle apparaît comme repère personnel, voire revendication collective et technique, lorsque les injonctions multiples et paradoxales plongent les intervenants professionnels du travail social dans la perplexité.

Face au déclin des institutions (Dubet, 2002), la nature morale du travail sur autrui se transforme en nature éthique. L'éthique met en jeu le rapport personnel à l'action, positionnement qui devient essentiel face à un social administré qui propose un mode managérial des problèmes sociaux (Bouquet, 2003) et qui met en tension les différentes valeurs qui guident le travail social quand il s'agit pour lui d'assurer dans l'ambivalence de ses différentes missions, l'interface et l'équilibre (Bouquet, 2003, p.75) *« entre intérêt privé des personnes et intérêt collectif, entre aide et normalisation, entre demande de l'usager et commande institutionnelle, entre autonomie et réglementation, entre aide et contrôle, entre secret et transparence, entre secret et informations partagées, entre logique de mission et logique de gestion, entre logique économique et logique sociale, entre qualité de l'intervention et rentabilité...etc. »*

L'intervenant social est donc renvoyé à son éthique personnelle pour résoudre ces tensions. Le modèle du Développement Social

Local pose le problème un peu différemment puisqu'il postule un changement de posture institutionnelle du professionnel (avec l'assentiment, voire l'impulsion de l'institution), et non une posture pour soi. Sans doute, à ce niveau, l'éthique (personnelle) est-elle dépassée par la morale (collective) puisqu'il s'agit de prôner la participation active des usagers aux décisions qui les concernent, de manière à éviter les situations de domination. Or, face au silence sur la source des inégalités sociales qui se transforment en échecs et responsabilités individuelles, la tentation est grande de se tourner une fois encore vers l'Etat social redistributeur et garant de la cohésion sociale, cet Etat que l'on nomme Etat providence et que l'on dit en crise. Mais cette crise majoritairement présentée comme une crise financière et une crise d'efficacité, est finalement une crise de la solidarité et du lien social (Rosanvallon, 1992), puisque l'Etat a fini par se substituer totalement à l'initiative de la société civile en prenant en charge les leviers de la destinée. Mais avec le ralentissement de la croissance et l'augmentation incessante des dépenses, le compromis social est difficile à maintenir et les avantages catégoriels sont finalement accordés de façon très clientélaire, ce qui diminue la crédibilité de l'Etat et affaiblit la confiance des citoyens en cet Etat social. Une réaction sociétale s'avère alors fortement nécessaire (Rosanvallon, 1992, p.115) : *« Il s'agit de faire exister une société civile plus épaisse et de développer des espaces d'échange et de solidarité qui puissent être encastrés en son sein, et non pas « extériorisés » et projetés sur les deux seuls pôles du marché ou de l'Etat ».*

En fait, les registres qui viennent d'être longuement évoqués (action collective organisée, constructions identitaires, lutte contre les inégalités et lutte contre les dominations, lien social et solidarité) ont tous à voir avec la thématique du développement local, celui-ci pouvant représenter ce fameux facteur de changement et d'animation de la société par elle-même et qui correspond précisément à l'objectif du D.S.L..

4. Discussion autour du référentiel du développement

Au-delà de la participation des bénéficiaires, une des grandes difficultés du D.S.L. provient de la difficile articulation entre politiques sociales et développement économique, tant du point de vue des objectifs poursuivis que des acteurs chargés de leur traduction concrète, et qu'il s'agisse de la compatibilité des approches (Müller, 2003, p. 109): « *Ces deux secteurs d'intervention restent encore très largement confinés dans des univers conceptuels, sémantiques, symboliques séparés qui reflètent l'hétérogénéité des micro-élites responsables de chacun d'eux. (...) Et surtout l'absence d'une élite susceptible, à travers l'élaboration d'un référentiel global-local, d'intégrer développement économique et social* », ou bien qu'il s'agisse de la répartition des compétences entre collectivités (Chauvière, 2004, p. 206) : « *Avec l'Acte II de la décentralisation (...), nous aurons désormais, d'une part, les Communes et groupements de communes ainsi que les Départements, soit autant d'échelons réputés « de la proximité », chargés de services publics, et, de l'autre, la Région et l'Etat, échelons dits de la « stratégie », chargés de la « cohérence ».(...) Autrement dit, le social, les dépenses pour les uns (et forcément de plus en plus encadrées) et le développement économique et les recettes pour les autres, dans la compétition inter-régions, européenne et mondialiste. La fracture territoriale se creuse !* ».

Dans ce contexte, on voit alors difficilement émerger ces fameux élites capables d'élaborer un nouveau référentiel local-global intégrant développement économique et développement social ! Pourtant, la médiation entre les deux niveaux s'impose. Certains verraient même le renouveau du politique au moyen de l'investissement du social…

Mais alors, quelle définition du développement ? Guy Bajoit (Bajoit, 2003) propose de définir le développement comme l'augmentation de la capacité d'une collectivité territoriale à résoudre les cinq problèmes vitaux de sa vie collective, cette résolution présentant des contraintes et une forme de contrôle social qu'il présente de la façon schématique suivante :

Problèmes vitaux	Enjeux des relations sociales	Acteurs exerçant la contrainte	Acteurs subissant la contrainte
Gérer les richesses	La puissance	Classe des gestionnaires	Classe des producteurs
Gérer l'ordre interne	Le pouvoir	Elites étatiques	Peuple
Gérer l'intégration	L'autorité	Hiérarchie	Dirigés
Gérer le consensus	L'influence	Groupes établis	Minorités
Gérer les échanges externes	L'hégémonie	Entités hégémoniques	Entités dépendantes

Mais il manque dans ces enjeux des relations sociales des termes comme solidarité, partage, cohésion sociale, participation, confiance, préservation des ressources, responsabilité..., soit autant de termes qui viendraient remettre en question une certaine naturalisation des inégalités et des rapports de force induite par cette présentation. Nous aimerions alors ajouter qu'il est nécessaire d'œuvrer pour que le peuple accède également au pouvoir, pour que les dirigés consentent l'autorité et contrôlent ses fondements, pour que les minorités soient respectées et participent à égalité à la formation du consensus, et pour que sur le plan de la gestion des richesses et des échanges externes, les consommateurs et les citoyens contrôlent les finalités et les conditions de la production et des échanges.

Certes, ce tableau traduit assez bien la réalité du référentiel capitaliste mondial-global du marché mais celui-ci ne saurait suffire à fonder le développement car (Castel, 2003, p.80) : « *Les fruits de l'arbre néo-libéral c'est sans doute une production accrue des richesses, ce qui n'est pas négligeable, mais c'est aussi la menace de la guerre économique et de l'anomie sociale, car le marché ne produit pas lui-même du lien social, au contraire, il le détruit. Les fruits de l'Etat social, c'est la possibilité de trouver – en tout cas l'exigence de chercher – un équilibre entre le respect des conditions nécessaires pour produire les richesses et le souci de la protection de ceux et de celles qui les produisent. C'est bien, sans abuser des mots, d'un choix de valeurs, ou plutôt d'un choix de société qu'il s'agit. ».*

Telle est d'ailleurs la vocation et le sens du développement durable dont la définition donnée dans le rapport Brundtland (élaboré en 1987 à la demande de l'Office des Nations Unies) consiste en : *« Répondre aux besoins présents sans compromettre la capacité des générations futures à satisfaire les leurs »*, et à articuler le social et l'écologique, mais aussi le long terme et le court terme ou le local et le global. Ce faisant, le développement durable se met véritablement au service de l'homme, aussi bien l'homme d'aujourd'hui que l'homme de demain, l'homme de la ville que l'homme de la campagne, l'homme du nord que l'homme du sud, et l'homme dominé que l'homme qui concentre le pouvoir et les richesses. Le développement durable possède ainsi une visée universelle qui protège le bien public et le préserve pour qu'il puisse durer, et qui se refuse à ce que l'économique impose le quotidien et la suprématie de ses lois propres.

De la sorte, le développement durable pose comme principe et nécessité que les différentes dimensions qui le fondent, c'est-à-dire l'environnement, le social et l'économique, soient traitées conjointement, en dialogue et en interface les unes avec les autres, et non simplement juxtaposées, de manière à favoriser une approche globale qui fasse obstacle aux politiques sectorielles et verticales qui ont pendant très longtemps dominé l'action publique en ignorant de ce fait ce qu'est véritablement le bien commun. Le principe de précaution illustre alors la vigilance que les sociétés contemporaines doivent observer pour garantir la préservation de ce bien commun qui est aujourd'hui de dimension mondiale.

Le niveau local (Theys, 2004) serait alors le seul à pouvoir garantir la transversalité qui est au principe du développement durable, parce que lorsqu'il s'agit de trouver des solutions à des problèmes concrets en faisant travailler ensemble les différents acteurs institutionnels, c'est bien à l'échelle territoriale que s'élaborent plus facilement les compromis. Précisément, le local apparaît être le lieu par excellence de la visibilité des contradictions des trois dimensions constitutives du développement durable. Ces contradictions impliquent alors dialogue et discussions, et le local apparaît là encore comme un terrain propice à l'exercice de la démocratie et de la concertation, comme y invitent notamment les procédures des projets territoriaux des agendas 21 qui découlent du sommet de Rio de Janeiro de 1992 où s'est tenue la conférence des Nations unies sur l'environnement et le développement. Reste toutefois à gérer au plan local, et ce n'est pas le moindre, les contradictions entre les préoccupations du court terme de l'électoralisme, et la vision au long terme qui ne s'arrête pas aux satisfactions immédiates et aux considérations d'enjeux de pouvoir très personnels et éphémères…

5. Le pouvoir et les règles structurent l'action collective et constituent un ordre local

Or, le changement, inéluctablement, comporte des dimensions de pouvoir et de compromis, voire d'autorité. L'action publique, d'ailleurs de plus en plus inter-administrative, ajuste les initiatives et coordonne les stratégies d'action. Ces nombreuses interactions secrètent des équilibres de pouvoir, des chasses gardées, des rapports de concurrence et des répartitions de rôles implicites. Les acteurs vont devoir constituer un ordre local (un jeu) et organiser leurs interdépendances. Pour autant, la réciprocité dans l'échange n'implique pas la symétrie dans les relations. Celles-ci ne sont pas équilibrées car elles traduisent l'inégalité des relations de pouvoir. En effet, le pouvoir peut se définir comme l'échange déséquilibré de possibilités d'action, c'est-à-dire de comportements entre un ensemble d'acteurs individuels et/ou collectifs (Friedberg, 1997).

Mais si le pouvoir traduit l'autonomie dont les acteurs disposent dans les transactions et qui permet d'ailleurs la stratégie, le pouvoir exprime aussi la très grande marge de décision personnelle apportée par certaines positions sociales offrant des possibilités plus importantes de peser sur la façon dont les autres mènent leur vie et de diriger en conséquence et en partie le destin des autres. (Elias, 1997).

Précisément, dans l'action collective partenariale, les différents acteurs vont mobiliser des savoirs spécifiques, utiles à l'action et à la gouvernance locale, mais qu'ils auront ou pas la possibilité d'activer car cette possibilité dépend avant tout des pouvoirs et des légitimités qu'ils détiennent. Il en va d'ailleurs de même pour l'expertise, celle-ci n'existe et ne s'exerce que lorsqu'elle est reconnue, c'est-à-dire légitimée (Aballéa-Menard, 1993, p.78) : *« L'expertise n'a de valeur que dans la mesure où celui qui la possède est reconnu comme expert légitime »*. Nous proposons alors deux schémas formalisés et simplifiés du positionnement relatif des acteurs du champ de l'action institutionnelle – l'élu n'étant pas mentionné car se situant sur un champ spécifiquement politique – et qui présentent les savoirs et les pouvoirs au regard de ces différentes positions.

Le premier schéma correspond à la distribution et à la spécificité des différents savoirs qui sont liés au positionnement hiérarchique, parce que les pratiques développées qui correspondent à ce positionnement hiérarchique contribuent à l'élaboration de savoirs particuliers. Le second schéma présente, selon la position hiérarchique, la distribution des pouvoirs correspondante, ces pouvoirs permettant d'activer (ou pas !) les savoirs présentés dans le premier schéma et concourant ainsi à leur légitimité.

Nous avons très volontairement intégré dans ces deux schémas l'acteur Population dans la mesure où la population possède également des savoirs spécifiques et des pouvoirs particuliers – même si ces pouvoirs sont la plupart du temps déterminés par les acteurs publics qui conditionnent de ce fait la légitimité de ces savoirs particuliers – et dans la mesure où les actions développées par les autres acteurs concernent et impactent très directement la population.

Comme on peut le voir, chaque acteur positionné dispose de savoirs (connaissances, interconnaissances, savoir-faire) et de pouvoirs propres auxquels l'environnement immédiat concourt, malgré un déséquilibre dans la répartition de ces pouvoirs. Mais comme cette présentation est volontairement schématique et réductrice puisque posée en terme de hiérarchie et de positions acquises, il est bien évident qu'elle ne développe pas les différents niveaux de ressources des personnes, les valeurs qui les orientent, la différenciation interne des acteurs, leur rationalité propre et les différentes incertitudes auxquelles ils sont confrontés. Le schéma ne dit pas non plus si l'expertise présupposée est reconnue de fait...

Pour notre part, et contrairement à certains usages militants, nous n'évoquerons pas les savoirs de la population en terme d'expertise, parce que si la connaissance intime du champ est réelle, l'extériorité aux enjeux n'est pas réalisée. L'expertise est en effet incertaine puisqu'il n'y a ni objectivité ni neutralité et que cette « expertise » ne peut être contestée par un tiers. Pour les mêmes raisons, nous mettrons entre guillemets le terme expertise quant il est associé aux dirigeants et aux exécutants, ceux-ci n'ayant pas toujours l'extériorité aux enjeux et la neutralité correspondante. Par ailleurs, cette connaissance, pour avoir valeur d'expertise, a besoin de reconnaissance, c'est-à-dire d'une capacité à l'exercer. L'expertise relève effectivement avant tout d'une construction sociale...

Il n'en demeure pas moins, insistons sur ce point, que chacun possède la particularité de son savoir mais détient un pouvoir plus ou moins important lui permettant ou pas de faire valoir ses savoirs spécifiques, et de les rendre ainsi légitimes dans l'espace public. Il en est de même pour la compétence qui correspond à la capacité à mobiliser ses connaissances et savoir-faire : un environnement défavorable peut tout à fait nuire à l'expression des compétences et faire apparaître la personne compétente comme incompétente, et comme légitime la personne incompétente. La compétence est en effet étroitement liée à l'organisationnel. Or, la difficulté, dans les milieux de travail, c'est que généralement, les problèmes organisationnels sont la plupart du temps abordés en terme de pouvoir et pratiquement jamais en terme de légitimité, et que les interventions des consultants développent les concepts managériaux exclusivement autour des stratégies de prises de pouvoir plutôt que de livrer des clés de compréhension des phénomènes vécus, notamment sur les questions identitaires facilement caricaturées en corporatismes latents.

Pour illustrer précisément le tableau par rapport au D.S.L., on peut remarquer, par exemple, qu'un supérieur hiérarchique pourrait empêcher la mise en œuvre d'une démarche de D.S.L. en délégitimant ses collaborateurs et en les invalidant dans l'action, que des collaborateurs peuvent aussi résister aux consignes données par leur supérieur ou les détourner, et que le supérieur et les collaborateurs peuvent ensemble interdire toute participation à la population en lui imposant leurs propres décisions. Ils peuvent aussi instaurer un simulacre de participation qui ne serait que pur marketing social institutionnel.

La population peut de son côté se révéler passive, comme elle peut aussi se constituer en contre-pouvoir institutionnel.

Ainsi, les différents jeux de pouvoir peuvent se révéler multiples, chaque acteur combinant les diverses possibilités et nouant des alliances d'opportunité, de manière à protéger ses acquis.

En définitive, il importe surtout pour les différents acteurs de bien savoir identifier la nature distincte des savoirs et des pouvoirs présents dans l'espace local de l'action publique ainsi que leur processus de légitimation, de manière à éviter la reproduction de situations de domination qui contrarieraient alors la démarche de D.S.L. en consacrant le monopole du pouvoir social et l'invalidation des initiatives des dominés. En effet, l'effet normatif du pouvoir en place interdit toute initiative marginale, sinon à la considérer comme systématiquement déviante[44].

N'oublions pas par ailleurs la gestion paradoxale des ressources humaines au sein des entreprises qui suscite à la fois (Alter, 2006) la concurrence brutale des agents (cf. les recrutements, la prime au résultat qui n'est pas seulement la gratification pour l'effort produit, l'évaluation strictement individuelle...), et dans le même temps leur coopération dans des collectifs souples pour la mise en œuvre de projets innovants.

De même, on stigmatise très souvent l'emblématique "résistance au changement" sans montrer en quoi le changement peut profiter largement à certains et insécuriser d'autres qui ne voient pas où le changement va les mener concrètement, si ce n'est peut-être vers la déqualification, voire la disqualification.

Avec ces différents savoirs et pouvoirs, les acteurs locaux vont donc avoir à construire un espace propre et élaborer des règles leur permettant de stabiliser leurs interactions. La règle aurait aussi une fonction de connaissance, dans la mesure où elle propose un cadre commun à la perception et au jugement et en conséquence, à la décision.

Le maintien, la modification, le changement ou la suppression des règles vont alors devenir l'enjeu principal (Reynaud, 2004) de l'action des acteurs parce que ces règles ont aussi pour fonction de créer le sens et de conférer de l'appartenance. Or, toute action collective suppose par ailleurs un projet, et chaque projet possède son territoire (les délimitations du projet), ce qui suscite alors des conflits de territoire (Reynaud, 2004, p.105) : « *Les conflits entre administrations s'expliquent-ils par leur égoïsme, leur volonté de se tailler un fief, leur appétit de puissance ? Assurément, à*

---

[44] (Elias, 1997, p.94) : « *Les talents exceptionnels, les personnalités les plus fortement marquées chez les représentants de ces groupes les plus faibles ne peuvent pas se développer, ou ne le peuvent que dans une direction qui ne saurait être considérée que comme « asociale » du point de vue de la structure sociale existante* ».

condition de constater que cet appétit de puissance fait partie de leur mission... Tout acteur collectif cherche à régner seul ou en tout cas à régner sur le domaine qui relève de son projet ». Le rapport de l'IGAS de 2002 confirme d'ailleurs ce constat par ses réserves quant à la proposition d'observatoires partagés (IGAS, 2002, p.130) : *« Chaque institution a toujours tendance à mettre en avant sa légitimité propre et, quand il s'agit d'une collectivité territoriale, les compétences spécifiques qu'elle a tirées de la décentralisation ».* C'est dire alors la difficulté quand les territoires du projet se confrontent aux territoires des compétences !

L'action collective ne va donc pas de soi et l'enjeu de régulation devient ainsi central. Mais ces régulations ne concernent pas uniquement les institutions entre elles. Les régulations sont aussi agissantes au sein d'une même institution. En effet, la réalité d'une contradiction (voire d'une opposition) entre travail prescrit et travail réel témoigne de l'activité d'agents qui s'opposent pour conserver leur autonomie et le contrôle de leur activité, à des « contrôleurs » qui tentent, au nom du bien commun, de leur imposer leurs règles.

Ainsi, régulation autonome et régulation de contrôle s'opposent et se combinent dans un jeu de régulations croisées émanant de tous les niveaux hiérarchiques et fonctionnels. Les règles sont alors le fruit d'une négociation entre acteurs aux positions jamais symétriques (Reynaud, 2004, p.117) : *« La régulation autonome et la régulation de contrôle ne peuvent donc pas se rencontrer et additionner leurs richesses dans la paix de la participation, parce qu'elles se constituent l'une contre l'autre...C'est vrai aussi du management participatif ».* La participation, véritable injonction managériale, est ainsi pour le moins démythifiée et révèle ses ambiguïtés...

POSITION HIERARCHIQUE ET REALITE DES SAVOIRS

L'ENCADRANT Sait car :		L'EXECUTANT Sait car :		LA POPULATION Sait car :	
Savoirs liés aux autres	Proximité Elus, décisions politiques et institutionnelles (connaissance des orientations fixées et de leurs motivations, connaissance des perspectives) => Informations stratégiques	Savoirs liés aux autres	Proximité des populations « clientes » (connaissance des besoins locaux et de l'impact des décisions prises)	Savoirs liés aux autres	Proximité des autres usagers qui permet potentiellement de rapprocher les différents savoirs pour une appréhension globale des besoins réels et quotidiens des usagers des services publics et privés
	Proximité autres directeurs ou services (détention d'informations stratégiques sur environnement immédiat)		Proximité collègues autres services (connaissance impact autres décisions sur même population : visibilité par le bas des complémentarités ou contradictions)		
Savoirs personnels	Savoir-faire managérial (aptitude à décider, à impulser puis à apprécier le degré et la qualité de la mise en œuvre des décisions exécutées par les équipes)	Savoirs personnels	Savoir-faire opérationnel (aptitude à traduire concrètement des décisions et à les mettre en œuvre, à apprécier leur pertinence par rapport aux besoins locaux)	Savoirs personnels	Sait ce dont elle a besoin, ce qui est bon pour elle, ce qui est efficace ou pas
« Expertise » de maîtrise d'ouvrage		« Expertise » de maîtrise d'œuvre		Maîtrise d'usage	

POSITION HIERARCHIQUE ET REALITE DES POUVOIRS

	L'ENCADRANT Peut car :		L'EXECUTANT Peut car :		LA POPULATION Peut car :
Pouvoir lié aux autres	L'instance dirigeante le positionne officiellement comme donneur d'ordres	Pouvoir lié aux autres	Peut agir car légitimé à le faire par son cadre. Capacité d'initiative déterminée par celui-ci	Pouvoir lié aux autres	Vote mais ne participe pas directement. Peut être informée, voire consultée ou associée
	Ses pairs le confirment publiquement dans cette position		Peut coopérer avec les autres si l'action commune est légitimée pour chacun par le cadre. L'initiative peut aussi être légitimée par les seuls pairs		Ne s'exprime pas d'une seule voix car hétérogène et traversée par intérêts catégoriels divers
Pouvoir personnel	S'autorise à diffuser ou pas des informations à ses collaborateurs	Pouvoir personnel	Peut faire, faire au-delà, ou bien résister et ne pas faire. Peut aussi paralyser le système en appliquant à la lettre les directives	Pouvoir personnel	A le pouvoir de s'organiser ou pas, de relier ou pas entre elles les problématiques soulevées, et de les porter ou pas dans l'espace public
	Juge ses collaborateurs et détermine ainsi leur carrière au sein de l'institution, dirige et contrôle leurs actes		Peut prendre des initiatives personnelles hors cadre convenu sans en référer et s'attribuer ainsi un pouvoir personnel plus ou moins légitime		
Pouvoir d'impulser, de diriger, de contrôler et de juger		**Autonomie relative et marges de manœuvre**		**Absence de pouvoir, pouvoir d'influence ou pouvoir partagé**	

Mais des régulations de contrôle excessives peuvent aussi provoquer de la bureaucratisation. Ce risque apparaît lorsque, dans un mouvement de centralisation et de normalisation, les institutions s'efforcent de réduire la diversité pour appliquer un traitement standard (ce qui peut être le cas des procédures), et limitent en conséquence la quantité d'informations nécessaires aux acteurs, restreignant ainsi leur autonomie. Et si les régulations autonomes ne permettent alors plus de corriger l'écart constaté par rapport aux objectifs initiaux, cela devient même un cercle vicieux. Ces cercles vicieux bureaucratiques se sont d'ailleurs particulièrement développés en France au sein des administrations...

Comme on le voit, le D.S.L. n'est donc pas, encore une fois, un champ pacifié. Le discours et l'incantation ne suffisent pas à constituer un acteur collectif. Il est plutôt davantage question d'apprentissage mutuel, et apprentissage veut dire rupture avec les connaissances antérieures. Le D.S.L. nécessite la coopération d'acteurs mutuellement dépendants pour la résolution d'un problème qu'ils ne peuvent solutionner seuls, et pour lequel ils ont donc besoin d'obtenir la contribution de partenaires qui peuvent aussi être des concurrents potentiels. Mais cette « solution » peut aussi exclure les populations qui sont en position asymétrique.

Cette « sociologie de l'action » n'apparaît donc pas suffisante. En effet, il y manque la dimension proprement politique. Le D.S.L. n'est pas que l'action organisée et efficace. Il suppose préalablement le débat public tout comme il l'envisage comme finalité structurante. Parce que notamment la question des inégalités sociales est absente du débat public et que l'attention se concentre actuellement dans les discours uniquement sur l'injonction de l'insertion comme seule réponse à l'exclusion. Or, il importe avant tout de donner du sens à l'action. Tel est le sens profond de la politique.

6. La société en quête de sens se tourne de manière implicite vers le Politique

Il est toujours assez difficile de définir le sens du mot politique qui ne possède pas, du moins en France, des mots assez précis pour distinguer, par exemple, les politiques publiques de l'action politique elle même. Généralement, le terme « politique » évoque le pouvoir et les relations des hommes entre eux, ainsi que les finalités des actions (leur sens). C'est alors dans la racine du mot politique, c'est-à-dire *la polis* de la cité athénienne que l'on retrouve les repères historiques et philosophiques qui forgent ce concept. Précisément, Hannah Arendt développe (Arendt, 1995) une étude approfondie des réflexions de Socrate, Platon, Aristote, Marx, Kant…, qui valorise autour de l'idée de liberté certains traits anthropologiques de la politique, sachant que représentations et pratiques ont particulièrement évolué dans l'espace et dans le temps. Par exemple, l'approche de la politique des Grecs n'était pas celle des Romains qui ont introduit la notion de politique étrangère que réfutaient les Grecs. Par la suite, le développement des lois et des règlements, la naissance de l'Empire ont abouti à la création d'une société véritablement apolitique où le sujet s'en remet à son gouverneur. Les pauvres n'ont plus alors qu'à se tourner vers la religion pour espérer leur salut et dépasser leur statut, d'autant que celle-ci, universelle, les accueille. Puis naîtra l'Etat, produit de la société, et qui détiendra le monopole de la violence légitime…Les écrits de Machiavel, Hobbes, Montesquieu, Locke, Rousseau, interrogeront également la notion de politique…

Au-delà des vicissitudes de l'histoire, rechercher le sens originel de la politique là où elle est apparue pour la première fois est alors essentiel pour comprendre ce qui fonde véritablement le politique. C'est en fait en raison de sa condition de femme juive qu'Annah Arendt a beaucoup réfléchi au totalitarisme puis à la condition de l'homme des temps modernes de l'après bombe atomique. Elle a alors relevé ce qui faisait l'essence de la politique au sein de *la Polis* : Cet espace public consacré au sein de la ville permettait aux hommes libres et égaux (mais pas les esclaves et les femmes qui étaient relégués à la sphère privée du domestique) de se rencontrer à toute heure. Ils discutaient au sein de cette agora selon des modalités très démocratiques, de manière à faire valoir des points de vue opposés autour du même objet, pour parvenir à le voir sous différents angles. C'était le lieu de la persuasion et de la conviction mutuelles. Etre politique, vivre dans une *Polis* signifiait alors que toutes choses se décidaient par la parole et la persuasion et non par la force et la violence. Ainsi, (Arendt, 1995), la politique reposerait sur la pluralité humaine et serait essentiellement action et relation entre les hommes. La politique, ce serait le monde commun, l'espace entre les hommes. Et ce monde commun prendrait fin dès lors qu'on ne le verrait plus que sous un seul aspect, et que l'on n'aurait plus le droit de le présenter que sous une seule perspective, ce qui est le propre notamment du totalitarisme.

La Polis, c'est ainsi la liberté d'exprimer ses opinions, la liberté de discuter, la liberté de fréquenter les autres en leur parlant, et la liberté de faire avec eux l'expérience de la pluralité. Le lieu de naissance de la politique est alors l'espace entre les hommes, et la politique traite de la communauté et de la réciprocité d'êtres différents. Mais ces pratiques de *La Polis* ont disparu depuis bien longtemps et la réflexion sur le juste mode de gouvernement des hommes n'est plus centrale depuis le 18ème siècle... Pour autant, ces questions demeurent étonnamment d'actualité si l'on pense aux volontés contemporaines de faire vivre une démocratie participative excluant toute domination, dans une société où aujourd'hui les inégalités perdurent et se creusent. Et ces thématiques sont précisément celles du D.S.L.. Les acteurs chargés de conduire des politiques sociales territorialisées ou d'élaborer des politiques sociales territoriales attendent précisément de celles-ci une réduction des inégalités, ou pour le moins une réinscription des individus dits « anomiques » dans des collectifs stables permettant leur intégration. Et si, au sein de ce paradigme envahissant d'insertion, le D.S.L. s'avère impuissant à résoudre le problème des inégalités, alors il lui reste à faire revivre des relations d'interdépendance entre des individus détachés de leurs groupes d'appartenance et recherchant désespérément qui ils sont dans le regard des autres. C'est en effet par la parole et l'action que les individualités se révèlent (Arendt, 2001, p.236) «(…) *En agissant et en parlant, les hommes font voir qui ils sont, révèlent activement leurs identités personnelles uniques et font ainsi leur apparition dans le monde humain, non comme objets physiques mais en tant qu'hommes.* »

Aujourd'hui, dans les pratiques d'insertion et avec un vocabulaire plus psychologisant, on évoquerait plutôt la nécessaire restauration narcissique face aux épreuves de la vie pour pouvoir ensuite co-construire avec le sujet un projet d'insertion porteur de sens pour lui et qui ne se résumerait pas uniquement au retour à l'emploi.

Aussi, pour toutes ces raisons, les travailleurs sociaux qui se vivent aujourd'hui moins comme des agents de domination (critiques reçues par leurs aînés), que comme des gestionnaires contraints et impuissants de la misère sociale, se tournent donc d'une part vers la sphère politique pour y trouver des solutions, et d'autre part vers l'espace public pour y faire émerger la parole des exclus, ces deux espaces pouvant être aujourd'hui distincts.

Or, actuellement, la participation qui est demandée aux exclus prend davantage la forme d'une responsabilité individuelle que d'une participation citoyenne, et concourt de ce fait fortement à la domination.

La domination se vit précisément à travers des situations et des épreuves. Elle se fait aujourd'hui plus subtile en épousant des formes très diversifiées. La domination (Martuccelli, 2000) ne correspond pas exactement au cumul d'inégalités sociales (plus visibles) mais se présente sous des formes de plus en plus différenciées et individualisantes. Ce sont les possibilités d'initiative personnelle qui sont en fait aujourd'hui au centre de la domination, à tel point qu'elles pourraient dessiner une cartographie de l'état de la domination dans notre société moderne ! Mais la domination ne s'exprime pas uniquement par l'ampleur de l'initiative et par la capacité ou non à intervenir sur le monde. Elle s'exprime aussi par la capacité qu'ont les dominants de disposer de protections et de se mettre à l'abri des diverses agressions du monde (Martuccelli, 2000, p.179) : « *Une profonde division sépare ceux qui sont en sécurité de tous ceux qui se sentent exposés au risque* ». Or, ces risques sont de toute nature, il peut s'agir de la perte d'emploi, d'atteintes à la santé, de la dégradation de son environnement, de risques financiers, de la perte d'un toit, de risques de solitude relationnelle, etc. Et les Français (comme d'autres d'ailleurs), sont très inégalement exposés à ces différents risques. Les réseaux personnels apparaissent être alors de solides protections, et plus le réseau est important, plus l'individu se sent protégé.

La domination se fait aussi plus intense par l'impératif de responsabilisation individuelle. Chacun devient ainsi responsable de son héritage social, éducatif, culturel, et des échecs qui en découlent. Par exemple, l'individu n'est plus supposé aujourd'hui hériter d'une position sociale, il est rendu entièrement responsable de son acquisition. Cette responsabilisation envahissante provoque même (Ehrenberg, 1998) des pathologies et des maladies de la responsabilisation (dépression, conduites addictives…). Avec l'insertion professionnelle et l'injonction à travailler son employabilité, les seules marges de manœuvre du demandeur d'emploi face à une pénurie d'emploi deviennent alors ses compétences communicationnelles (Orianne, 2005, p. 5) : « *Plus que le projet professionnel de l'usager, c'est la manière dont il en parle qui importe, qui compte pour le professionnel de l'employabilité ; plus que les compétences techniques, que ces agents ne sont souvent pas en mesure d'apprécier à leur juste valeur, c'est bien leurs mises en mots qui orientent la mise en œuvre de l'action.* »

Et dans cette société tout entière vouée à la communication, le rapport au réel devient également un signe de domination sociale car ceux qui ont l'impression de vivre dans un faux monde ou dans un monde virtuel sont davantage dominés. Par la consommation, le dominé tente alors de capter ces images du réel qui lui font défaut au quotidien. Mais ces images de substitution ne transformeront jamais le dominé en dominant, voire en égal pour le moins, pas plus qu'elles ne combleront le déficit de reconnaissance et d'intégration à la société.

Avec l'ensemble de ces explorations conceptuelles différentes mais complémentaires, il a bien été montré, pour chaque thématique considérée, en quoi le Développement Social Local était concerné ou pas par ces problématiques spécifiques et en quoi il les reprenait ou pas – explicitement ou implicitement – à son compte. Il semble bien, en effet, que le Développement Social Local, que l'on pourrait assimiler à la tentative de mise en place d'un nouveau paradigme pour les politiques publiques étudiées, emprunte ou émarge, du fait de la spécificité de son champ, à la totalité de ces divers registres.

En effet, si l'on considère déjà simplement le fait d'agréger trois termes pour en constituer un dont le sens nouveau tiendrait compte des trois réunis, on peut estimer que le D.S.L. emprunte au développement une certaine démarche dynamique globale, volontariste et promotionnelle d'un territoire, qu'il emprunte au terme social la désignation de son objet en tant que déclinaison des politiques sociales, et qu'il emprunte enfin au terme local l'affirmation d'un positionnement et d'un principe de proximité qui inclurait de ce fait l'idée de participation des populations concernées.

Ainsi, les équations suivantes pourraient être proposées :

Développement = démarche,

Social = objet,

Local = méthode.

Pour autant, la finalité du D.S.L. n'est pas véritablement énoncée mais elle viserait la cohésion sociale, le « Vivre ensemble » dans une perspective respectueuse de chaque individu-citoyen, c'est-à-dire plus solidaire et plus égalitaire, voire plus fraternelle face à l'individualisme qui déstructure les liens sociaux.

En fait, dès lors que l'on évoque les termes de développement et de social en invoquant d'une part, l'aménagement du territoire et d'autre part, les politiques sociales et leurs destinataires, il est certain qu'il est question de politiques publiques. Il est légitime alors de se questionner sur l'émergence potentielle d'un nouveau modèle et d'un nouveau type de référentiel permettant l'élaboration conjointe de ces deux types de politiques publiques associées.

Par ailleurs, il est certain également que la mise en œuvre de politiques publiques suppose la présence d'acteurs. Il est alors également légitime de s'interroger sur leur rôle et leur statut, et d'observer les différents « jeux » auxquels ils participent et qui signalent autant leur appartenance à des groupes constitués et/ou informels, que le travail personnel qu'ils effectuent pour réaliser leur identité intime et permettre la permanence de celle-ci.

Le D.S.L. a à voir avec tout cela.

Bien que d'une façon explicite il énonce davantage des objectifs relevant des registres du développement et des politiques sociales, ses acteurs n'en sont pas moins soumis aux impératifs stratégiques et identitaires du fait de leur propre immersion dans le social. Ces impératifs constituent alors à la fois des moteurs et des freins aux actions destinées à servir et le développement et les politiques sociales.

Par ailleurs, au-delà de la mise en œuvre elle-même des politiques publiques (où en fait s'exprime davantage et plus spécifiquement la professionnalité des acteurs), se dégagent également des enjeux collectifs et sociétaux proprement politiques au sein du monde commun (au sens défini par Arendt) entre les hommes.

Le D.S.L. embrasse donc tout cela à la fois et présente de ce fait une grande complexité et des contradictions sous-jacentes du fait d'un énoncé fédérateur et d'une multiplicité d'acteurs concernés dont les intérêts peuvent être différents.

En effet, on a bien vu que l'émergence d'un référentiel requiert des médiateurs mais que ceux-ci peuvent aussi être en concurrence, que les principes de justification à l'origine des actions sont multiples – voire incompatibles – et ne donnent pas lieu nécessairement à des compromis, que les individus agissent en fonction de motivations intimes qui peuvent être contradictoires, constituant de la sorte un individu pluriel aux identités multiples, que l'action collective révèle des relations de pouvoir et la nécessité d'une régulation permanente où se croisent sans cesse les pressions de contrôle et les pressions pour l'autonomie, que les phénomènes de domination sont aujourd'hui toujours très présents mais plus diffus et moins visibles, chacun cherchant avant tout à se protéger et se préserver des abris sûrs face à l'insécurité.

Pour autant, et à des moments bien précis, le D.S.L. pourrait parvenir à faire la synthèse des différents enjeux de démocratisation, de participation, de cohésion sociale, de réencastration de l'économique, de construction collective du sens. Ces moments correspondent alors à des convergences d'intérêts ou, pour le moins, à des consensus qui traduisent l'expression d'un intérêt dominant auquel se soumettraient les acteurs en présence. C'est alors l'écoute précise des acteurs qui permet de révéler la nature des intérêts particuliers et la façon dont ceux-ci peuvent coexister au sein de l'action collective. Cette écoute a en l'occurrence été réalisée dans un département moyen de province, mi-rural, mi-urbain, mais elle aurait pu tout aussi bien se réaliser dans n'importe quel autre département.

Chapitre 3

UN DEPARTEMENT RETENU COMME CAS D'ETUDE PRATIQUE

Offrant des paysages variés et ruraux mais peu de pôles urbains importants (seule la ville-préfecture compte plus de 50 000 habitants), le département observé[45] est un département de plus de 500 000 habitants, donc moyen, caractérisé par l'importance de ses petites communes rurales, par une densité démographique inférieure à la densité nationale et par une croissance démographique soutenue. Ce département comprend trois communautés d'agglomération. Le taux d'accroissement naturel y est dynamique bien qu'en forte diminution depuis 1990. Le taux de natalité est élevé ainsi que la proportion de jeunes. La proximité et l'attractivité de deux villes importantes de départements voisins génèrent des flux migratoires (le département étudié a notamment du mal à retenir ses jeunes), mais la tranquillité et les espaces verts du territoire attirent les citadins qui ont plaisir à y posséder une résidence secondaire. La physionomie générale du département et sa taille à dimension humaine offrent par ailleurs un cadre et une qualité de vie très agréables à ses habitants. Ce département hétérogène à identité peu marquée est également un lieu de passage pour d'autres destinations plus attractives.

C'est aussi un département qui s'est très vite mobilisé autour de l'intercommunalité naissante, réalisant de la sorte un maillage assez important de son territoire.

---

[45] Volontairement, nous ne donnerons pas le nom de ce département de manière à préserver l'anonymat des acteurs qui ont accepté de se prêter aux interviews.

En ce qui concerne les catégories socioprofessionnelles, les cadres apparaissent sous-représentés alors que les ouvriers sont surreprésentés par rapport à la moyenne nationale. Le pourcentage des diplômés est peu élevé et l'échec scolaire plus important qu'au niveau national. Les actifs travaillant dans l'industrie sont surreprésentés par rapport à la moyenne nationale car dans ce département, l'industrie a été et demeure encore importante malgré sa reconversion.

Le parc de logements est dominé par la maison individuelle alors que les logements collectifs sont nettement sous-représentés. Les habitants sont davantage propriétaires et ils le sont plus qu'au niveau national.

Sur le plan médico-social, le département apparaît bien équipé en matière d'hébergement pour personnes âgées et handicapées adultes, mais l'offre en médecine libérale y est très inférieure à la moyenne nationale et ce territoire est particulièrement touché par une mortalité évitable (cancers, suicide, alcoolisme). C'est aussi l'un des tous premiers départements français en matière de surendettement (l'accession à la propriété y est importante). Le parc des logements collectifs est peu développé.

Les personnes très âgées, moins nombreuses qu'au niveau national, vivent aussi plus souvent seules chez elles.

Entre 2001 et 2004, ce département a aussi enregistré une progression de plus de 22,78% des bénéficiaires du RMI, alors qu'elle était de 15,73% en France métropolitaine.

Mais rien ne dit encore si ces spécificités ou non spécificités seront déterminantes pour le déploiement du D.S.L…

Il reste aussi à examiner la composition du paysage partenarial qui est à la fois le produit de partenariats historiques nationaux et la traduction d'une réalité bien locale.

1. LES PARTENAIRES HISTORIQUES ET LOCAUX DU D.S.L.

Les pionniers de la démarche sont bien les Centres sociaux que les Caisses d'Allocations Familiales ont par la suite fortement soutenus, avant d'initier par elles-mêmes des démarches de D.S.L.. De son côté, du fait de son implantation en milieu rural, de ses valeurs mutualistes et de son intérêt pour les forces vives locales, la Mutualité Sociale Agricole est également un acteur qui s'est investi précocement dans des démarches de développement local participatif, puis de Développement Social Territorial. Ce n'est que beaucoup plus récemment que les Conseils généraux s'y sont intéressés. Les communes et intercommunalités apparaissent essentiellement sensibilisées au Développement Social Local au travers de leur Centre communal ou intercommunal d'action sociale (CCAS et CIAS) mais il est vrai qu'elles auraient également pu l'être au titre de la politique de la ville, tandis que les associations demeurent un vecteur essentiel d'initiatives permettant la promotion d'une démarche de D.S.L.

Les Centres sociaux

Apparus au cours du 19ème siècle pour traiter la misère de la condition ouvrière qui constituait la « question sociale » de l'époque, les Centres sociaux occupent historiquement une place particulière et privilégiée du point de vue de l'animation socioculturelle des micro espaces territoriaux et de la participation des habitants. Instruments au service d'une approche collective et globale de l'action sociale, ils sont les véritables ancêtres ou les précurseurs du D.S.L. par la similitude de leur démarche.

Le premier Centre social (settlement) est créé en 1884 à Toynbee-Hall, dans un quartier de l'Est de Londres par un pasteur anglican, et c'est en 1897 que Mère Mercedes Le Fer de la Motte anime l'œuvre sociale de Popincourt à Paris. Marie-Jeanne Bassot, pionnière du travail social, participera aussi activement aux expérimentations françaises et défendra inlassablement une conception de l'intégration libre des ouvriers dans la cité face à une conception de la bienfaisance patronale désarmant l'hostilité des ouvriers[46], ainsi qu'une unité de vue et de lien[47] entre toutes actions (c'est-à-dire en termes plus contemporains : une approche et une démarche globales).

Ces maisons sociales, appelées ensuite résidences sociales, deviendront les Centres sociaux réunis par la Fédération des Centres Sociaux créée en 1922.

Initialement, ces Centres ne sont pas destinés aux pauvres en général mais aux « travailleurs », afin qu'ils prennent leur part dans les fonctions sociales alors qu'ils sont exclus par ailleurs des échanges et des débats qui fondent la société démocratique. Le Centre social n'a pas pour finalité le centre lui-même, mais il a pour objectif le progrès dans la localité (Bassot-Diemer, 1934), contribuant ainsi à la réalisation solidaire de la « société de semblables » souhaitée par Léon Bourgeois, et qui permet de rendre la population ouvrière, malgré les inégalités persistantes, première actrice de la lutte contre la misère ouvrière. Les centres reposent sur la formation « d'élites issues de la masse », chargées d'apporter leur savoir-faire et leur contribution à la vie du Centre elle-même, puis d'entraîner dans le même sens et vers les mêmes responsabilités, l'ensemble des habitants concernés.

Les Centres sociaux se développent ensuite en milieu rural pour permettre le maintien d'une vie affaiblie par l'exode rural. Après 1945, ils entrent dans une phase de « réalisations ». Ils rencontrent surtout les CAF et les MSA qui ont pour mission de développer une action sociale au profit de leurs allocataires et qui vont s'attacher à promouvoir les centres sociaux qui offrent un cadre de proximité à leurs propres activités.

---

[46] *Première conférence de Service social*, Paris, 1928, tome 3, p. 280-290.
[47] M.J. Bassot : *« Rapport moral de l'assemblée générale de 1933 »*, p. 9-10, FCSF.

Les Caisses ne cherchant alors qu'à décentraliser leur action, les Centres sociaux leur reprochent le manque de place laissée à l'usager ainsi que le manque d'approche globale qui ensemble, constituaient la vocation initiale de ces Centres. Alors, les Foyers Ruraux se développent parallèlement aux Centres sociaux pour permettre néanmoins une animation de la vie locale, des loisirs et des activités culturelles. En 1951, à l'initiative d'une enquête de l'ONU, la France va redécouvrir les Centres sociaux et des circulaires ultérieures apporteront un cadre réglementaire à leurs activités et à l'accompagnement de l'Etat.

L'essor des Centres sociaux porté initialement par un vaste mouvement social résultant de l'alliance du mouvement ouvrier et des forces issues des classes moyennes et du monde rural, se modifie dans les années 1980 sous l'effet de la montée de la nouvelle pauvreté et des politiques qui s'instaurent pour y remédier. Du fait de leur implantation et de leur philosophie, les Centres sociaux participent à ces nouvelles politiques mais voient aussi leur composition se modifier, et disparaître nombre de militants et d'adhérents porteurs du projet fondateur parce que les dynamiques changent. Le volontariat et le bénévolat succèdent au militantisme du projet global, dans une société désormais plus éclatée et qui fonctionne spontanément davantage en réseaux qu'en ensembles sociaux organisés. L'individu moderne est aussi moins lié à un territoire et à un « voisinage » que précédemment. Par ailleurs, il consomme ses loisirs de façon ponctuelle et selon ses goûts du moment. Dans le même temps, la décentralisation modifie fortement les partenariats institutionnels en confiant notamment aux Conseils généraux une part prépondérante de l'action sociale. La Caisse Nationale d'Allocations Familiales (CNAF), de son côté, décentralise ses procédures d'agrément des Centres sociaux en liant celles-ci à l'existence d'un contrat de projet. Inquiets pour leur indépendance et pour la pérennité de leurs financements, les Centres sociaux chargent leur fédération en 1993 d'un « devoir d'interpellation » à l'égard de tout Centre adhérent s'éloignant des principes fondateurs. En décembre 2006, avec la CNAF, la fédération des centres sociaux invite l'ensemble des partenaires du réseau à participer à une séance de travail à l'Assemblée Nationale autour du concept d'animation globale.

Aujourd'hui, les Centres sociaux adoptent l'idée de citoyenneté comme vecteur de leur action car celle-ci renouvelle et réactualise les idéaux d'origine en valorisant la proximité qui, d'une certaine façon, permet de réduire la distance sociale. Mais ces Centres sociaux sont aussi et surtout traversés aujourd'hui par ce que Maryse Bresson (Bresson, 2005) appelle la crise des institutions du social, liée à une relation moins fusionnelle de l'Etat avec le secteur social. L'Etat désormais distancié et davantage gestionnaire édicte ses politiques et en anime les acteurs, en les soumettant à des contraintes nouvelles. Les Centres sociaux doivent désormais composer différemment avec leurs financeurs, s'adapter à leurs attentes très spécifiques en élaborant des projets conformes, et faire à la fois preuve de leur efficacité (rationalisation des coûts, management des équipes et des projets, évaluation des actions), et preuve de leur pertinence (adéquation avec les besoins des habitants, expression de ceux-ci). Ce nouveau contexte déstabilise les Centres sociaux qui ont le sentiment de s'éloigner de leur vocation première en servant exclusivement les projets sectoriels des financeurs et en sacrifiant au passage leurs idéaux et leurs pratiques et ceux de leurs bénévoles. Ceux-ci ne trouvent en effet plus leur place dans ce nouveau mode de fonctionnement qui les instrumentalise plus qu'il n'en fait des acteurs autonomes travaillant activement à l'émergence d'une dynamique participative locale.

Pour ce qui est du département étudié, seule la CAF soutient activement les Centres sociaux qui sont au nombre de 16. En prenant de la distance avec un strict agrément administratif (pratique existant encore il y a 10 ans), la CAF cherche à faire évoluer les Centres sociaux d'une logique de projet de structure et d'équipement vers une logique de projets territoriaux, c'est-à-dire à faire en sorte que ceux-ci ne soient plus autocentrés et s'inscrivent désormais dans une logique de développement social territorial. Dans ce cadre, le D.S.L. n'est qu'un point d'appui. Ce sont d'ailleurs plutôt les Contrats Enfance et les Contrats Temps Libre qui se sont révélés être les outils du développement de projets avec les collectivités territoriales, mais leur périmètre se modifie actuellement en raison des contraintes budgétaires des caisses. En fait, dès les années 1997-1998, la CAF réunissait les directeurs de Centres sociaux à l'aide d'un consultant pour reprendre la discussion sur l'animation globale et travailler avec eux à l'élaboration de projets et à leur évaluation. La CAF locale n'a jamais pratiqué la gestion directe de Centres sociaux. Elle préfère par ailleurs les structures associatives aux communes comme support aux Centres sociaux, car c'est bien l'association qui favorise la participation des habitants. Pour autant, la participation des habitants s'avère bien difficile. La CAF attend surtout des Centres sociaux une volonté et une démarche « associante » inscrite dans la durée, et la plus large possible, ce qui constitue à ses yeux un indicateur de dynamique de territoire. Toutefois, cette action ne lui paraît pouvoir se réaliser que dans la durée : *« Il faut regarder à 10 ans dans ce domaine-là. On commence seulement à sentir les résultats et ça fait 10 ans qu'on a commencé ! »*.

Les Caisses d'Allocations Familiales (CAF)

Bien qu'ayant une histoire particulière avec les Centres sociaux, la Caisse Nationale d'Allocations Familiales (CNAF) et ses caisses locales ont historiquement pour vocation première l'accompagnement des politiques natalistes d'après-guerre et le versement de prestations légales à leurs allocataires. Ce versement occupe plus de 70% des personnels et mobilise 50 milliards d'euros quand l'action sociale n'en mobilise que 2. S'agissant du département observé, 5,6% des budgets en 2004 étaient consacrés à l'action sociale, le reste étant mobilisé par les prestations légales. Le temps libre des enfants et des familles représente 32,8% des budgets d'action sociale, l'accueil des jeunes enfants de 0 à 6 ans, 31,5%, l'accompagnement social des familles, 23%, l'animation et la vie sociale, 6,1%, et le logement et l'habitat, 4,8%. Pour certaines de ces aides, la CAF privilégie la contractualisation avec les communes et intercommunalités au moyen des Contrats « enfance » (62,37% de taux de contractualisation) et les contrats « temps libre » (72%).

La CAF a implanté 5 centres sur le département et 43 points d'accueil. Elle valorise dans ses cartes géographiques 11 « territoires de projets » qui correspondent aux intercommunalités (parfois regroupées) et y affecte 23 « agents de développement social ». Un de ces agents confie : « *On peut dire que dans un organisme parapublic on a des objectifs de type descendant, mais pas à la CAF de notre département. Notre CAF, en faisant son choix du développement social teinte son action de valeurs et on n'est pas brimés sur ces questions-là quand on parle de solidarité, d'aide mutuelle, de relations intergénérationnelles, de respect, d'éducation et d'épanouissement des enfants...* ».

Souscrivant sans réserve à la démarche de D.S.L. en raison d'un « tissu social qui se délite », la Présidente de la CNAF relève par ailleurs (Prud'homme, 2005, p. 26) : « *Les CAF ne peuvent s'insérer dans le D.S.L. que dans le partenariat, considérant que le social appartient à chacun et à tous et nécessite des compétences croisées. C'est ce maillage de partenaires qui peut contribuer à partir d'objectifs précis à avoir un D.S.L. cohérent* ». Cette dernière phrase nous semble toutefois valoriser plus spécifiquement au sein du D.S.L. la dimension d'élaboration et de conduite concertée des politiques publiques, les habitants (ou usagers) et la part qu'ils prennent à l'élaboration de projets qui les concernent apparaissant moins déterminante. Or, cette participation des acteurs destinataires des politiques publiques n'a pourtant pas nécessairement pour première finalité ou pour premier effet la cohérence recherchée des interventions publiques, mais plutôt « l'émancipation » des usagers par rapport à leur dépendance initiale ou leur passivité, puisque ces politiques visent, par définition, à les rendre plus autonomes dans la gestion de leurs difficultés. Il faut prendre garde, en effet, à ne pas confondre politiques territorialisées et politiques territoriales. Mais il faut aussi garder à l'esprit que les caisses locales ont une autonomie très relative, leurs actions devant être conformes aux grandes orientations données par la CNAF et leurs moyens financiers étant déterminés par ce que l'Etat décide de leur accorder.

Pour autant, le D.S.L. fait bien partie des orientations de la CNAF. Celle-ci a d'ailleurs élaboré un cahier des charges pour un appel d'offres destiné à faire le point très complet sur cette notion. C'est ainsi que l'institution a pu publier respectivement deux dossiers d'études de près de 200 pages au total, le premier consacré aux origines et filiations du D.S.L., le second consacré aux acteurs, outils et métiers du D.S.L. (CERAT, Grenoble, 2005). Mais en examinant l'engagement des CAF dans le D.S.L., l'équipe du CERAT pose la question (CERAT, 2005, p.29) de savoir si en tant que partenaire au sein des contrats Enfance, Temps libre et autres prestations de services (qui constituent la majeure partie de leurs interventions en action sociale), et également en tant que partenaire au sein de projets dans les territoires, *« les responsables des Caisses jouent un véritable rôle d'acteur du développement ou bien s'ils se cantonnent à n'être que des pourvoyeurs de crédits (rôle de banquier ou de « slepping partner ») »*... Ainsi, bien qu'initialement gestionnaires et distributrices de prestations où l'inscription géographique du destinataire importait peu, les CAF (CERAT, 2005, p.30) *« doivent désormais passer à une autre approche dans laquelle les territoires et leurs populations deviennent, sinon une ressource, au moins un potentiel qu'il faut valoriser et avec lesquels il faut « négocier » des services. En quelque sorte, le développement social local ou territorial est pour les CAF une opportunité d'enrichir leur territorialisation en la fécondant par une dynamique de projet et de services avec les acteurs locaux ».*

Peut-on alors dire en ce sens que les CAF « s'acculturent » par nécessité au D.S.L. ? Sans doute... Mais cela n'est pas spécifique aux CAF. Les MSA et les Conseils généraux participent, et pour les mêmes raisons, du même processus, la différence étant que les Conseils généraux bénéficient de l'onction de la légitimité politique.

Le D.S.L., de l'aveu d'un cadre CAF, pourrait même représenter un moyen de reconquérir une légitimité auprès des collectivités territoriales, voire de se préserver un espace de survie.

Quoiqu'il en soit, à considérer l'expérience et le domaine d'activité des CAF, il est indéniable qu'elles possèdent des compétences et des atouts précieux pour contribuer au diagnostic des territoires et à leur développement social. Leur lecture fine de la répartition et des caractéristiques des allocataires, que ceux-ci soient des familles ou des personnes isolées bénéficiaires de minima sociaux, ainsi que leur présence au sein des centres sociaux et leur politique d'action sociale en font des partenaires essentiels pour une démarche de D.S.L. L'investissement dans la formation (qui comprend le travail sur les valeurs et le sens) et la méthodologie sont également déterminants pour l'accompagnement des acteurs. La CAF de ce département a visiblement fait le choix de cet investissement. Cette CAF s'est donc réorganisée et a fait muter progressivement ses travailleurs sociaux vers des profils d'agents de développement en leur dispensant une formation spécifique et en les libérant de l'aide individuelle.

Les Caisses de Mutualité Sociale Agricole (MSA)

Les MSA sont des organismes de protection sociale chargés de gérer la protection sociale de leurs adhérents. Ils sont également chargés de conduire une action sanitaire et sociale au profit prioritairement des bénéficiaires du régime agricole, quel que soit leur statut (salarié, non salarié, actif ou retraité), le milieu de vie (urbain ou rural) et quelle que soit la nature des difficultés auxquelles sont confrontées ces populations (Décret du 11 février 1985).

L'action sanitaire et sociale de la MSA vise à contribuer à l'amélioration des conditions d'existence de ses bénéficiaires et de la population rurale d'une manière plus générale. Selon la charte nationale d'action sociale de la MSA, cette action médico-sociale tend plus amplement à *« favoriser la structuration de leur citoyenneté dans leur milieu de vie »*.

Le fondement même de la MSA étant le mutualisme, cette philosophie a historiquement irrigué ses différentes actions avec la promotion de valeurs telles que la solidarité, la responsabilité et la promotion des groupes et des individus. Inscrivant ses actions dans un milieu agricole et rural en évolution, la MSA a dû également se tourner assez précocement vers l'action collective, se détournant ainsi de la classique assistance, sans pour autant abandonner l'aide individualisée. C'est ainsi qu'elle s'est orientée vers le développement et l'approche globale du territoire, de manière à mettre en place des programmes cohérents basés sur un recensement des besoins et des potentiels locaux. En cela, elle se montre particulièrement pionnière et innovante parmi ses partenaires institutionnels.

Ainsi, dès 1988, la Caisse centrale de la MSA (CMSA) propose un document de synthèse conséquent (208 pages) intitulé *«Le Développement Social Local, de l'action sociale au D.S.L, une réflexion, une démarche, des outils»* qui évoque les finalités et principes du D.S.L ainsi que sa méthodologie. La MSA y souligne les quatre principes qui caractérisent le D.S.L (CMSA, 1988, p 106) : la mobilisation des hommes, la définition d'un territoire pertinent, l'approche multidimensionnelle et l'action par objectif. La MSA conduit sa politique d'action sociale au moyen notamment d'outils tels que le Programme d'Action de Revitalisation en Milieu rural, Le Programme Local pour l'enfance, Le Programme d'Activation Cérébrale, mais aussi les intéressants Contrats de Développement Social Territorialisés.

S'agissant du service social, la Caisse de MSA du département d'étude a fait l'objet d'un déconventionnement en 1991, alors que le Conseil général était lié jusqu'alors par une convention tripartite à la CAF et à la MSA. La MSA disposait alors d'un chef de service, de 15 travailleurs sociaux et de 2 secrétaires exerçant pour le compte du Conseil général des missions de polyvalence de secteur sur des cantons ruraux après avoir exercé des missions de polyvalence de catégorie lors de conventions précédentes. Le Conseil général finançait 45% du montant des salaires. En 1990, le Conseil général a informé la MSA de son souhait de « reprendre en charge progressivement tous les secteurs sociaux de polyvalence ». La MSA a donc repris progressivement ses effectifs et a profité de l'opportunité pour redéployer son personnel en créant un service spécifique de tutelles. Ce déconventionnement a suscité en outre la création d'un service social spécifique dédié aux populations agricoles. Mais la MSA locale ne dispose plus actuellement que de 4,5 ETP de travailleurs sociaux. Cet effectif insuffisant ne lui permettrait pas de faire face à tous ses engagements tout en développant du D.S.L.. C'est sans doute une des raisons pour lesquelles son conseil d'administration n'a pas retenu comme option la mise en œuvre de CDST. Néanmoins, les actions collectives au sens large (regroupant des actions d'animation, de participation, d'organisation et de communication en direction de plusieurs publics) occuperaient environ 45% du temps opérationnel des 5 travailleurs sociaux de la MSA (hors services tutelles dont l'approche demeure individuelle).

Sur le plan national, et à propos des CDST, la CNMSA dresse le constat actuel d'une territorialisation des politiques sociales qui ne cherche pas toujours à conscientiser les populations dans une démarche ascendante, et d'un D.S.L. qui tend à perdre de son sens au sein de procédures et programmes. Or, il ne doit pas y avoir de préfigurations, quelles qu'elles soient (CNMSA, 2006, p. 5) : *« Faute de quoi, les Caisses risquent de glisser dans une logique de programmes et non plus de projets de territoires comme peuvent le faire actuellement d'autres acteurs du social. »*

Les Conseils Généraux

Parmi les acteurs institutionnels potentiels du D.S.L., les Départements apparaissent être parmi les plus récents. En effet, leurs compétences sociales sont apparues en 1982 avec la décentralisation qui leur a confié nombre d'attributions dévolues jusqu'alors aux Directions Départementales de l'Action Sanitaire et Sociale (DDASS) et plus particulièrement celles liées à l'Aide Sociale, dont notamment la protection de l'enfance (Aide sociale à l'Enfance). Au-delà de l'application de la réglementation et de la mise en œuvre de prestations dites légales, les Départements peuvent ainsi décliner des prestations complémentaires et facultatives dites extra-légales (tout comme les communes d'ailleurs, avec leurs Centres Communaux d'Action Sociale dits

CCAS) pour les populations dont ils ont la charge : Enfance et adolescence, personnes âgées et handicapées, familles... A la grande surprise des départements, une deuxième vague importante de décentralisation initiée en 2004 par le transfert de compétences liées au RMI, suivi des Fonds Logements et Energie, des Fonds d'Aide aux Jeunes en 2005 et de tout le volet handicap en 2006, a amplifié considérablement les compétences sociales des Départements ainsi que la dimension de leurs budgets.

Désormais, les Départements assument donc une responsabilité envers les populations sur un large spectre qui va de la naissance à la fin de vie, si l'on considère d'une part la protection maternelle et infantile (PMI), la protection de l'enfance et de l'adolescence, l'aide aux 18-25 ans, l'aide aux familles, le RMI, le logement, et l'aide aux personnes handicapées et âgées. Organisant comme ils l'entendent ces compétences sur le « principe de libre administration des collectivités territoriales », ils deviennent ainsi des acteurs très importants des politiques sociales locales. Ces nouvelles responsabilités ainsi que la montée des intercommunalités et de la notion de proximité, la grande complexité qui nécessite toujours plus de transversalité dans les interventions sociales pour garantir une approche globale des situations et des personnes, ont conduit la plupart des Départements à réorganiser leurs services en privilégiant le territoire et la déconcentration. Avec le jeu des transferts successifs, les Départements disposent ainsi globalement des effectifs de travailleurs sociaux les plus importants sur le territoire.

S'agissant de ce département particulier, à la suite d'un changement de majorité intervenu en 2001 et compte-tenu du contexte national qui poussait en ce sens, le Conseil général a entamé un vaste processus de territorialisation de ses services à partir de 2002 en créant notamment 4 Unités Territoriales d'Action Sociale.

Ces « nouveaux territoires » correspondent de fait strictement aux traditionnelles anciennes circonscriptions d'action sociale mais n'épousent ni les contours des zones du Service Public de l'Emploi ni celles des Missions locales, et ne coïncident qu'avec deux des trois communautés d'agglomération. Le Conseil général explique sa réorganisation par le souci d'une plus grande proximité des populations, par une volonté de transversalité et de travail en mode projet et par une finalité ultime qui serait le D.S.L.

Ainsi, avec la décentralisation des compétences et la territorialisation des services départementaux, le jeu d'acteurs s'est considérablement modifié, tant sur le plan interne où les identités professionnelles ont été au passage remaniées, que sur le plan territorial où les cartes se sont totalement redistribuées. Pour autant, les configurations ne sont pas stabilisées parce que les partenariats se recomposent. Du fait de l'ampleur de ses compétences, le Département peut toutefois apparaître largement hégémonique et le D.S.L. pourrait alors constituer le terrain de la conquête de légitimité pour chacun des acteurs institutionnels se sentant, à tort ou à raison, menacé.

En fait, les partenariats sont multiples et leur définition a souvent obéi à des règles imposées. En effet, par exemple, la loi de décentralisation du RMI qui a donné pleine compétence aux Départements a en même temps défini les CAF et MSA comme organismes payeurs (ce qui était déjà la pratique), dans un contexte où tout service nouveau souhaité par les Départements serait facturé par les organismes payeurs de l'allocation... Les négociations ont pu être çà et là occasions de tensions. Les CAF et MSA ont dû apprendre à composer avec ce nouvel interlocuteur auquel jusqu'alors ils ne rendaient aucun compte. Les partenariats avec les CCAS et l'ANPE ont fait aussi l'objet de nouvelles définitions sur fond d'enjeux financiers importants. Les ANPE qui perdaient leur monopole par rapport à l'offre d'emploi et du même coup des subventions Etat, ont dû se tourner vers les Conseils généraux en majorant leurs prestations. Les CCAS qui intervenaient gratuitement sur le RMI avant la décentralisation, ont souhaité des compensations après la décentralisation... Les partenariats n'en sont pas nécessairement sortis indemnes, chacun protégeant jalousement, qui ses finances, qui son indépendance.

Toutefois, ce partenariat vit actuellement une nouvelle phase en raison d'un fait plutôt extérieur. La mise en place – décidée par le Président du Conseil général – d'expérimentations avec l'Agence Nouvelle des Solidarités Actives de Martin Hirsch (qui entre-temps a accédé à d'importantes fonctions nationales), est venue solliciter dans un premier temps des compétences partenariales diverses sur un mode volontaire et incitatif, l'articulation de ces partenariats s'imposant en quelque sorte ensuite dans un second temps dans le cadre d'interpellations plus étatiques.

Enfin, au-delà de ces partenariats institutionnels, il ne faut pas oublier le partenariat associatif beaucoup plus disséminé, même s'il est souhaitable de distinguer dans la nature des relations instaurées, les associations en tant que prestataires de dispositifs financés par les Conseils généraux (relation de dépendance), et en tant que partenaires de ceux-ci (relation au premier abord plus symétrique) lorsqu'elles apportent leur expertise propre sur les problématiques sociales qu'elles connaissent autant que les Départements dans le champ de leur compétence particulière, et lorsqu'elles co-produisent avec eux (ce qui est de moins en moins évident) la définition de nouvelles actions. En fait, dans la réalité, les associations sont pour un Conseil général à la fois des partenaires et des prestataires, mais ces deux registres de relations sont mobilisés constamment et souvent indistinctement et sans aucune clarification.

Le D.S.L. est donc un champ où se nouent et où s'affrontent potentiellement les partenariats externes. Mais il est aussi, pour un Conseil général, un lieu où se jouent les coopérations internes autour de différents statuts (hiérarchiques, techniques, politiques). Le D.S.L. est donc par essence construction collective et régulation permanentes. Alors pourquoi un Conseil général serait-il conduit à s'exposer et à potentiellement se mettre en danger en s'inscrivant dans une démarche de D.S.L. ? A un moment où il dispose de nombreux leviers locaux, aurait-t-il quelque chose à gagner en militant en faveur du D.S.L. ?

Dans cette reconnaissance quasi absolue donnée par ces pleines compétences et ces pouvoirs très importants, le Conseil général doit en fait encore gagner la légitimité liée à la pertinence des actions qu'il conduit dans l'intérêt des populations dont il a la charge. Il doit en effet en répondre régulièrement devant ses électeurs.

Or, les partenaires quotidiens du Conseil général ont également la même vocation : servir l'intérêt général (ou dit autrement, le « bien commun »). Chacun doit donc désormais savoir aujourd'hui montrer son aptitude à travailler dans un cadre collectif pluri-institutionnel et démontrer sa capacité à susciter et recueillir la parole et la participation des usagers. Le D.S.L. peut constituer alors la mise en scène, plus ou moins théâtrale, de ces savoir-faire-là, dans un nouvel espace public constitué à cet effet.

Recherche de sens, mobilisation de leurs troupes fortement sollicitées, projet fédérateur pour leurs équipes, réconciliation du technique et du politique, affichage, communication…tels deviennent alors pour les Conseils généraux les registres dans lesquels ceux-ci doivent nécessairement s'investir pour conserver la cohérence de leurs actes, l'investissement de leurs agents et la reconnaissance de leurs partenaires.

Les Communes et les Intercommunalités

La France et ses 36 000 communes s'est toujours trouvée décalée par rapport à ses voisins européens qui comptent à la fois moins de communes (la France posséderait à elle-seule, 41% des communes de l'Europe des 25) et moins d'échelons d'administration du territoire tout en comportant des régions démographiquement importantes (Catalogne, Bavière, Sarre, etc.), voire économiquement puissantes et dynamiques. Ce constat, parmi d'autres, a poussé en France à de grandes réformes décentralisatrices (Acte I de la décentralisation, lois Voynet et Chevènement...). Toutefois, la culture française a toujours répugné à modifier frontalement son architecture et notamment à remettre en cause l'existence de ses nombreuses communes.

L'intercommunalité se construit donc progressivement depuis 1992 en s'accentuant en 1999, et se présente alors essentiellement comme une alternative douce et progressive à cette réforme territoriale. Les outils de l'intercommunalité s'organisent autour de 3 formules supposant volontariat et solidarité mutuelle : les communautés de communes, plutôt dirigées vers le monde rural et les petites villes, les communautés d'agglomération aux ensembles de plus de 50 000 habitants autour d'une commune centre de 15 000 habitants au moins, et les communautés urbaines de plus de 500 000 habitants.

Le département étudié a fait assez vite l'objet de créations de structures favorisant l'intercommunalité. Il est à l'heure actuelle, presque intégralement couvert. Trois communautés d'agglomération existent. Certaines communautés de communes se sont aussi montrées parmi les pionnières et les plus dynamiques.

En ce qui concerne plus spécifiquement le domaine social, le lieu de pertinence de l'action sociale correspond au CCAS. Celui-ci existe depuis les Bureaux d'Aide sociale et a été institué par la loi de 1986, son fonctionnement étant précisé par un décret de 1995 qui oblige, notamment, à procéder annuellement à une analyse des besoins sociaux. Le CCAS est cité pour la première fois dans la loi de lutte contre les exclusions de 1998. Mais les CCAS demeurent insuffisamment développés sur le territoire français. Pourtant, ces établissements territoriaux qui regroupent élus, usagers et associations présentent des avantages certains en ce qu'ils permettent un dialogue local entre le politique, le technique et le civil, ce qui est très important pour une perspective de D.S.L.. Dans le département, malgré un développement rapide et exemplaire de l'intercommunalité, aucun CIAS n'a été créé jusqu'à présent. Dans ce département aux nombreuses petites communes rurales, on dénombrerait une centaine de CCAS, mais seulement six à huit d'entre eux sont véritablement professionnalisés et organisés autour d'un organigramme et de services spécifiques, avec un fonctionnement s'appuyant sur le principe de conventions et d'habilitations, les autres (une trentaine) correspondant davantage aux anciens Bureaux d'aide sociale délivrant exclusivement des aides individuelles. Un seul CCAS est adossé à une communauté de communes et gère des services sociaux intercommunaux. L'ensemble des CCAS compterait actuellement environ presque une douzaine de travailleurs sociaux.

En ce qui concerne les récentes décentralisations, les CCAS constatent que les politiques de proximité et le D.S.L. constituent un enjeu fort pour le Conseil général, mais que ce sont surtout les CCAS et les communes qui sont en proximité des habitants alors que le Conseil général représente un pouvoir centralisateur, bien que cet état de fait change avec la mise en place des UTAS. Une directrice de CCAS indique : « *Le Conseil général ne peut faire seul. Il a besoin des agglomérations et des communes avec leurs CCAS, car l'exclusivité n'engendre pas la richesse. Or le Conseil général n'a pas de culture partenariale et les lois de décentralisation ont renforcé cette prédominance* ».

Sur un registre moins spécifiquement social, deux communautés d'agglomération possèdent un Plan local pluriannuel pour l'Insertion et l'Emploi (PLIE) qui les rend compétentes en matière d'insertion professionnelle. A ce titre, elles nouent de multiples partenariats institutionnels ainsi qu'avec les entreprises locales, mais les relations avec le Conseil général se modifient sensiblement avec la décentralisation du RMI, celui-ci les considérant davantage comme des prestataires de parcours d'insertion des bénéficiaires du RMI dont il est désormais responsable. Les PLIE peuvent avoir le sentiment d'y perdre de l'autonomie et de la capacité de pilotage, ce qui est aussi renforcé par la perspective d'une modification des règles de gestion des Fonds Sociaux Européens.

Les Associations

Les associations représentent le dernier type de partenariat du D.S.L.. Mais ces associations peuvent être de nature diverse. Généralement, les typologies (Caroux, 1978, p. 6) les répartissent de façon théorique entre les associations d'expression qui rassemblent des personnes autour d'intérêts communs, les associations de gestion qui produisent des services au public, et les associations de revendication qui se définissent par rapport à un adversaire et portent des revendications spécifiques. Ces postures spécifiques induisent des attitudes différentes par rapport aux institutions qui les financent (ou pas) et constituent de la sorte un mode particulier d'inscription dans l'espace de l'action publique.

Or, les associations concernées par les politiques sociales sont de plus en plus intégrées à l'action publique. Leur connaissance des publics et de leurs besoins (donc leur expertise) est très attendue et utilisée par les pouvoirs publics lors des phases de diagnostic territoriaux ou de co-production d'actions. Mais leur situation est différente lorsqu'il s'agit de mise en œuvre d'actions définies par les pouvoirs publics eux-mêmes, ce qui est de plus en plus le cas. Les associations, placées en position dépendante, sont alors mises en concurrence sur la base de cahiers des charges (qui ne définissent pas toujours bien ce qui est attendu), parce qu'il ne s'agit plus désormais de leur accorder des subventions globales de soutien à leur propre projet (et qui leur en laisseraient l'initiative), mais de définir de façon assez serrée une prestation dont l'élaboration initiale, et donc la construction du sens, leur échappe. Les demandes des financeurs qui se calent sur leurs propres contraintes de fonctionnement plus que sur les besoins des publics (Bresson, 2005) instrumentalisent alors les associations qui ne se reconnaissent plus dans ce social qui technocratise les relations (irruption de l'analyse financière, du managérial, de la prestation et de l'évaluation…) et marginalise les idéaux humanistes participatifs qui sont pourtant à la source de l'engagement des bénévoles dans l'associatif.

Le code des marchés publics et les procédures inhérentes aux Fonds Sociaux Européens qui imposent cahiers des charges et appels d'offres contribuent par ailleurs fortement à la mise en concurrence locale des associations. Cette mise en concurrence des forces vives d'un territoire est toutefois particulièrement dommageable pour la cohésion de ce territoire qui a besoin d'additionner et d'articuler les compétences pour faire advenir un « Vivre ensemble » meilleur, et non pas de les hiérarchiser en les opposant une à une implicitement dans la course aux subsides. Par ailleurs, quand bien même il n'y aurait pas de cahier des charges et de marché public, les procédures de contrôle administratif et les attendus institutionnels par rapport aux subventions accordées qui sont généralement multiples et potentiellement contradictoires, contraignent de fait les associations à une bureaucratisation envahissante et complexe, à une mobilisation excessive sur l'écriture d'un projet consensuel qui puisse satisfaire tous les financeurs à la fois, mais qui finalement éloigne les associations de leur mission première.

Ces constats invitent donc à la prudence quant au contenu d'une démarche de D.S.L. au regard de la place que les institutions veulent bien laisser aux associations. En effet, en matière de politiques sociales et de « Vivre ensemble », personne ne détient le monopole de la légitimité, de l'intérêt général et de l'expertise.

Pour avoir une idée du volume des associations existant dans le département, une investigation sur le site internet du Journal officiel indique qu'entre début 1980 et fin 2006, 4041 associations se sont créées (la France compterait 1 million d'associations, et 70 000 se créeraient par année contre 20 000 dans les années 1970 selon Maif Magazine, 2006) alors que 807 se sont dissoutes et que 1979 se sont modifiées. Nous ne possédons pas le chiffre de celles qui se sont créées auparavant et qui subsistent encore aujourd'hui.

Ce sont les secteurs des loisirs (17,93%), de la culture (17,49%), du social (16,52%) et des sports (15,11%) qui suscitent le plus de création associative – c'est-à-dire les domaines de plus en plus investis dans la vie quotidienne – alors que les créations les moins importantes se situent dans les domaines Divers (0,34%), Anciens combattants (0,52%), cultuel (0,57%) et politique (0,60%). Pour ce qui est des dissolutions d'associations, C'est le domaine Divers (31,18%) qui voit le plus de cessations d'activité, ensuite les loisirs (17,23%), le social (13,30%) et les sports (12,32%) qui représentaient déjà les domaines les plus importants. A noter que le domaine politique ne voit quasiment aucune dissolution et demeure remarquablement constant. Les associations qui se modifient, le font principalement dans le domaine Divers – qui est donc assez mouvementé – (17,94%) puis dans les domaines du social (16,46%), du sport (16,10%) et des loisirs (15,58%). Le domaine culturel (10,41%) est également assez présent. Le domaine politique demeure aussi le plus stable, ne voyant quasiment aucune modification.

A l'issue de cette « revue des partenaires », le cadre de l'écoute est globalement posé de la façon suivante :

Les diverses investigations concernant le territoire départemental ont permis d'élaborer le portrait d'un département d'importance moyenne et plutôt jeune, aux très nombreuses petites communes qui se sont emparées assez précocement de l'intercommunalité. Ce territoire est assez contrasté entre ses territoires ruraux et ses trois agglomérations. Comme la plupart des départements, sa population vit surtout des activités tertiaires, pour autant, son secteur industriel demeure relativement important. Ses habitants privilégient la maison individuelle et sont plus souvent propriétaires qu'ailleurs. Mais c'est aussi un département où les habitants sont particulièrement surendettés. Malgré tout, ce territoire présente une certaine qualité de vie liée à ses dimensions humaines et à son cadre naturel. Cela en fait un département attractif pour les cadres qui y sont localement peu nombreux. Les actifs sont aussi des travailleurs assez mobiles travaillant en dehors de leur commune de résidence et se déplaçant majoritairement en voiture.

Mais le département souffre aussi d'un sous-équipement notable en matière de santé, d'offre culturelle et de loisirs. Le taux de redoublement au collège y est supérieur à la moyenne nationale. On meurt aussi plus dans ce département qu'en moyenne nationale, avec des morts prématurées évitables.

Dans ce cadre géographique ainsi posé, intervient un certain nombre d'acteurs qui entretiennent un rapport plus ou moins particulier avec la démarche de Développement Social Local, celui-ci étant déterminé, la plupart du temps, par les orientations et impulsions nationales des institutions ou organismes auxquels ces acteurs se rattachent. Parmi ces acteurs, les incontournables Centres sociaux dont l'histoire montre leur antériorité dans la volonté de faire participer les habitants à la vie quotidienne locale et aux décisions qui les concernent. Sur le plan local, ces centres sont aujourd'hui autonomes par rapport à la CAF locale qui les subventionne et ne les gère pas en direct, mais comme la plupart des associations, les Centres sociaux d'aujourd'hui n'échappent toutefois pas à une instrumentalisation croissante de la part de leurs financeurs. De son côté, la CAF entretient un rapport privilégié avec le D.S.L. dans la mesure où, historiquement, elle a soutenu les Centres sociaux en favorisant leur démarche d'animation globale au moyen de la « subvention globale ». Pour la période contemporaine, la CNAF affirme bien la nécessité du D.S.L. et l'inscrit dans ses orientations tout en demeurant inquiète quant à la possibilité de marge de manœuvre effective par rapport aux contraintes budgétaires imposées à l'action sociale. Pour autant, la CAF est l'institution qui, la première dans le département, a investi le D.S.L. en formant ses agents et en les faisant évoluer explicitement vers ces méthodes de travail. La MSA est également un acteur historique du D.S.L. en raison de sa vocation mutualiste, de son intérêt pour la promotion des individus et des groupes ainsi que pour son intérêt pour le développement local. La CNMSA édite d'ailleurs dès 1988 un document conséquent sur le D.S.L., ouvrage de référence pour ses caisses locales. Ses outils d'intervention prônent la participation des habitants et se réactualisent régulièrement. Le dernier est le Contrat de Développement Social Territorialisé. Toutefois, les effectifs sociaux de terrain de la MSA, peu nombreux dans le département, ne se sont pas encore tournés vers ces démarches de « développement social territorialisé ». S'agissant du Conseil général, du fait des décentralisations successives, celui-ci constitue désormais un acteur prépondérant de l'action sociale. Il s'est intéressé au D.S.L. plus tardivement, mais sa direction sociale en fait toutefois une priorité et une orientation principale, après avoir, dans cette perspective affichée, préalablement territorialisé l'ensemble de ses services sociaux. Puisqu'il est devenu chef de file de l'action sociale, les discours et les actes du Conseil général sont donc observés avec attention par ses partenaires qui glissent parfois, non sans résistance, au statut de simples prestataires. En ce qui concerne les communes, très nombreuses dans le département, celles-ci se sont assez précocement emparées de l'intercommunalité. Trois communautés d'agglomération se sont aussi créées. Deux d'entre elles portent des Plans Locaux pour l'Insertion et l'Emploi. La troisième se lance fin 2006 dans des recrutements pour permettre de promouvoir, dans le cadre de la politique de la ville, la parentalité et les Plans de Réussite Educative. Les principales villes du département possèdent un CCAS mais l'embauche de travailleurs sociaux y est relativement assez récente, voire inexistante. On ne trouve en revanche dans ce territoire, malgré l'essor de l'intercommunalité, aucun CIAS. Pour leur part, les associations n'échappent pas à l'intégration toujours plus vigoureuse de la commande publique qui minore leur capacité d'initiative et d'expression, les place les unes et les autres en position de concurrence, et en éloigne les bénévoles.

Pour permettre l'écoute des acteurs, il a été nécessaire de recourir à des méthodes classiques en sociologie, les questionnaires et les entretiens compréhensifs. Des questionnaires ont ainsi été adressés aux divers acteurs significatifs du D.S.L déjà évoqués et/ou mettant en œuvre des politiques sociales, tout en distinguant les élus des techniciens dans la mesure où leur positionnement diffère. Ces questionnaires visaient à cerner les représentations que les acteurs ont du D.S.L. et les pratiques effectives qu'ils mettent ou pas en œuvre, tout en s'attachant à ce qui les caractérise en tant qu'acteurs. Un questionnaire, un peu adapté, a également été adressé à la totalité des départements de France, dans l'objectif de contextualiser les réponses du département observé. Dans un second temps, des entretiens ont été menés pour approfondir les éléments ressortant de l'exploitation des questionnaires, en direction ou pas des mêmes acteurs, dans une approche moins descriptive et quantitative, mais au contraire largement compréhensive et approfondie.

A noter que la population interrogée ne se révèle pas représentative de celle du département dans la mesure où elle ne rassemble que des professions intermédiaires et des cadres, mais elle présente le même degré d'engagement associatif que la population nationale, ce qui pourrait se révéler un facteur théorique favorable au D.S.L., avec alors une possible position de médiateur face aux habitants. Les techniciens auront répondu au questionnaire dans une proportion intéressante, en revanche, les élus, qu'ils soient du département ou d'autres départements, auront très peu répondu.

Pour les entretiens compréhensifs, une quarantaine de personnes auront été interviewées pendant près de deux heures parmi les différentes administrations intervenant dans les politiques sociales et certaines associations diversifiées. En matière de statut, des cadres et des agents de terrain, des travailleurs sociaux et des intervenants autres auront été interrogés, avec la volonté également de rechercher leur diversité géographique. Des élus auront également été rencontrés. Ainsi, un échantillon pertinent de personnes aura été constitué et rencontré.

Chapitre 4

LE DEVELOPPEMENT SOCIAL LOCAL A L'EPREUVE DES DISCOURS ET DES PRATIQUES

L'interpellation directe permet de confronter la réalité vécue par les acteurs de terrain aux approches théoriques explorées jusqu'ici et qui révèlent à la fois les enjeux et la complexité du D.S.L. :

La scission entre l'économique et le social (Donzelot, 1994) suggère l'aspiration à la transversalité qui correspond pour les acteurs à une manière de reconstruire de la globalité tant du point de vue de l'usager (intégrité de la personnalité) que du point de vue des politiques publiques (rationalisation des politiques sectorielles).

Contrairement à une vision un peu trop déterministe du développement (Bajoit, 2003), l'approche D.S.L permet, dans son approche globale (dont la dimension du développement durable), de prendre en compte à la fois le social, l'économique et l'environnement. En effet, la transversalité prônée par le D.S.L. favorise l'approche globale et la prise en compte conjointe de plusieurs dimensions.

La priorité donnée à la participation des habitants correspond par ailleurs à la préoccupation d'*empowerment* (Donzelot, 2003), dans un souci de lutte contre les inégalités, voire des dominations (Martucelli, 2000).

Cette approche D.S.L peut alors correspondre à la tentative de construire un nouveau référentiel pour l'intervention sociale, en référence aux éléments constitutifs donnés par Jobert et Müller (Müller, 2003), mais plus difficilement en ce qui concerne la grille séquentielle de Jones, car la mise à l'agenda politique ne se produit pas encore sur l'agenda local.

Les intervenants sociaux interpellent alors le politique, au sens du bien commun (Arendt, 1995), pour permettre à la fois l'avènement de ces nouvelles pratiques ainsi que l'accès aux populations démunies à l'espace public (Habermas, 1987).

Pour autant, l'action collective n'est pas innée mais se construit avec plus ou moins de bonheur à partir de compromis (Boltanski-Thévenot, 2001), la grammaire du lien politique permettant de déchiffrer les motivations, justifications et logiques d'action à l'œuvre, voire les enjeux de pouvoir (Friedberg, 1993) et les régulations nécessaires pour permettre malgré tout l'action (Reynaud, 2004).

Ainsi, loin d'être homogènes, les motivations apparaissent aussi être par ailleurs de nature très individuelle et personnelle car l'être humain joue plusieurs rôles à la fois (Lahire, 2005) dans sa recherche/construction incessante d'identité (Martuccelli, 2002).
Or les travailleurs sociaux, chargés à la fois d'intégrer et de promouvoir les personnes en difficulté (Autès, 1999) n'échappent pas à l'ensemble de ces contraintes mais portent aussi en eux l'ensemble de ces aspirations.

Comme le D.S.L., se situe à l'intersection du développement local, des politiques sociales territorialisées et du travail social, il en comprend donc toutes les composantes avec l'ambition d'en faire la synthèse. D'où la difficulté à le définir puisqu'il emprunte à chacune de ces approches. Son objet même qui relève de l'interdisciplinarité (articulation des disciplines dans un langage unique et formalisé exprimant les concepts de plusieurs disciplines jusqu'alors cloisonnées) et non simplement de la pluridisciplinarité (association, dans un but de réalisation commune, de disciplines qui restent cloisonnées) suscite, à l'évidence, la difficulté de l'énoncé. Au vu des résultats du dispositif d'enquête, il semble que le niveau de conceptualisation demeure encore insuffisant :

1. Une difficile définition du D.S.L.

Spontanément, les acteurs assimilent[48] d'abord le D.S.L. à un processus correspondant à la mise en œuvre convergente des différentes politiques publiques et privées, puis au fait de faire participer les habitants et enfin, de territorialiser des politiques sociales. Quand ils citent plusieurs définitions possibles, c'est la participation des habitants qui revient le plus souvent. Mais les entretiens laissent entrevoir aussi une grande perplexité.

(Animateur d'association) : *« C'est un jargon. A la limite, on fait un peu du D.S.L. sans s'en rendre compte. C'est très difficile comme question ! C'est compliqué... On utilise plutôt le terme animation »* ou bien (Elu local) : *« Je n'arrive pas à définir les contours de ça. Pour moi, c'est un « machin » de plus. Ce D.S.L., ça inclut quoi ? J'arrive pas... Je ne vois pas du tout. »*. Témoignant d'une diffusion de la démarche de D.S.L. assez confidentielle et se limitant très souvent au techniciens de l'action sociale et à ce champ particulier (et donc d'un enjeu propre à ce champ spécifique), certaines personnes interviewées n'en ont en fait jamais entendu parler et le découvrent à l'occasion du questionnaire ou de l'interview proposés.

Les acteurs de l'insertion, de l'emploi et de la santé ne sont pas du tout familiers du terme (Conseiller en Mission locale) : *« C'est un terme que l'on ne connaît pas et dont on n'entend jamais parler. Pour nous, c'est le développement local qui nous parle parce qu'il englobe aussi la partie sociale qui en est un des aspects »*. (Directeur association santé) : *« J'ai l'impression que le domaine*

---

[48] Nous avons volontairement repris certaines questions formulées par Philippe Mondolfo (Mondolfo, 2005) pour un public national proche, de manière à pouvoir les comparer. Nous lui sommes donc redevable, pour partie, de certaines élaborations. Les comparaisons donneront d'ailleurs les mêmes tendances.

de la santé est assez marginalisé par rapport à cette question. On a l'impression que ce terme reste plutôt du côté du développement économique, du développement et de la paix sociale ». La notion de D.S.L. semble aussi avoir peu atteint les élus locaux, malgré les valeurs citoyennes et participatives qui la sous-tendent et qui auraient pu rencontrer celles des élus dont le monde civique est la référence première. Un président d'un autre Conseil général souligne à cet égard la particularité du terme : *« Nous n'employons pas le terme de Développement Social Local qui de manière ambiguë, laisse entendre qu'il y aurait une démarche de développement qui serait spécifique à la question sociale, alors que dans notre conception, il existe une démarche de développement « global » dont le social constitue une thématique transversale traversant les thématiques plus sectorielles (transport, logement, économie, loisirs...) ».*

Tous ces témoignages indiquent bien une certaine clôture du champ concerné par le D.S.L. et replié sur le seul travail social.

Les différents propos des acteurs relatifs à la définition du D.S.L. livrent toutefois des principes et des mots clefs importants tels que « dynamique, endogène, ascendant, participation, entraide, rendre autonome, dignité, respect, projet de vie, vivre mieux, compétences, approche par les hommes, vivant, processus, perspective d'avenir, collectif, prévention, faire avec et non pour les populations, principes, lien social, compliqué, jargon, concept, besoins, réponses, méthode, technique d'intervention, diagnostic... », soit autant de caractéristiques qui confirment empiriquement l'approche historique effectuée. Mais il s'y glisse aussi des éléments de l'ordre de l'incompréhension.

Il apparaît par ailleurs pour les acteurs que l'énoncé importerait peu (Cadre CAF) : *« Je ne crois pas qu'il puisse y avoir une définition du D.S.L., il ne faut pas qu'il y en ait une. Ce sont surtout des principes que l'on pourrait estimer en critères »*, la revendication du terme devant s'effacer devant l'authenticité des principes activés. Ceux-ci peuvent d'ailleurs se révéler bien plus anciens que nouveaux.

2. Le D.S.L. ou l'illusion d'une innovation

Des cadres de service social, assistantes sociales ayant aujourd'hui au moins une cinquantaine d'années, apparaissent assez surprises de voir ériger le D.S.L. au rang de méthode d'intervention novatrice : *« Aujourd'hui, on dit qu'il faut innover. Ce qui m'amuse, moi qui commence à être une ancienne AS de métier, c'est que ça n'est pas innovant pour moi ! Dans le cadre de mes études, il y a une trentaine d'années, on était dans le travail social collectif, voire communautaire et puis ça a été complètement passé à la trappe. Donc ça m'amuse quelque part et ça me réjouit qu'on y revienne »*. Les traces anciennes d'un démarche de D.S.L. ne sont d'ailleurs pas visibles uniquement au sein du Conseil général, on les retrouve aussi parmi les agents de la MSA : *« Moi, j'ai été formée dans mon école au Travail Social Communautaire. Je me souviens que notre voyage d'étude pour le Travail Social Communautaire (TSC) s'était effectué au Canada ! Mais je pense que le D.S.L aujourd'hui est assez proche du TSC »*.

Ces témoignages d'Assistantes sociales devenues cadres montrent que le D.S.L., terminologie nouvelle, correspond bien à des méthodes participatives et collectives d'intervention déjà connues antérieurement (le Travail social Communautaire), la décentralisation ayant depuis modifié le contexte en élargissant les types d'acteurs aux élus. Ces propos confirment donc bien l'investigation théorique, mais ils confirment également que l'histoire se renouvelle en énonçant comme nouveau ce qui ne l'est pas vraiment. Seuls les plus anciens sont alors en capacité de faire le lien face à ce D.S.L. qui a l'air de jaillir spontanément. Comme l'indique un agent de développement de la CAF, le facteur temps est important, et il faut pouvoir inscrire les dynamiques dans la durée. L'histoire fait également partie du rapport au temps. Mais les politiques sociales semblent ignorer l'histoire que seuls les métiers paraissent, eux, pouvoir conserver en mémoire…

Evocation du D.S.L. et confusion de registres

Au cours des entretiens, les concepts d'animation, d'action collective, de travail partenarial, de mise en réseau, de travail social avec les groupes, d'*empowerment*, de politiques territorialisées et de D.S.L. apparaissent souvent confondus. Lorsque des exemples sont évoqués, on voit très souvent apparaître l'amalgame qui traduit surtout un souci de rationaliser les actions territorialisées. Un chef de projet de contrat de ville indique : « *On va s'accommoder d'une réglementation, d'une politique nationale et on va tenter de la décliner localement et de s'approcher le plus possible des besoins locaux. Parce que cette règle nationale doit s'appliquer en phase avec les besoins locaux. Notre job, c'est d'essayer d'être toujours dans ce compromis* ». Les politiques territoriales sont alors confondues avec les politiques territorialisées. Un cadre de service social du Conseil général souligne aussi l'ambiguïté possible dans la pratique du D.S.L. : « *Il est difficile de faire la part entre cette définition du D.S.L. et des programmations d'ordre politique qui ne tiendront pas compte, à la limite, d'un besoin direct. Pour moi, ça ne reste pas toujours clair entre les deux, entre ce qui peut être mis en place par le haut, je dirais, et ce qui peut émaner de la population elle-même. Moi je m'en fais une définition, mais je ne sais pas si tout le monde met la même chose derrière le terme, en fait. Quand dans le cadre de rencontres on parle de projets de territoire, de faire du développement... moi je pense parfois qu'il y a des confusions avec une application directes de politiques, en fait* ». Ce propos alerte sur la possible ampleur de confusions régnant sur le terme et sur l'usage réel qui en est fait et qu'il est nécessaire de vérifier à partir d'autres questionnements.

Il semble donc que le D.S.L. ne soit pas encore une notion suffisamment conceptualisée et appropriée de façon à faire sens commun pour tous. En revanche, l'aspiration au D.S.L., plutôt unanimement partagée, traduit bien une volonté de prise en compte conjointe des différentes dimensions du D.S.L. : les politiques de développement, les politiques sociales territorialisées et la fonction spécifique du travail social.

3. L'utilité et le sens du D.S.L. dans notre société actuelle

Les acteurs interviewés évoquent plusieurs éléments qui font qu'un changement s'impose dans les façons de travailler et rendent nécessaire et utile aujourd'hui le D.S.L.. Ces nécessités sont liées soit aux publics, soit aux méthodes, soit aux acteurs qui les appliquent, soit aux politiques publiques, soit à la société en général, ce qui confirme l'émergence du D.S.L. comme réponse aux tensions dans les modèles d'intervention publique.

Le D.S.L. permet une réelle écoute des besoins sociaux

Le D.S.L. permet d'inverser la construction des réponses sociales en partant des besoins effectifs des personnes alors que très souvent, il s'agit pour les travailleurs sociaux d'assurer le bon fonctionnement des dispositifs en orientant les personnes vers les prestations existantes, au risque peut-être de privilégier le dispositif par rapport aux besoins réels de la personne. Les réponses apportées aux usagers apparaissent aussi parfois trop morcelées et peu propices à une approche globale de la personne. Par ailleurs, ces réponses individualisantes conduisent à occulter la dimension sociale des problèmes soulevés (Cadre service social CG) : « *On ramène tout le temps vers de la prise en charge individuelle des gens avec comme porte d'entrée le dispositif. On n'est plus sur de l'aide globale à la personne, on est sur du remplissage de dispositifs, société de droits, accès aux droits... Il faut que cela rentre dans les cases, on nous donne des tas de critères qu'il faut respecter. On est dans de la consommation de droits, on fait du dossier.(...). On est toujours dans l'individualisation du problème, alors que le chômage n'est pas un phénomène individuel.* ». Effectivement, la démocratie des droits (Gauchet, 2006) a fait glisser d'une souveraineté du peuple vers une souveraineté de l'individu, ce qui comporte le risque de ne plus accomplir le projet démocratique.

Le D.S.L. ou la recherche de méthodes ou politiques nouvelles plus efficaces

D'une façon générale, il est aussi de plus en plus question d'échec des politiques sociales actuelles et de la nécessité de trouver d'autres méthodes qui privilégieraient la participation et l'implication de la population, gage d'efficacité de ces nouvelles politiques en raison de leur capacité intégrative et du lien social qu'elles produisent (Cadre de service social CG) : « *On s'aperçoit que le travail social individuel auprès des familles, même s'il sera toujours nécessaire à plus ou moins grande échelle, n'a pas prouvé ces dernières années qu'il était efficace. Il faut chercher d'autres méthodes. Et il y a le D.S.L. qui a l'air de porter ses fruits. Par exemple, sur les émeutes de mois de novembre 2005, on a pu constater que sur des secteurs sensibles où il y avait des actions de D.S.L. montées depuis au moins un an avec une dynamique importante, il n'y avait pas eu d'émeutes. (...). A partir du moment où il y a des actions de D.S.L., il y a des choses positives qui ressortent : un taux de chômage qui diminue, moins de conflits de voisinage...* ».

La recherche de nouveaux modèles d'intervention exprime une forme de lassitude à l'égard des modèles actuels qui n'ont pas réussi à enrayer certains processus sociaux malgré les efforts financiers nombreux, à une période où les contraintes budgétaires étaient pourtant moins pesantes. Dans un contexte budgétaire plus contraint, cette inefficacité devient désespérante car on a conscience que la distribution d'aides financières ne permet pas de résoudre la précarité et la reproduction de conduites inadaptées. Il s'agit alors d'être créatif et d'inventer de nouveaux modèles d'intervention. Le D.S.L. peut alors représenter une forme de réponse nouvelle à expérimenter (Directrice d'association) : « *Il y a malheureusement la même « chaîne » et une reproduction permanente. Moi j'ai commencé il y a trente ans, et je vois les mêmes choses ! On n'a pas changé les modèles et les individus restent les individus. Parce qu'en fait, on n'a pas travaillé sur l'individu* ».

Une CESF du CG réitère des critiques déjà formulées à l'égard des politiques sociales actuelles en indiquant qu'il s'agirait par le D.S.L., de palier l'absence actuelle de créativité des institutions en renouvelant l'offre institutionnelle par le « bas » : *«Il y a aussi l'échec des fonctionnements. Si on va chercher dans le D.S.L., c'est que ce qu'on faisait jusqu'à présent ne marche pas... Et ce qui est moins glorieux, c'est quand on ne sait plus bien ce qu'il faut faire, et bien on va voir du côté des habitants, parce que peut-être qu'ils ont des idées ! ».* Pour un acteur du Service Public de l'emploi, un nouveau modèle d'intervention relève même d'un impératif absolu : *« Il y a eu la lutte contre la fracture sociale, aujourd'hui, c'est la lutte pour la cohésion sociale. On n'est plus dans une partie qui se détache, on est dans l'ensemble qui risque d'éclater ».*

Le D.S.L. peut contribuer à la remobilisation de travailleurs sociaux découragés

Ce renouvellement souhaitable des pratiques a également vocation à remobiliser et valoriser des travailleurs sociaux un peu découragés par l'exercice quotidien de leur pratique, ce qui représente également un élément de cohésion sociale dans la mesure où les intervenants sociaux sont chargés à la fois de la mise en œuvre des politiques sociales (qui peuvent être contraignantes pour l'usager) et de l'écoute des besoins réels de la population. Ils jouent en effet un rôle déterminant d'interface, et cette médiation peut être épuisante. Mais les travailleurs sociaux peuvent aussi être épuisés par le sentiment de leur propre impuissance (Cadre service social CG) : *« Les travailleurs sociaux se lassent. Il y a de plus en plus de travail, de missions, de difficultés. Le tissu économique se dégrade et on est de plus en plus confronté à l'échec. C'est frustrant, sur le plan professionnel, d'être toujours confronté à des choses qui ne fonctionnent pas. Alors si on arrive à s'impliquer, à trouver le temps et la dynamique et que derrière on s'aperçoit qu'il y a de la réussite, c'est plus valorisant que de se cantonner à son travail quotidien d'aides financières et de suivi individuel ».*

Les travailleurs sociaux voient aussi dans le D.S.L. la possibilité de pouvoir enfin faire de la prévention au lieu d'intervenir toujours de manière « curative », « réparatrice » et individualisée. C'est ce qu'indique notamment une CESF en polyvalence de secteur au CG : « *Ce sont des réponses bien en amont des réponses relativement immédiates que nous proposons au service social. On essaie d'accompagner et d'être dans la perspective d'avenir, pas seulement dans le traitement d'une facture et d'une aide correspondante. Cette aide actuelle est surtout une réponse individuelle et le D.S.L. me paraît être une réponse collective* ».

Le D.S.L. envisage des destinataires acteurs de leur histoire et favorise le lien social

Au-delà des stricts enjeux professionnels, avec le D.S.L., il s'agit en fait de redonner surtout de l'espoir et de l'initiative aux publics exclus et désaffiliés, et de les réinscrire comme sujets de leur histoire en leur offrant des perspectives et de la dignité. La première tâche consiste souvent à susciter le désir chez la personne, à stimuler sa capacité à élaborer un projet, quel qu'il soit, et à savoir l'organiser et le planifier dans le temps (Cadre insertion) : « *C'est vital. Le bénéficiaire du RMI ne s'autorise pas à mettre en place des activités qui lui permettraient de dire « demain, je fais ça ». Il vit au jour le jour. Le projet l'amènerait à avoir un objectif et donc une dynamique.* »

Il s'agit aussi de redonner toute leur place d'acteur aux personnes en insertion, en leur laissant davantage d'expression quant à l'appréciation de l'opportunité des actions qui leur sont proposées (voire imposées ?) par les professionnels. Une assistante sociale du CG indique : « *C'est faire avec les populations et non pour les populations* ». En effet, la prise en charge des personnes en difficulté peut potentiellement dériver sur la toute puissance et la domination du professionnel – voire du bénévole – sur la personne aidée.

Mais le D.S.L., en recréant du lien social, pourrait aussi être un moyen de lutter contre l'individualisme régnant qui caractérise notre société actuelle, notamment lorsqu'il s'avère destructeur des interdépendances humaines et du sens du « Vivre ensemble » (Conseiller socio-éducatif CG) : *« L'individualisme fait que les gens s'isolent et très vite ils se retrouvent seuls. La solitude, c'est à la limite dangereux pour la personne, voire pour l'environnement. Surtout chez les adolescents. Les suicides sont les deuxièmes causes de décès chez les jeunes. C'est un grave problème. Le D.S.L. est d'autant plus utile aujourd'hui face à la solitude dans laquelle les gens sont plongés involontairement ».*

Le D.S.L. vise aussi à la rationalisation de l'action publique

Mais il y a aussi certainement de la part des institutions une recherche dans le D.S.L. d'une certaine forme de gains de productivité, en redéployant du temps opérationnel consacré à l'aide individuelle au profit du traitement collectif des problèmes des personnes, dans un contexte budgétaire où les créations de postes ne sont guères possibles : *« C'est devenu une nécessité en raison de l'augmentation de la précarisation et de la multiplicité des dispositifs. (...). L'institution s'est aperçue que l'on ne pouvait plus faire face à la demande. C'est devenu une injonction parce que l'on ne peut plus faire autrement. Je me demande si c'est un choix de l'institution d'y revenir ou bien si c'est parce qu'ils ne peuvent pas faire autrement pour que l'on continue d'assurer notre mission de service public à cet endroit là. (...). Leur idée, c'est que le D.S.L., enfin surtout la mise en place d'actions collectives, permet de traiter à un endroit la situation d'un grand nombre de personnes au lieu de le traiter en individuel .(...). C'est toujours quelque chose de descendant, jamais ascendant. »*

Mais cette rationalisation viserait aussi l'action externalisée (CESF insertion CG) : *« On a quand même sur la commune plusieurs associations qui font la même chose, et l'idée, ça serait aussi dans le D.S.L., de pouvoir réunir ces associations afin qu'elles fassent ensemble ».*

Avec la décentralisation, les fonctionnements sectoriels antérieurs sont aussi remis en cause pour leur impuissance à contenir la

« fracture sociale » et pour les incohérences qu'ils suscitent, chaque administration bien différenciée ayant secrété ses propres régulations au détriment d'une régulation d'ensemble. Il s'agit désormais de décloisonner les missions et les services, de favoriser les diagnostics partagés et les approches globales en mettant tous les acteurs autour de la même table dans le même objectif (Agent de développement de la CAF) : *« C'est en raison de la décentralisation et également de la verticalité. Aujourd'hui, on s'aperçoit que les fonctionnements verticaux ne sont pas efficaces, que chacun faisant un peu la même chose, il y a des doublons et on empile »*. Face alors à cet éparpillement et cette perte d'efficacité, il s'agit donc de rationaliser l'action publique (Cadre responsable de la politique de la ville en agglomération) : *« Avec la décentralisation, on a un peu éclaté les compétences et les responsabilités en matière d'accompagnement social et de développement social entre le Conseil général, les communes, les agglos et la CAF... Donc en fait, l'intérêt du D.S.L., ça permettrait d'avoir, à l'échelon du territoire, une sorte de référentiel commun entre tous les acteurs. Et ça, c'est plutôt intéressant parce que ça permettrait d'aller tous dans la même direction, de créer une sorte de gouvernance autour de ça »*.

Les différents propos tenus sur le sens et l'utilité du D.S.L. aujourd'hui dessinent ainsi des consensus mais aussi des principes et des constats illustrés par des mots-clefs aux connotations diverses qui évoquent les raisons de l'émergence actuelle du D.S.L.. Ces mots-clefs pourraient être résumés de la façon suivante : « Echec, individualisme, inefficacité, nécessité politique, adaptation du système, alternative, nouveau modèle, boîte à outils, prévention, rationalisation, gains de productivité, économie, besoins réels, référentiel commun, gouvernance, droits de l'homme, dignité, créativité, innovation, remobilisation, valorisation, participation, cohésion sociale... ».

En conclusion, aux yeux des différents acteurs, le sens et l'utilité du D.S.L. aujourd'hui se dessinent bien autour des nécessités d'intégration des populations en difficulté par des méthodes nouvelles (leur participation et leur implication), autour des nécessités de rendre plus efficientes les politiques publiques par une rationalisation des diverses interventions et l'élaboration de référentiels et méthodologies communes qui leur correspondent, mais aussi par une meilleure prise en compte des besoins des populations et l'affirmation de leur dignité et du respect qu'on leur doit. Au passage, le travail social disqualifié antérieurement pour son « inefficacité » retrouverait également toute sa légitimité.

Ces aspirations – bien que différenciées – apparaissent unanimes et augurent donc théoriquement d'un contexte tout à fait favorable au développement du D.S.L..

4. Les pratiques effectives du D.S.L.

Spontanément, la majorité des techniciens interrogés a le sentiment de pratiquer le D.S.L.. Or, quand les questions se font plus précises pour vérifier la mobilisation réelle des habitants ou usagers dans une perspective durable, la réalité s'avère beaucoup plus nuancée et le nombre de praticiens authentiques se réduit très fortement. La représentation et la réalité du D.S.L. ne coïncident pas véritablement. Les interviews montrent alors deux réalités : d'un côté, la volonté et la tentative de mettre en œuvre le D.S.L., et de l'autre, les contraintes qui empêchent de le faire ou les mises en œuvre partielles de D.S.L. qui sembleraient suffire aux institutions.

Une formation d'initiation au sein du CG a permis de susciter le désir de faire (Cadre de service social) : « *Le D.S.L., ça serait quelque chose de super. Aller au-delà de l'aspect injonctif, de l'aspect politique... Moi j'y ai toujours cru, je ne savais pas que ça s'appelait comme ça* ».

Mais la démarche de D.S.L., une fois les principes vraiment appropriés, ne peut se mettre que progressivement en place. Tout doit se construire petit à petit, dans la durée, mais solidement. Il faut se repérer au sein de son environnement et investir positivement les partenaires, instaurer un dialogue durable. A défaut d'être dans la mise en œuvre réelle du D.S.L. les travailleurs sociaux semblent commencer par d'abord s'ouvrir au partenariat pour sortir de leur propre champ et se confronter à la pluralité, et éprouver ainsi leur capacité à élargir leur propre regard. Sinon, les tentatives sont peu nombreuses, mais réelles (CESF CG) : *« J'ai le sentiment que ce que l'on a fait avec l'épicerie sociale, c'était du D.S.L. A part ça, je n'ai pas l'impression qu'il y ait beaucoup d'expériences, mais il y a des essais et de vrais essais. En 6 ans de temps, on a quand même vu un vrai changement, c'est incontestable. Et ce qui est à mettre au crédit de nos responsables, c'est qu'on nous a donné beaucoup de marges de manœuvre ».*

Dans un Conseil général, la démarche semble en effet difficile et lente à instaurer, peut-être parce qu'en raison de la spécificité, de la diversité et du poids de leurs différentes missions, les agents demeurent nécessairement assez concentrés sur leurs propres tâches. Or, ce qui se fait d'intéressant n'est pas forcément capitalisé, « labellisé » et (re)connu…

Pour autant, des démarches similaires coexistent, ainsi que l'indique un responsable de la Politique de la ville en agglomération : *« Sur tout ce qu'on fait, il y a beaucoup de similitudes avec les façons de travailler du D.S.L., mais en revanche, je ne peux pas dire qu'on favorise une émergence de développement de politique de D.S.L. pour la bonne et simple raison qu'on ne maîtrise pas tous les leviers. (…). On ne met pas en place mais on est assez proche de ces méthodes-là ».* Un Assistant social de la MSA remarque également *« que l'on peut malgré tout faire un peu de D.S.L. sans vraiment l'appeler D.S.L., notamment lorsque les habitants s'emparent eux-mêmes des actions déployées en leur faveur en leur donnant une seconde vie avec leurs initiatives propres ».*

Face à ces constats d'une pratique encore très peu développée, les acteurs évoquent alors ce qui peut faire frein ou levier pour une démarche de D.S.L..

5. Les facteurs qui favorisent ou qui font obstacle au D.S.L.

Très majoritairement, ce sont la charge de travail et le manque de temps qui sont évoqués en premier, principalement par les agents du Conseil général. Ensuite, les acteurs déplorent un manque d'impulsion politique et institutionnelle, une absence d'engagement clair de leur institution parce que des discours paradoxaux sont parfois signalés. Sont également évoqués des problèmes de moyens financiers et humains, les cloisonnements internes, les jeux de pouvoir dont les enjeux politiciens, et aussi la logique administrative qui ne favorise pas la démarche. Les problèmes de volontariat, d'adhésion et de nécessité d'une formation sont soulevés mais pas de façon importante.

La mise en œuvre du D.S.L. passe par une formation préalable...

L'évocation de la formation (reçue ou souhaitée) provoque une nouvelle fois des confusions de registres entre action collective, action partenariale, diagnostic territorial, connaissance du milieu, participation des usagers, développement local, évaluation des politiques publiques et D.S.L. Pour certains, une formation à la méthodologie de projet semble même suffire, alors que celle-ci ne fournit que l'instrument nécessaire mais pas la construction du sens. En fait, peu de personnes ont réellement été formées au D.S.L. (hormis les travailleurs sociaux de la CAF et les cadres de service social du Conseil général qui y ont été initiés) mais 2/3 y aspirent. La formation présente alors un moyen déterminant de sensibilisation au D.S.L. puis d'outillage méthodologique. Les formations en direction des agents de terrain doivent dans un premier temps pouvoir inciter les travailleurs sociaux à travailler avec des groupes et à faire émerger le désir et la créativité des usagers, de manière à ce que les professionnels ne se satisfassent pas uniquement d'un travail d'équipe entre soi. Un cadre insertion du CG précise : *« On est loin encore de l'émergence de projet provenant du groupe. Il a d'abord fallu s'organiser. Pour le moment, on ne part pas d'un groupe de bénéficiaires du RMI. On a plus un diagnostic partagé de professionnels sur les problèmes de mobilité et de formation, mais les bénéficiaires ne sont pas associés sur le diagnostic et sur les propositions ».*

La conscience des limites actuelles des pratiques d'intervention présente toutefois un atout important pour hisser davantage le niveau d'exigence en terme de participation des usagers. Le mode de management des équipes pourrait également contribuer, par son accompagnement, à favoriser des pratiques nouvelles.

Précisément, le management est aussi déterminant. ¾ des personnes sont plutôt satisfaites du mode de management pratiqué. Celles qui ne le sont pas évoquent comme motifs : *« La logique gestionnaire étouffe la dynamique de projet »*, *« Manque de reconnaissance et d'utilisation des compétences »*, *« Charge de travail trop importante »*, *« Défaut de projection dans l'avenir des politiques sociales »*, *« Manque de position institutionnelle dans les logiques participatives »*, *« Un joueur d'échec connaît sa marge de manœuvre pour avancer »*.

Un président d'un autre Conseil général indique : *« Le mode de management se caractérise par un cocktail d'autoritarisme, de bureaucratisme, de participatif et de laisser-faire. La culture de l'institution est celle d'un management bureaucratique qui se frotte de plus en plus au management participatif »*. Mais le mode managérial, bien qu'important, n'apparaît pas être la première préoccupation des acteurs du D.S.L..

Une charge de travail importante laisserait peu de temps pour le D.S.L.

En effet, la première difficulté soulevée par les acteurs, et principalement ceux du Conseil général qui détient le plus grand nombre de services sociaux, se rattache à la charge de travail et au manque de temps à consacrer au D.S.L.. Ce thème revient comme un leitmotiv, de façon encore plus marquée chez les cadres, comme l'indique un Cadre de service social du CG : *« Je n'ai pas le temps, vraiment. J'ai toujours trouvé déplacé de demander aux travailleurs sociaux qui voient au quotidien 19 personnes par permanence et qui ont besoin d'une demi-journée pour faire la suite de leur permanence, qui le lendemain ont trois contrats d'insertion à faire, 3 RDV EDF et 3 enquêtes sociales en retard, et j'en passe et des meilleures, plus la RTT à prendre en fin de semaine puisqu'il faut prendre 15 jours à l'année et la collègue malade dont il a fallu recevoir le public... Avec des contraintes comme ça, c'est être tortionnaire de demander cela en plus ! (...). Les travailleurs sociaux ne disent pas que c'est du travail en plus, ils disent qu'est-ce qu'on va pouvoir ne plus faire ou faire autrement pour pouvoir se dégager du temps... (...). Le plus grand obstacle au D.S.L., c'est la charge de travail qu'il faut rééquilibrer car ça n'est pas le cas. Par ailleurs, les partenaires se défaussent et nous envoient tout le public difficile ».* Ce propos est loin d'être isolé. Il revient sous des formulations différentes, chez de nombreux cadres de service social du Conseil général. Ces cadres ont en effet l'impression que les services sociaux sont submergés et dispersés par le traitement d'urgence et massif de très nombreux dossiers, et qu'ils sont aspirés et entraînés par un rythme qu'ils ne parviennent pas à maîtriser. Ils ont davantage le sentiment de subir l'ampleur de leur propre activité que de la contrôler. Ils souhaiteraient que leurs missions soient recentrées.

Mais au-delà de la charge de travail liée à la pression du public (pression que nous qualifierons de « par le bas », par la demande sociale), les cadres évoquent également la pression institutionnelle (pression « par le haut », par la commande institutionnelle) qui se ferait de plus en plus forte (Cadre de service social au CG) : *« On a une pression politique qui est telle que l'on n'a pas la marge de manœuvre derrière. Il faut répondre de plus en plus vite. Il y a une pression de plus en plus forte. Il y a des injonctions politiques sur les situations individuelles. Il faut apporter des réponses ».*

Or, lorsque les moyens humains sont contraints, l'activité peut effectivement se rabattre sur l'intervention individuelle que l'on ne s'autorise pas (encore), culturellement, à sacrifier. Un Cadre de service social à la MSA en fait notamment état: *« Sur le premier plan 1999-2004, on a pu faire du collectif. Mais nos services se*

sont réduits et nos financements aussi. Nos administrateurs tiennent aussi à ce que l'individuel soit fait. Donc on était vraiment trop peu nombreux et c'est un peu ce qu'on a abandonné ». Dans la culture institutionnelle de l'action sociale, il semble effectivement que l'écoute et la prise en charge des usagers soient essentiellement reconnus dans le mode d'intervention individuel qui demeure un principe dominant. L'encadrement technique au sein du Conseil général milite en revanche pour ériger l'intervention collective au même rang que l'intervention individuelle, mais ce principe n'a pas encore été vérifié par l'épreuve des faits auprès des élus qui demeurent très sensibles à l'interpellation des administrés lors de leurs propres permanences.
La CAF qui possédait davantage d'effectifs de travailleurs sociaux que la MSA a en revanche volontairement redéployé dès 1998 la globalité de ses effectifs sur de l'action collective en accompagnant ce redéploiement par de la formation.

L'impulsion et l'accompagnement politiques demeurent essentiels

De l'avis unanime et quelles que soient les institutions concernées (CAF, MSA, Conseil général…), l'impulsion politique apparaît primordiale pour accompagner cette démarche mais les constats en ce sens semblent plutôt sévères : *« Le D.S.L ne se décrète pas à un seul niveau. Il faut qu'il y ait une volonté politique affichée et communiquée. Il faut imposer et donner des moyens ».*

D'autres points de vue beaucoup plus critiques émergent toutefois, traduisant de la sorte la crise qui atteint la sphère politique. En effet, si l'on retient avec Jacques Ion (Ion, 2006) la définition de l'espace politique comme triple lieu, à la fois surface d'expression des conflits sociaux, laboratoire pour imaginer l'avenir lointain et centre d'exercice du pouvoir et de régulation, force est de constater qu'effectivement, cet espace se résume de plus en plus au centre d'exercice du pouvoir. Nous pourrions même ajouter, que désormais loin de l'expression collective des volontés, ce pouvoir exercé se personnalise de plus en plus dans l'incarnation d'un personnage et de son rôle. Cette distance, mais aussi l'impuissance relative des élus à donner des perspectives et du sens face à la prégnance de l'économie, tout autant que leur attitude séductrice pour attirer et conserver malgré tout leur électorat, éloignent de plus en plus l'électeur qui montre de la défiance face aux personnages politiques, sans parler des affaires de corruption qui décrédibilisent la classe politique toute entière. Or le rôle des élus est de proposer un projet convaincant de transformation sociale. C'est ce projet que souhaitent précisément les acteurs des politiques sociales et du D.S.L.. Un cadre exprime alors sa déception : « *Aujourd'hui, si l'on devait tirer un bilan, je crois qu'on pourrait être assez déçu. Parce que je crois que le politique ne s'est pas emparé, mais alors pas du tout de ce principe de D.S.L., ce qui freine énormément les initiatives et les impulsions qui peuvent exister* ».

Par ailleurs, l'élu est aussi perçu potentiellement comme appartenant à un autre monde, celui des puissants et surtout des nantis (Balme-Marie-Rozenberg, 2003), monde qu'ils ne souhaiteraient pas quitter (selon ce même cadre) pour aborder celui du D.S.L. qui implique l'abandon des privilèges et du pouvoir : « *Le pouvoir marchand et le pouvoir politique règnent sur la société. Ceux qui sont aux manettes de ce pouvoir là n'ont pas forcément envie de remettre en cause un système dans lequel, finalement, ils sont plutôt privilégiés. (...) Finalement, le D.S.L., on réalise que ceux qui sont aux décisions, à court et moyen terme, ont tout à y perdre. Ils n'ont aucune raison égoïste pour y aller.* ».

Par ailleurs, le D.S.L. qui nécessite de longues phases de mise en œuvre, ne correspond pas aux rythmes des échéances électorales où le bilan d'un mandat doit toujours être capitalisé et exhibé. D'un autre côté, l'expression directe des intérêts citoyens peut passer par une certaine forme de violence difficilement admissible par l'homme ou la femme politique. En effet, l'heure est plutôt au consensus, à la pacification de l'espace public et à l'évitement de l'épreuve de la coexistence conflictuelle.

En revanche, et du point de vue de l'élu, les freins au D.S.L. peuvent aussi provenir des techniciens eux-mêmes qui ne sauraient pas suffisamment sortir de leur sphère administrative rationnelle-légale pour développer leur capacité à imaginer l'avenir. Un Conseiller général l'exprime de la sorte : « *Il faut qu'on donne aux techniciens la possibilité de changer leurs modes de représentation et trouver, à moyens constants, redéployer, même, des choses, essayer d'identifier un monde social, c'est ça, projeter les choses... De quoi avons-nous besoin aujourd'hui et de quoi aurons-nous besoin dans cinq ans ? C'est ça qui m'intéresse. Or on n'est pas là-dessus, on est dans une logique de gestion. (...) On n'est pas dans une logique de projet au service de la population. Sauf ce qui est bien au niveau de l'insertion, c'est le travail qui est fait avec Martin Hirsch.* ».

Mais le champ politique est aussi un lieu de luttes et de divisions dont les enjeux spécifiques peuvent dépasser celui du bien commun. En effet, Bourdieu (Bourdieu, 2000) a montré que le champ politique est un microcosme, un petit monde social relativement autonome qui possède sa propre loi et ses propres règles de fonctionnement, et que ce champ peut être décrit comme un jeu dans lequel l'enjeu est l'imposition légitime des principes de vision et de division du monde social. Or ce champ politique est aussi un champ fermé (les profanes sont exclus car ils n'y connaissent rien) dans lequel s'affrontent des visions qui sont autant de luttes pour maintenir ses propres positions et sa domination dans le champ. De ce point de vue, au sein de l'espace public de délibération et de décision, les logiques partisanes de parti peuvent effectivement prendre le pas sur la définition collective et de co-production négociée du bien commun. Comme le déplore un élu : « *Il suffit que quelqu'un dans l'opposition ait une bonne idée, on ne la prendra pas parce qu'il est de l'opposition. C'est toujours des jeux, c'est toujours des jeux de pouvoir* ».

Ces différents propos tenus révèlent en fait la nécessité d'une organisation favorisant le D.S.L. et portée politiquement, ainsi que les difficultés liées aux fonctionnements politiques reposant sur des pouvoirs partisans, voire très personnels, alors que le D.S.L. suppose une participation très active de la population. Mais d'autres difficultés sont également évoquées par les acteurs, et celles-ci relèvent alors des logiques institutionnelles.

Des logiques institutionnelles trop contraignantes

Comme on l'a vu, la massification de la pauvreté a généré le développement de politiques spécifiques et de dispositifs particuliers. Par une différenciation toujours plus fine, ces différentes politiques et ces différents dispositifs sont autant de segments portés par des institutions diverses qui s'assurent de leur promotion auprès des publics concernés. Les dispositifs, voire les publics, deviennent alors « la chose » des institutions et de leurs agents qui en bons et loyaux « fonctionnaires » s'approprient fidèlement les objectifs assignés en essayant de les servir au mieux. La culture d'entreprise, les batteries d'indicateurs de suivis et les évaluations des personnels sur résultats favorisent alors le déploiement de ces logiques institutionnelles qui se renforcent également avec la décentralisation, laquelle rend ces opérateurs localement très agissants. Encadrés par la hiérarchie intermédiaire, les agents institutionnels doivent en effet se soumettre avec loyauté aux directives et promouvoir localement les orientations institutionnelles. Mais le local est aussi le lieu qui représente l'instance de confrontation et de mise en cohérence potentielle de ces différents dispositifs élaborés dans les officines plus lointaines. La traduction locale est alors difficile, comme l'indique un agent de la CAF: *« Dans 80% des cas, on n'arrive pas à travailler le D.S.L. avec nos partenaires. Toutes les institutions ont leur propre règle de fonctionnement. On sent des ouvertures, mais restent ces logiques de dispositifs. On a perdu quelques contrats éducatifs locaux parce qu'un organisme a complètement réorienté son dispositif complémentaire et sans consulter personne. On a des choses comme ça... On amène des kits et des choses standards, on applique de façon descendante sans tenir compte des besoins. »*

Pour autant, les agents de terrain parviendraient potentiellement à élaborer des compromis et des arrangements entre eux sur la base de leurs logiques professionnelles, loin de leurs instances dirigeantes et de la prégnance des logiques institutionnelles, réalisant ainsi un travail réel (Alter, 2003) et non un travail prescrit : *« Autant les techniciens de terrain, agents de développement social, assistantes sociales arrivent à travailler ensemble, autant le chapeau institutionnel revient cadenasser un peu et couper l'herbe sous le pied ».*

Ces propos montrent la difficulté à travailler entre institutions différentes quand les dispositifs propres à chaque institution prédominent sur les ententes entre acteurs. Mais ils montrent également que les positionnements diffèrent selon le niveau hiérarchique : les arrangements se réalisent davantage à la base qu'au sommet où l'on est plus scrupuleux sur le respect des procédures. Pour autant, la logique institutionnelle exprime également l'identité de l'institution dont les différents agents demeurent les ambassadeurs, notamment lorsqu'ils s'inscrivent dans la logique d'offre institutionnelle et qu'ils font localement la promotion des « produits maison ». Les agents de terrain semblent toutefois désirer s'émanciper des règles institutionnelles contraignantes pour mieux travailler les accords locaux et la dynamique collective locale.

Des logiques de métiers parfois trop envahissantes

Or, les logiques internes aux institutions apparaissent également multiples et les compromis à l'interne restent à bâtir. En effet, la coexistence de métiers différents et donc de logiques professionnelles distinctes supposent l'élaboration d'accords. Les spécificités professionnelles sont toutefois indispensables. En effet, pour être efficaces et faire face à leurs missions propres, les différents personnels doivent posséder des compétences particulières et des savoir-faire spécifiques. Dans l'exercice continu de leur pratique, ces personnels obtiennent une certaine reconnaissance qui fonde leur légitimité à intervenir, cette reconnaissance et cette légitimité étant liées à l'expertise propre qu'ils développent par rapport à leur objet d'intervention, qu'il s'agisse, par exemple, de pilotage de dispositifs, de gestion de budgets, d'examen/ouverture des droits, d'attribution d'aides, de montages d'actions de formation, d'élaboration de cahier des charges, d'écoute des besoins, de relation d'aide, d'accompagnement social ou éducatif, de diagnostic employabilité ou de mise en relation sur offre d'emploi. Ces développements de pratiques spécifiques homogénéisent des types d'acteurs au sein des institutions, les distinguent des autres acteurs et fondent finalement leur culture professionnelle et leur identité. La relation spécifique et entretenue de l'acteur à son objet d'intervention ainsi que sa pratique effective développent et expriment ce qu'il convient d'appeler la logique professionnelle, qui n'est autre qu'une logique de praticien attaché à sa façon particulière de penser et d'agir et qui inclut des principes de justice et de grandeur (Boltanski-Thévenot, 1995). Or ces attachements spécifiques, ces façons de voir la réalité de façon très particulière, ces mondes de justification sous-jacents, peuvent constituer autant de barrières et d'incompréhensions entre les acteurs d'une même institution (si ce n'est entre institutions !). Les acteurs doivent alors apprendre à se connaître et à se comprendre, accepter le point de vue de l'autre sur la même réalité, en faisant tomber leurs préjugés.

La réalité de cette difficulté d'approches professionnelles ou sectorielles distinctes sera ainsi mise en évidence par la CAF évoquant la segmentation entre prestations, action sociale et comptabilité, par le Conseil général en ce qui concerne les attributions des professionnels des territoires et celles des professionnels du siège, par la MSA relevant les différences de postures possibles du travail social face à l'usager, et aussi par les associations quant à l'entente entre personnels techniques, administratifs et sociaux.

Or, ces professionnalités sont précisément exacerbées quand les contraintes institutionnelles (hiérarchiques ou politiques) se font trop fortes et que l'autonomie se restreint. Le risque de déqualification inquiète alors fortement. Ainsi, par exemple, des agents CAF souhaitant supprimer des agréments à des centres sociaux ont dû y renoncer, et des cadres de service social du Conseil général craignent que l'on se satisfasse de simple travail collectif en lieu et place de D.S.L....

Ces propos indiquent donc des postures différenciées et sans doute des enjeux différents au sein des institutions, selon que l'on soit agent de terrain, technicien ou représentant de l'institution. Les différentes logiques agissantes (institutionnelle, sociale, professionnelle) – voire hiérarchique – peuvent donc s'affronter et potentiellement nuire à la coopération nécessaire au D.S.L..

Cette première approche relative à la définition et aux représentations du D.S.L. a montré d'une part, une certaine confusion de registres, et d'autre part, la faible puissance évocatrice du terme. En conséquence, il apparaît indispensable de questionner les acteurs sur les composantes essentielles du D.S.L. que sont la transversalité, la participation et le partenariat. La vision des publics par les acteurs et ce qu'ils perçoivent comme étant le plus difficile au quotidien permet aussi de compléter utilement la vision de la pertinence du projet D.S.L..

Chapitre 5

LES ACTEURS, LEUR CONTEXTE D'INTERVENTION ET LES COMPOSANTES DU D.S.L.

Lorsqu'on interroge les acteurs sur la réalité de l'équilibre nécessaire des trois axes du D.S.L. (Gourvil, 1992), c'est-à-dire les actions collectives en faveur du développement du territoire, l'aide aux personnes en difficulté, et l'accompagnement au changement et l'adaptation permanente de l'organisation, la majorité estime que ce n'est pas le cas. C'est l'aide individuelle qui apparaît la plus développée et l'accompagnement au changement et l'adaptation de l'organisation qui est la moins développée.

Par ailleurs, du point de vue des techniciens, le Conseil général apparaît majoritairement travailler en mode plutôt guichet alors que la CAF, les associations et les agglomérations apparaissent majoritairement travailler en mode projet. La MSA et la CRAM, les Missions locales et l'Etat se voient plutôt intervenir en mode projet, sachant que concernant l'Etat composé de la DDTEFP et de l'ANPE, c'est l'ANPE qui fait plutôt basculer vers le mode guichet. Ces constats nous paraissent très significatifs des modes d'agir actuels de chacune des institutions, ceux-ci étant particulièrement déterminés par leurs compétences réglementaires. Le point de vue des élus diffère un peu. Les élus du département pensent généralement que leurs services mettent en œuvre à la fois une logique de projet et une logique de guichet, mais plutôt projet, ce qui est certainement plus rassurant pour un politique qui aspire plus à orienter les actions qu'à les subir en tant que simple gestionnaire.

Un autre département précise : « *les deux logiques cohabitent inévitablement. La collectivité promeut la logique de projet auprès de ses agents, y incite par son organisation territorialisée et le soutien des initiatives allant dans ce sens, cependant le Conseil général gère beaucoup de prestations où la logique de guichet est alors la plus adéquate.* »

1. La vision des publics et leur évolution potentielle

La réalité des publics auxquels les acteurs des politiques sociales sont confrontés et qui détermine la nature et les modalités du soutien à leur apporter, constitue des connaissances déterminantes pour le D.S.L. En effet, cette vision des publics en difficulté et celle, en creux, de la pertinence ou non des réponses apportées par les intervenants impliqués dans la mise en œuvre des politiques sociales, pourraient dessiner les contours de nécessaires pratiques innovantes plus adaptées aux besoins des bénéficiaires dont le D.S.L. pourrait être le vecteur.

Les témoignages significatifs recueillis montrent que les publics actuels de l'action sociale et notamment en matière de santé, se caractérisent en fonction d'un rapport à la norme et en fonction d'un rapport à soi-même et à sa propre intégrité. Ces publics se distribueraient alors selon trois groupes qui évoquent soit la marginalité, soit l'hyper adaptation et le conformisme, soit la défiance à l'égard des institutions qui font preuve d'ingérence dans leur vie privée et leur intimité, au risque de la dépossession de soi : « *Il faut différencier les publics, il y a ceux qui sont dans un questionnement de la société, un peu marginalisés et qui essaient d'avoir un recul maximum (dont les jeunes), et puis d'autres, jeunes et adultes qui sont dans un profil de consommation et qui aspirent au « ready-made », au préfabriqué, et puis les derniers qui sont de plus en plus dans un refus des dispositifs, ce qui touche tous les milieux sociaux et va s'amplifier* ». Ces personnes refusent alors d'entrer dans des dispositifs, refusent par exemple les soins palliatifs pour qu'il n'y ait pas emprise sur leur vie, de manière à conserver toute leur dignité. Les personnes ainsi décrites et reçues pour des problématiques de santé retournent donc à la société, y compris par le registre de la pathologie, la question des modèles que celle-ci propose, ainsi que ses façons d'intervenir auprès des personnes qui ne sont pas ou plus dans la norme.

Parmi les personnes en grande vulnérabilité accompagnées ou hébergées (CHRS, tutelles, accompagnement logement...), et au-delà du handicap d'origine mentale ou neurologique et d'un déficit strictement personnel, il est surtout question de séquelles de situations familiales antérieures très fragilisantes qui n'ont pas permis l'adaptation ultérieure. Il s'agirait ainsi plus d'une forme de handicap social, la société renvoyant aux personnes leur échec en les culpabilisant et en se substituant à leurs capacités jugées insuffisantes : *« Ces personnes aux grandes problématiques familiales, pendant des années, on les a marginalisées, on leur a dit « tu es un incapable ». Il faut leur redonner confiance et les remettre dans leur statut d'individu et de personne, plutôt que leur dire qu'ils sont incapables et faire à leur place. Il faut re-responsabiliser les individus »*.

La confiance est alors essentielle tant la détresse est importante, mais celle-ci est très longue à instaurer. Il s'agit autant de confiance en les autres qu'en soi-même, et, par conséquence, d'un long travail d'accompagnement pour les travailleurs sociaux : *« Il y a une grande détresse des personnes. Celles-ci ne pourraient s'intégrer spontanément à des groupes. Les personnes ont participé au projet de création d'épicerie sociale parce qu'on les connaissait, parce qu'on a créé de l'empathie (parfois plus) et de la confiance, sinon, elles n'auraient pas participé au groupe »*. Le défi posé aux institutions repose donc sur leur capacité à poser un regard nouveau sur les populations qu'elles accompagnent et sur leur capacité à faire de ce regard nouveau et confiant un support (Martuccelli, 2002) d'individuation et d'intégration.

Mais certaines de ces personnes iraient aussi de plus en plus mal, notamment les familles précarisées et les jeunes accueillis en centre éducatif d'hébergement : *« Il y a des gens qui vont bien mais en tout cas, ceux qui vont mal, ils vont de plus en plus mal. Et l'écart se creuse. Plus ça va, plus les gens sont « no future ». Il y a trente ans, les gamins, ils étaient bien, la loi, ils l'avaient bien dans la tête, aujourd'hui, c'est le contraire. Les gosses que je connais qui ont 18 ans, dans 3 ans, ils vont être géniteurs avant d'être parents. On a à faire en fin de compte à des gens qui ne sont pas structurés comme des adultes, qui ne respectent pas un contrat, qui ne veulent pas s'inscrire dans un système »*…. Ces propos révèlent des situations témoignant bien, à certains égards, d'une certaine anomie.

Pour d'autres jeunes simplement accueillis en Mission locale, la vie se vit aussi au jour le jour : *« Les jeunes voudraient tout, tout de suite. Il faut qu'ils admettent qu'il y a certaines étapes à aborder avant d'obtenir ce qu'ils désirent... »*.

Certains demandeurs d'emploi, sans pour autant aller plus mal, sont toutefois marqués par un cumul de plus en plus important de difficultés et seraient de ce fait moins absorbés par un marché du travail de plus en plus sélectif, malgré une re-dynamisation au sein d'un chantier d'insertion : *« Vers les années 2000, on avait encore des personnes qui n'étaient pas très éloignées de l'emploi. Jusqu'à 60% des personnes quittaient le chantier avec un contrat de travail à la suite. C'était la période de croissance. Depuis 2002-2003, les personnes qui n'allaient plus à l'ANPE parce qu'elles n'y croyaient pas sont revenues vers les dispositifs. Ce sont des personnes qui vraiment cumulent les difficultés et qui sont très très éloignées de l'emploi. On a depuis, toujours ce même public. L'habitude a été prise et le public ne changera plus maintenant. C'est le même constat sur le plan national. »* Les chantiers d'insertion voient donc les caractéristiques de leur public évoluer en fonction de la santé économique du pays. Lorsque la croissance est bonne, leurs salariés trouvent des débouchés, ce qui est pédagogiquement encourageant pour l'ensemble des publics qui peuvent véritablement réaliser un parcours d'insertion. En revanche, lorsque la croissance stagne et ralentit, les personnes en insertion stationnent dans les structures qui les accueillent, puis les quittent en perdant tout bénéfice des acquis de socialisation développés dans la structure, et rendent vaine de ce fait toute prescription de l'ANPE et des services instructeurs du RMI. Les publics, découragés, ne croient alors plus aux préconisations qui leur sont faites, et les structures d'insertion ont l'impression de ne plus faire œuvre d'insertion.

Au-delà du poids des carences affectives, ces quelques différents constats témoignent sans doute pour les publics en difficulté, d'un trop ou d'un trop peu d'intériorisation des normes sociétales permettant une intégration satisfaisante. Mais ils témoignent aussi de l'impérieuse nécessité d'un accompagnement spécifique et dans la durée des personnes qui d'une manière ou d'une autre sont en souffrance, que cet accompagnement soit de forme individuelle ou collective. A la lumière de ces propos, la délivrance d'aides ponctuelles en mode guichet ne saurait bien évidemment suffire, pas plus que les solutions définies à l'avance qui permettent difficilement à ces personnes de conserver pleinement au sein de la société leur statut de sujet. Le D.S.L. pourrait alors être le terrain de révélation et de prise en charge de ces problématiques peu ou mal prises en compte actuellement.

2. La transversalité, composante essentielle du D.S.L.

Confrontés à cette complexité et à des forces souvent vécues comme centrifuges (logiques institutionnelles aspirantes, logiques professionnelles résistantes…), les différents acteurs se réclamant d'une approche globale des situations tentent de constituer un nouvel ordre dans un contexte qu'ils considèrent marqué par un certain désordre. Ils tentent en fait de rationaliser leur propre intervention en conférant un sens commun aux diverses actions existantes. Ils interprètent le réel. A notre époque, il est d'ailleurs moins question de prouver que la liberté existe malgré l'ordre, que de montrer que la volonté d'organiser et de réguler existe malgré le désordre (Martuccelli, 2000). C'est en ce sens qu'il faut observer le succès d'un terme tel que la transversalité qui offrirait aux acteurs la possibilité de construire un ordre commun et une rationalité commune à leurs actions en jouant de la porosité nouvelle des frontières entre catégories administratives habituelles. Cette transversalité exprimerait alors la volonté des acteurs de construire des articulations et de rapprocher des univers vécus comme trop distants, d'œuvrer en quelque sorte à travers l'interdisciplinarité, à l'élaboration d'une solidarité organique, même si le terme de transversalité n'est pas utilisé en raison de sa difficulté d'interprétation. Les acteurs tenteraient ainsi de reconstruire du bien commun et de réunir ce que la division du travail social a artificiellement séparé. La transversalité présenterait alors de nombreux avantages.

La transversalité au service d'une approche globale de la personne

La transversalité permet aux acteurs de présenter une approche globale de la personne et de ses difficultés, et de préserver ainsi avec respect l'unité et la totalité de l'individualité de la personne. En effet, comme le dit un coordonnateur emploi de la DDTEFP : *« C'est penser que les gens ne relèvent pas de l'intervention d'un service en particulier, que ce soit l'Etat, le Conseil général, le Conseil régional, etc., que ce sont des personnes à appréhender dans leur globalité, et que ces personnes peuvent tour à tour relever d'un de ces services là. L'idée, c'est de travailler ensemble, de façon transversale, tous les partenaires du territoire, parce qu'on peut en même temps être une femme, Rmiste, immigrée, handicapée, administrée d'une commune, etc. ».*

La transversalité permet aussi de convoquer et de confronter dans la même perspective d'analyse, différents savoirs complémentaires autour d'une même problématique afin d'enrichir l'interprétation et choisir avec le plus de justesse et de pertinence possibles les réponses à apporter, en évitant la réduction simpliste à un seul aspect de la réalité. Il s'agit ainsi d'explorer le réel à partir d'autres savoirs que les siens : *« Il ne faut pas l'opposer à la verticalité. On a tendance à dire qu'on travaille dans la transversalité en opposition à la verticalité, comme une espèce de contre-pouvoir. C'est une conjugaison entre les différents savoirs pour trouver l'équilibre dans une société. C'est déjà communiquer ».*

La transversalité permet de confronter les points de vue

La transversalité encourage aussi l'expression d'une parole différente et le respect de celle-ci par un investissement de forme préalable (Cf. Simmel), garantissant un cadre bienveillant et tolérant qui puisse enfin accueillir la pluralité : « *C'est quelque chose d'une dynamique qui viendrait d'un autre lieu. Mais dans ce cas, modestement, c'est déjà pour un psychologue, être capable d'écouter ce que l'AS va avoir à dire, pour l'AS, d'être capable d'entendre ce que l'infirmière va avoir à dire, sans la disqualifier. On peut imaginer cet effet-là en travaillant avec d'autres corps de métiers, en étant capable d'entendre ce que l'autre dit de sa place, ce qui est actuellement une très grande difficulté.* »

Une recherche de rationalisation, d'efficacité et de cohérence

Mais au-delà de ces aspirations communes, la volonté de transversalité traduit aussi très concrètement les difficultés vécues par les acteurs au quotidien et leur souci d'apporter de la cohérence et de l'efficacité à leurs actions : « *Le but de la transversalité serait d'éviter un morcellement des situations et des interventions. Si on prend l'exemple de la protection de l'enfance, on peut se rendre compte que parfois dans une même famille, on a une multiplicité d'intervenants et que ces gens là ne se rencontrent jamais alors qu'ils interviennent pour la même famille mais avec des mandats différents* ».

La transversalité est aussi l'occasion d'évoquer la juxtaposition des dispositifs, le manque de synergie entre associations mais aussi entre administrations, comme le déplore un élu d'une agglomération : « *A l'échelon national, c'est la même chose : il y a l'Etat, la Région, le Conseil général, l'agglomération, la commune. C'est souvent le politique qui prend le pas, malheureusement. On devrait pouvoir en faire abstraction pour travailler ensemble. En France, il y a un cloisonnement des personnes. Les gens sont à côté les uns des autres sans se parler. Idem pour les administrations. On est souvent les mêmes autour de la table, on se dit des choses, on repart dans son service et on oublie, on ne fait pas passer le message. Ça existe aussi dans la même administration ! Les circuits sont un peu trop tortueux ».*

L'éclatement des compétences induit par la décentralisation met ainsi en évidence les cloisonnements qui sont autant de prétextes à faire valoir des intérêts politiques particuliers, ce qui n'échappe pas aux associations spectatrices : « *Il y a un cloisonnement de nos responsables. On a d'un côté le Conseil général. On a l'Etat, on a la CAF, et chacun cherche dans son pouvoir de compétences à garder le pouvoir ou à envoyer sur l'autre les erreurs. A côté, il y a aussi des petites cellules, il y a les communautés d'agglomération, les communautés de communes...Ces cloisonnements sont néfastes ».*

Les fonctionnements hiérarchiques ne favorisent pas la transversalité

Mais les témoignages recueillis montrent aussi que les relations de pouvoir traversent en permanence les logiques institutionnelles, et que les dynamiques internes n'y échappent pas non plus. En fait, le travail en transversalité représente une innovation où les acteurs vont devoir inventer de nouvelles règles et de la régulation (Reynaud, 2004). L'espace dans lequel ils vont agir avec l'assentiment et la délégation de leur institution leur procure de l'autonomie. Mais dans la mesure où ils engagent leur institution à travers l'action entreprise, celle-ci va également chercher à les contrôler. Leur marge de manœuvre pour élaborer par eux-mêmes les règles du jeu risque donc d'être contrainte. Or, les régulations de contrôle ne sont pas uniquement le fait de la hiérarchie, elles peuvent aussi être le fait d'autres services techniques. Les diverses régulations sont effectivement croisées et ne se font pas dans la paix de la participation mais les unes contre les autres (Reynaud, 2004). Aussi, comme le remarque un cadre du Conseil général : « *Je pense que quand on aura accepté de partager les pouvoirs, la transversalité s'installera ».* Mais la transversalité suppose avant tout un allègement des contraintes hiérarchiques de manière à favoriser l'initiative et les régulations croisées…

La transversalité est une prise de risque

La transversalité présente néanmoins toujours une prise de risque car elle implique l'acceptation de quitter son propre terrain familier et d'abandonner ses protections habituelles et ses abris (Martuccelli,) pour être en capacité de faire valoir son approche dans des lieux et des espaces étrangers à sa propre pratique. Un agent de la CAF l'exprime bien : *« La transversalité, on en parle beaucoup et on la met à toutes les sauces, mais en même temps, on s'aperçoit que ça a du mal à prendre. Parce qu'il y a toujours la crainte pour le travailleur social de parler de ce qu'il fait, de ce qu'il pense, car c'est toujours prendre des risques... On peut avoir envie d'aller chercher l'autre mais l'autre n'est pas obligé de répondre. »*.

C'est que la transversalité, outre la prise de risque de nature psychologique (s'exposer au regard et au jugement de l'autre) comporte également un risque de perte de pouvoir par le partage d'un savoir moins exclusif.

La transversalité, un risque de disqualification et de perte d'objet

Mais la transversalité qui peut tendre à uniformiser les points de vue en les généralisant autour d'un consensus totalisant pourrait faire perdre potentiellement la richesse des spécificités. Un chantier d'insertion le fait remarquer : *« La transversalité est pratiquée mais elle devient de plus en plus compliquée. Parce qu'on a autant besoin des personnes qui ont une vision transversale que des personnes qui sont très spécialisées. Sauf qu'on a de plus en plus tendance à vouloir plaquer beaucoup de personnes avec une vision transversale et en oubliant les spécialités. Le référent en est le meilleur exemple. Il y a des référents partout, on est en train de créer beaucoup trop de scénaristes »*.

Il semble bien que le mot d'ordre généralisé de transversalité fasse craindre, par possible effet d'homogénéisation des pratiques, une perte de reconnaissance et de légitimité des expertises spécifiques.

Cette crainte serait aussi amplifiée par l'ampleur des formations continues, des conseils et interventions de consultants prônant les bonnes pratiques et portant en creux le discrédit sur les savoirs et l'expertise acquis par la pratique et l'expérience du métier. Au-delà de la disqualification de certains acteurs, un possible sentiment de déqualification pourrait bien alors envahir certains professionnels et susciter en retour des réactions corporatistes : « *Les gens, quelles que soient les professions, ont un sentiment de perte d'objet. Avec la formation permanente, le professionnel doit se former en permanence et renouveler son savoir, certes, mais la notion de métier fait que quelqu'un qui travaille acquiert aussi du savoir de par son travail. C'est cette image là de retourner à l'école en permanence qui quelque part infantilise, et ainsi, une bonne idée de départ peut s'avérer disqualifiante. (...). A un moment donné, tout professionnel exerçant un métier va se ressentir à un moment incompétent. En contre réaction, il y a donc repli et fermeture sur le métier pour trouver l'identité de son propre exercice* ».

Comme on le voit, la transversalité – composante du D.S.L. – s'apparente tantôt à la recherche d'un paradigme nouveau quand elle signifie aspiration à un modèle nouveau d'intervention, et tantôt à une rhétorique lorsque cette pratique nouvelle se heurte constamment à des difficultés concrètes de mise en œuvre effective. D'un autre point de vue, la transversalité envisagée par de multiples acteurs peut se traduire ou se convertir de deux façons selon la logique d'intervention : Unité de l'action publique pour les administrations (logiques institutionnelles) quand il s'agit de rationaliser les interventions et de gagner en efficacité et en efficience, ou bien approche globale et respect de la personne pour les professionnels accompagnant les individus (logiques professionnelles) quand il s'agit de préserver l'unité de la personnalité dans toute sa complexité. Cette transversalité se cherche et s'exprime d'ailleurs particulièrement au sein des partenariats.

3. Les partenariats à l'épreuve

Les partenariats, unanimement souhaités pour une meilleure efficacité commune, apparaissent néanmoins difficiles à faire vivre pour diverses raisons.

Une première difficulté objective est liée à la diversité des zonages d'intervention des différents intervenants qui complique les relations interpersonnelles. Une deuxième difficulté relève du manque de temps et de disponibilité des acteurs alors que le partenariat se construit et s'entretient dans la durée. Mais le partenariat met aussi en évidence des rivalités professionnelles potentielles et des corporatismes latents (Conseiller en Mission locale) : *« Les éducateurs de X ont l'impression qu'on fait leur travail et qu'on le leur enlève. Cela peut créer des tensions et des rétentions d'informations, à tel point qu'on peut se voir refuser la transmission d'une liste de jeunes concernés par la Mission locale et ses activités ».*

(Directrice d'association intermédiaire, travailleur social de formation) : *« Je me souviens de la première réunion lorsque j'ai présenté X qui suivait le chantier d'insertion de X, il a pris une séance de bizutage des AS, les CESF étaient un peu moins violentes ... ! Tout ça, parce que X n'a pas de formation en travail social... ! »*

Les volontés de partenariats se heurtent aussi aux logiques et aux intérêts institutionnels spécifiques alors que l'intérêt général nécessite une vision commune. C'est ce que souligne un agent du Service Public de l'Emploi : *« Le partenariat institutionnel, hormis dans l'aspect formaliste, les grandes déclarations, ça fonctionne assez mal. C'est très difficile parce qu'il y a une segmentation de l'intervention qui fait que chacun reste focalisé sur ses objectifs. Par exemple, le chômage baisse, on s'en réjouit, mais le RMI augmente. Et on pourrait être tous ensemble à le déplorer, sauf que ceux qui ont la charge du chômage ne s'intéressent pas au RMI et se réjouissent des baisses du chômage. Ils ne s'affectent pas de la hausse du RMI. ».*

Les enjeux politiques viennent aussi exacerber les tensions déjà existantes (Cadre de service social CG) : *« Tant qu'il n'y a pas d'enjeux financiers et politico-politiques, c'est possible. En fait, les techniciens ont toujours pu travailler ensemble. Mais il faut une volonté forte pour se mettre autour de la table avec des institutions de majorités politiques différentes, des associations militantes…Il y a cette volonté forte. Mais il y a des craintes terribles à l'approche des échéances électorales ».*

Le partenariat peut être asymétrique et/ou « contraint »

Les partenariats se heurtent souvent aux pré-carrés associatifs qui se trouvent en concurrence par rapport aux financements publics et se protègent en conséquence, comme l'indique un chef de projet en contrat de ville : *« Les structures vont montrer du chiffre et du résultat, apporter la preuve qu'elles ont traité un certain nombre de familles et de publics et pour pouvoir légitimer cette subvention, elles ont tout intérêt à garder les gens avec difficulté, elles seules. Chacun détient une pièce du puzzle. Mais chacun tient bien sa pièce au chaud pour justifier auprès de son financeur l'intérêt de sa présence sur le quartier ».* Cette réalité concurrentielle est également confirmée par les associations qui sont soumises paradoxalement et dans le même temps à une forte injonction partenariale.

(Directeur d'association) : *« Il y a un côté paradoxal. On demande à des gens qui sont en concurrence sur un appel d'offres de devenir des partenaires. Ça devient une espèce de paradoxe absolu. A la limite, on a monté des systèmes de partenariats qui deviennent des lieux de négociation, d'entente illicite pour se partager le gâteau parce que vous avez cette obligation de partenariat et en même temps de mise en concurrence ».*

Il est vrai qu'il s'agit désormais d'administrer le social d'une façon qui permette de lutter contre la segmentation excessive des dispositifs et qui puisse tenir compte des inscriptions territoriales (De Maillard, 2002). Le partenariat est donc activement mobilisé. De ce fait, le rapport des associations à l'espace d'action publique se modifie. Mais le « partenariat » qui s'impose à elles les intègre de plus en plus vigoureusement par le biais de la prise en compte incontournable des nombreuses procédures élaborées par les financeurs. L'action publique tend ainsi à unifier les pratiques et à faire converger les points de vue de l'ensemble des acteurs autour d'objectifs partagés, même s'ils placent certains acteurs en position dépendante, ce qui est précisément le cas des associations. Mais les associations ne sont pas les seules concernées par ce risque. Par ailleurs, les travailleurs sociaux qui se montrent toujours les gardiens vigilants du secret professionnel conditionnent le partenariat à des précautions déontologiques sur l'information partagée.

Ces différentes évocations montrent donc globalement les grandes difficultés à faire vivre ces partenariats auxquels les acteurs aspirent, tant ils sont sollicités par des intérêts de natures diverses et contraires, que ceux-ci soient d'ordre financier, identitaire, politique, institutionnel, éthique ou stratégique. Mais les partenariats peuvent aussi représenter certains risques pour les populations.

4. La proximité peut se faire contraignante pour l'usager

En effet, lorsque l'action publique se rationalise par les partenariats et qu'elle se rapproche aussi davantage des usagers avec la déconcentration des services (appelée aussi territorialisation), elle peut alors se faire beaucoup plus pressante pour l'usager. Le contrôle social se fait plus fort puisque devenu local, et les préventions sociales et culturelles se font aussi plus lourdes. Certaines associations sont très conscientes des risques d'une trop grande proximité qui ne favorise pas l'équité de traitement : *« Territorialiser au plus près des gens, c'est prendre le risque de la personnalisation. Il y a un manque de distance professionnelle parce qu'on connaît les gens. On pourrait favoriser. Il faut quand même une certaine objectivité... On perd de la distance au fur et à mesure de la proximité. On perd du sens global ou on s'enferme dans une lecture étroite du territoire. 'Les gens de XXX, ça a toujours été différent...'. C'est beau, clochemerle... ! ».* La trop grande proximité peut aussi opacifier les enjeux et favoriser la dépendance au pouvoir politique : *« La trop grande proximité finit par créer quasiment une intimité. On a une proximité trop grande entre les intérêts locaux et les professionnels. Il y a des associations qui subissent trop la pression de l'élu local. Il faut conserver suffisamment de distance pour qu'à un moment donné on continue à interpeller non pas un individu mais un professionnel qui a une activité et qu'on ne peut pas remettre en question. »*

La personnalisation excessive du pouvoir alliée à une grande proximité peut effectivement conduire à l'assujettissement des individus. Ces propos nous renvoient d'ailleurs à la valorisation par Tocqueville des fameux corps intermédiaires, autrement dit dans un langage plus contemporain, des contre-pouvoirs. L'équilibre n'est pas facile à trouver. Seule l'éthique de l'intervention, qu'elle soit politique ou professionnelle permet alors le respect des acteurs et de la population.

5. Quand il est question de territorialisation et de territoires

Les mouvements de décentralisation, pour être cohérents, s'accompagnent toujours du côté de l'Etat d'un mouvement de déconcentration. Par ailleurs, les collectivités locales confrontées à leurs nouvelles responsabilités dues à la décentralisation mais aussi sanctionnées par le suffrage universel, se doivent désormais d'être efficaces. Elles doivent renouveler le dialogue avec leurs administrés, être plus proches de leurs préoccupations, mieux les servir. En terme d'action publique, on voit alors les organisations des administrations et institutions se modifier et tester de nouvelles organisations privilégiant la proximité et censées être plus performantes. Le terme « nouveau » de territorialisation (pas si nouveau d'ailleurs, si l'on pense notamment à la création en 1964 des circonscriptions d'action sociale qui ont été réaffirmées en 1975 autour du principe d'action sociale globale) apparaît alors, et les divers acteurs locaux deviennent autant les acteurs que les instruments de cette territorialisation. Ce terme n'est toutefois pas dénué d'ambiguïté, lorsque efficience se confond avec légitimation de l'action politique.

La territorialisation n'est pas forcément le territoire

Les organismes de protection sociale que sont la CAF et la MSA ne posent pas comme premier le territoire par rapport à la territorialisation. Pour eux, ce sont d'abord les problématiques posées et interprétées ainsi que les réponses apportées qui opèrent une territorialisation de leur action et qui délimiteraient de la sorte un territoire (Agent de développement CAF) : *« En face, je mets problématisation. Ce n'est pas le territoire géographique obligatoirement, c'est un ensemble de constats qui pose question, qui permet de faire un certain nombre d'hypothèses et qui nous donne une problématique sur laquelle on peut travailler en la délimitant »*. (Cadre adjoint de service social à la MSA) : *« Les besoins déterminent pour nous un territoire. Ce n'est pas forcément un territoire administrativement défini. Le territoire est généralement plus le territoire de l'action »*. La CAF et la MSA se font ainsi une idée assez libre du territoire, mais il est vrai que leurs élus ne sont pas par définition des élus locaux, gardiens respectueux des découpages administratifs et politiques des territoires.

La territorialisation, entre déconcentration et décentralisation ?

Pour les différents acteurs, le terme territorialisation reste bien difficile à définir, chacun en ayant sa propre idée. Au sein du Conseil général, l'hésitation est fréquente entre une notion de déconcentration et une notion de décentralisation au profit des Unités Territoriales d'Action Sociale (UTAS). Il est vrai que le Conseil général du département observé est un Conseil général qui est allé assez loin dans les délégations données aux UTAS mais que son organisation n'est pas encore définitivement stabilisée et qu'elle se poursuit encore (Cadre central Conseil général) : *«Je pense que l'on pourrait plus rapprocher la territorialisation dans notre institution - dans l'objectif qui lui est donné par nos politiques - d'une décentralisation plutôt que d'une déconcentration. Et pour que ce soit une décentralisation, il faut pouvoir avoir les moyens de le faire, il faut des moyens humains. L'ambiguïté du système, c'est qu'il a laissé un certain nombre de compétences au central et donc forcément, on peut se poser la question de est-ce qu'on est sur de la déconcentration ou sur de la territorialisation ? »*.

Cette question est délicate en effet. Elle pose d'une manière générale la question du rapport entre le centre et la périphérie, et la façon dont on parvient à croiser l'approche territoriale et l'approche fonctionnelle ou spécifique. Un responsable Politique de la ville en agglomération observe et analyse : *« C'est d'abord une déconcentration qu'applique le Conseil général. Mais il y a une évolution puisqu'il est en train d'acquérir une culture de décentralisation, notamment en essayant de travailler sur les spécificités d'un territoire ou d'une population et de développer des actions spécifiques aux problématiques rencontrées. Mais le Conseil général est aussi dans une logique de prestations et dans un modèle descendant et déconcentré. Il a des compétences, il doit mettre en place des actions et l'idée, c'est comment il va gagner en efficacité. Par rapport à nous qui devons faire en sorte que le territoire puisse se développer, c'est une différence de postulats, les problèmes sont un peu différents »*.

Ces propos permettent effectivement de mettre en lumière la différence entre territoire instrumental (territoire de l'action administrative et réglementaire, territoire des prestations sociales à délivrer) et territoire de légitimité politique (territoire d'analyse des besoins locaux, territoire du projet), ainsi que le rôle en ce domaine de chaque collectivité territoriale. Ces propos sont également à rapprocher du constat des cadres de service social qui relèvent que leur action relève majoritairement de l'accès aux droits (donc des prestations) et de mise en œuvre des dispositifs dont le Conseil général a la responsabilité (donc des compétences réglementaires). En effet, le territoire est tout autant le lieu de convergence des actions publiques (qui plus est, transversales) que le lieu de compétences institutionnelles très diverses qui s'y chevauchent constamment. Mais il est aussi le lieu où les habitants sont conviés à participer.

6. La mythique participation des habitants

Or la population participe de fait très peu. La participation demeure majoritairement incantatoire et mythique. De l'aveu même d'un chef de projet de contrat de ville, *« On essaie de faire du développement social, on fait des grandes messes, des grandes réunions, on essaie de réfléchir ensemble... On est dans du développement, en général. La difficulté, c'est qu'on est beaucoup sur l'intention, sur le verbe, mais sur l'action, on s'aperçoit qu'on n'est pas très bons ».*

Des travailleurs sociaux du Conseil général avouent qu'ils se risquent généralement peu à donner collectivement la parole aux usagers alors que cela serait très souhaitable, sans doute par manque de temps et de compétence, tant l'habitude de travailler sur de l'individuel est prégnante. Les compétences réglementaires et les obligations en matière d'accès aux droits contribueraient à renforcer ces tendances (Cadre service social au CG) : *« Pour une partie, on est devenu le service qui donne accès à tel droit. Il y a un contexte qui a favorisé cela aussi car même les autres services nous renvoient les personnes pour faire ci ou ça. Si des personnes ont des difficultés à remplir des imprimés, la CAF nous les renvoie en disant le service social va vous aider, la CPAM pareil, les élus les renvoient, pour le logement on nous renvoie les gens alors qu'on n'a pas plus de pouvoir que ça en particulier sur les attributions. Comme il n'y a plus de financement sur la formation, l'ANPE aussi dit « allez voir l'assistante sociale, elle va vous faire une bourse d'insertion ». Les travailleurs sociaux ont l'impression que les autres partenaires restreignent leur champ d'intervention et que du coup, on renvoie tout vers le service social, ce qui est un peu vrai quand même. MSA, CPAM, la CAF aussi, ne font plus d'aides individuelles puisque les travailleurs sociaux sont tous placés comme agents de développement social ».*

Un cadre animateur de la CAF indique qu'on ne s'y prend d'ailleurs pas de la bonne façon puisqu'on sollicite généralement les usagers sur leurs difficultés alors qu'on devrait le faire à partir de ce qui suscite chez eux du plaisir et du désir. Or, le propos équivaudrait à : *« venez participer avec nous à ce qui est le plus horrible dans votre vie, ce qui est le plus détestable dans ce que vous vivez dans votre vie au quotidien, venez, on va en reparler ! ».* Mais les cadres de service social expriment leur difficulté réelle à trouver des prétextes d'intervention collective quand les gens viennent les solliciter de façon très individuelle aux permanences.

Or, lorsque la sollicitation existe, l'usager qui n'y est pas habitué est alors étonné et spontanément méfiant, comme le dit un cadre de service social du Conseil général : *« L'usager qui est souvent en difficulté ou en demande se posera toujours la question, si on lui propose quelque chose, de savoir où on veut l'emmener plutôt que se dire où va-t-on ensemble ».* Une CESF ayant expérimenté une action collective pour la mise en place d'une épicerie sociale confirme : *« On a vu au bout d'un an de travail avec une vingtaine de personnes, celles-ci nous dire « de toute façon, on sait très bien que ce qu'on vous dit, vous n'en tiendrez pas compte ! ». Au bout d'un an... !! Cela voulait dire que nous on y croyait, et que elles, elles n'y croyaient pas encore ».*

D'un autre côté, la logique des dispositifs et des procédures qui s'imposent aux acteurs et aux publics laisserait par ailleurs très peu de champ à la participation de la personne en difficulté dans la mesure où celle-ci ne pourrait s'écarter du chemin et du parcours prédéfinis pour elle par les institutions. Cela l'empêcherait en fait de penser par elle-même, comme le souligne un directeur d'association d'insertion-mobilité : *« Je trouve qu'on demande paradoxalement de plus en plus de chose aux publics et à contrario, on leur met de plus en plus de choses dans les mains. Pour chaque situation, on leur dit « Allez voir telle structure, telle chose ». Il n'y a plus tellement de phase où on laisse la personne « mariner » un peu, pour voir ce qu'il en sort. Je pense que les gens qui sont en difficulté ont aussi besoin de se poser des questions par eux-mêmes. Or c'est sur un schéma conducteur et si ça dérape un peu, ils se font taper sur les doigts, alors qu'à mon avis, l'erreur, elle fait aussi partie de l'apprentissage. On est quand même dans une société où on pense bien tout dans des petites cases, mais je ne suis pas sûr que l'être humain s'y retrouve. Des fois ils ont besoin aussi de galérer et de descendre un peu pour pouvoir remonter. Et ça, on ne leur laisse des fois pas le temps. »*

Selon l'échelle de la participation[49] de Arnstein (Arnstein, 1969), à quel niveau se situerait effectivement ce degré d'implication de l'usager ?!

A un autre niveau, la pression de la charge quotidienne sur le travail social pourrait aussi contribuer, pour des raisons de rapidité et d'efficacité, à faire plutôt « à la place de » qu'avec les personnes.

De là, un reproche facile aux populations pour leur attitude consumériste (Chef de projet Contrat de ville) : « *Les gens consomment. Ils sont plus dans la consommation qu'acteurs. Ils consomment des loisirs, ils consomment de l'animation, de l'atelier, du projet...Ce sont des consommateurs mais pas des acteurs de leur quartier. Il y en a, mais pas suffisamment* ». Pour autant, des participations spontanées et ponctuelles existent, dans les moments festifs (immeubles en fêtes, organisation de barbecues, repas à thèmes, fête des voisins…) comme dans les moments douloureux des émeutes des banlieues où les parents se sont réunis spontanément et régulièrement pour réfléchir à ce qu'ils pouvaient faire.

La participation, on le voit, est donc un exercice difficile, complet et exigeant, d'autant que les pratiques dans notre pays sont

---

[49] Cette graduation est développée dans les pages suivantes.

beaucoup plus *« top-down »* que *« bottom-up »*. Or la participation mérite de la rigueur et de l'exigence quand il s'agit d'apprécier ses modalités de mise en oeuvre, tant du point de vue de la participation des habitants que de la participation des salariés en entreprise. Les modalités de coopération doivent être réelles et non pas symboliques (Bernoux, 2004, p. 190) : *« La participation est un comportement d'implication des salariés dans des actions décidées ailleurs et en dehors d'eux, par le management. L'implication souhaitée viendrait de ce que les salariés seraient associés, mais associés à quoi ? Rarement aux décisions, dans le meilleur des cas à la mise en route de ces décisions, le plus souvent par un souhait d'implication lorsque tout est décidé. Or la coopération n'existe que si les salariés peuvent s'approprier les outils sur lesquels ils travaillent. Le lien entre coopération et appropriation est central. »*.

Dit autrement, et loin des discours incantatoires du management participatif, la participation est surtout le fait des salariés eux-mêmes, et non le produit d'une sollicitation de la hiérarchie. La participation n'est pas non plus le fruit d'un contexte pacifiant, voire « anesthésiant ». En effet, comme le souligne Norbert Alter (Alter, 1994, p.107), *« (...) la participation (...) n'est pas octroyée par le haut de la hiérarchie, elle est une transaction permanente entre ce niveau de l'organisation et les autres salariés. Cette transaction consiste pour les opérateurs à développer de la compétence (gestion des tâches complexes et aléatoires, mise à niveau permanente des savoirs, invention de nouvelles formes de rapport au marché, capacités d'innovation) et à l'échanger auprès des directions, contre de l'autonomie et de l'identité (reconnaissance de la qualification, influence par la définition des tâches et de l'organisation, réduction des échelons hiérarchiques, reconnaissance institutionnelle des savoir-faire). C'est dans ce cadre que se développe la participation, de manière donc conflictuelle, aléatoire et incessante (...) »*.

La participation des habitants peut, en ce qui la concerne, être déclinée selon différents degrés (Arnstein, 1969) qui vont de la simple consultation à l'implication. Cette échelle comprend un degré zéro qui est celui où il n'y a aucune participation (sentiment d'être manipulé), puis un second degré qui est celui où la participation est purement symbolique (simple formalisme et présence alibi). Vient ensuite le degré de l'information et de la consultation (« qui n'engagent que leurs destinataires »), le quatrième degré permettant le contrôle par en bas, c'est-à-dire le véritable pouvoir qui suppose l'accès au processus de décision et un savoir-faire pour l'influencer. Ce stade est celui de l'*empowerment* (Donzelot, 2003) et qui permet aux habitants d'être véritablement partie prenante.

Il faut toutefois prendre garde à ne pas confondre les démarches participatives avec des démarches descendantes qui pourraient se réduire (Blondiaux, 2006) à un management des affaires publiques, dans un souci essentiel de bonne gestion et de pédagogie politique. La capacité d'initiative et la force d'expression des citoyens pourraient s'en trouver largement affectées.

En matière de participation, on peut citer l'initiative de ce Département consistant en des réunions cantonales organisées et renouvelées systématiquement par le Président du Conseil général sur chaque canton, ainsi que la mise en place d'un Conseil départemental du développement durable (C3D), dont l'organisation est relativement analogue à celle du Comité Economique et Social Régional et où les forces sociales représentatives peuvent s'exprimer et faire des suggestions. L'avenir dira toutefois ce que ces initiatives intéressantes auront généré comme effets.

Il n'en demeure pas moins que les populations démunies n'accèdent pas à ce nouvel espace public consacré aux représentants de la société civile qui, eux, ont l'habitude de la représentation, de l'expression et de la délibération.

Un espace public spécifique qui soit dédié aux populations vulnérables et/ou dominées, véritable espace de médiation et de (re)construction identitaire, reste alors à construire. Le D.S.L. pourrait y contribuer, à condition que les salariés eux-mêmes soient véritablement en situation institutionnelle de participer. La territorialisation des services imaginée pour rapprocher les services des usagers pourrait alors constituer théoriquement un facteur tout à fait favorable à la constitution de ces nouveaux espaces publics locaux.

7. Ce qui est le plus difficile au quotidien pour les acteurs

Malgré leur bonne volonté ou leur enthousiasme, les acteurs des politiques sociales sont confrontés à des difficultés qui pourraient influer sur leur motivation ou leur disponibilité à l'égard d'une démarche de D.S.L. Il est donc important de les entendre :

Bien que cela constitue le cœur de leur travail, les travailleurs sociaux évoquent leurs difficultés à prendre en charge les personnes très fragilisées par rapport à l'insuffisance de réponses institutionnelles apportées : *« Travailler avec la souffrance des gens et la frustration permanente des usagers, c'est lourd. Ils ont des situations difficiles à vivre et on leur propose des réponses pas faciles. Entendre tous les jours ces difficultés en leur disant d'économiser, c'est dur. »*

Les Assistantes sociales déplorent aussi le manque de temps à consacrer aux personnes pour approfondir l'échange : *« C'est de ne pas pouvoir consacrer plus de temps aux gens, le manque de disponibilité »*. Ceci ne nous paraît pas constituer pas en soi un obstacle au D.S.L., mais plutôt un terrain propice à la recherche de réponses plus innovantes.

Les cadres de service social évoquent quant à eux à la fois la charge et le contenu très dispersé de leur travail, et les équipes qu'ils ont à encadrer : *« C'est l'éparpillement. L'éclatement de tous les domaines dans lesquels on intervient et de ne pas avoir le temps réellement de se poser sur quelque chose. Et de ne rien faire à fond. »*

Autre cadre : « *C'est de continuer à motiver et mobiliser des équipes épuisées. Je sens une vraie lassitude à faire passer des messages institutionnels, liée à l'épuisement physique et moral des équipes.* »

Pour d'autres cadres, il s'agit aussi de parfois faire le deuil de sa professionnalité initiale au profit d'une posture de manager loyal à son institution : « *C'est l'obligation de devoir parfois ravaler certains de mes principes professionnels, d'oublier que je suis travailleur social de formation pour reprendre un rôle d'encadrement ou de représentante d'institution.* »

Les élus évoquent de leur côté plutôt leur impuissance à parvenir à réaliser, ou le manque de sens véritable du projet politique : « *Ce sont les lenteurs des décisions et puis après, l'application de ces décisions. Pour celui qui vient du monde de l'entreprise, c'est aberrant.* »

Au-delà d'un sentiment parfois d'impuissance, l'élu peut déplorer la logique politique lorsque celle-ci devient prépondérante et partisane, reléguant de la sorte au second rang la prise en compte du bien commun et les idéaux fondateurs : « *C'est de bouger les choses. En politique, il y a des tas d'enjeux qui n'ont rien à voir avec la cause que vous défendez ou la chose demandée. Des fois, on satisfait une demande pour la réélection et pas pour la chose en elle-même. C'est très complexe, en fin de compte. C'est un peu corrompu, tout ça...Il n'y a plus rien, l'idéologie est tombée* ».

L'instance politique qui représente l'instance décisionnelle ne paraît donc pas, contrairement à ce qu'imaginent ou souhaitent les techniciens, maîtriser toujours totalement à son niveau le cours des choses. Les élus n'échappent pas plus que les techniciens à la complexité des faits.

Les techniciens intervenant sur la Politique de la ville soulignent les difficultés vécues dans le partenariat qui représente pour eux une obligation quotidienne. Ce partenariat est pour eux chronophage et souvent inauthentique :

« C'est le partenariat. On est main dans la main, mais c'est beaucoup d'hypocrisie. Le partenariat, c'est une injonction ».

(Technicien d'un autre site) : *« C'est le partenariat. C'est beaucoup de temps de passé pour n'obtenir que quelques participations. Les approches sont souvent différentes, le langage aussi. Ces difficultés de partenariat, c'est le coût de la transversalité, de la gouvernance et de la démocratie ! »*

Certains acteurs CAF particulièrement impliqués dans le D.S.L. désignent le fonctionnement administratif comme un facteur ne favorisant pas le D.S.L., et se plaignent aussi du mélange des genres, lorsque chacun ne reste pas véritablement à sa place, ce qui, dans l'action, contribue à brouiller les repères :
« C'est la logique administrative. Il faut qu'on passe sous les fourches caudines de tel quota. Il y a la réglementation, c'est les petites cases, ce que l'on ne peut pas prendre en compte... Ça, c'est chiant ! »
Autre intervenant : *« En externe, c'est les politiques. Les politiques qui font du technique, les techniciens qui font parfois du politique. Ça, c'est ingérable. Ça bloque la création des conditions propices pour avancer. »*

La logique rationnelle-légale à l'œuvre bloquerait donc les initiatives en faveur du D.S.L.. Par ailleurs, les confusions des registres d'intervention opacifieraient les enjeux...

Les directeurs d'association évoquent des préoccupations diverses qui résument assez bien les problématiques globales des associations actuelles. Tout d'abord, la dépendance forte à l'égard des financeurs et qui génère de l'incertitude, ensuite, l'environnement sur lequel il faut toujours travailler pour améliorer le contexte de ses interventions. Mais les difficultés rencontrées sont aussi imputées aux organismes financeurs lorsqu'ils portent des commandes difficiles à exécuter et qu'ils considèrent avec suspicion les structures auxquelles ils accordent des subventions.

Les associations souffrent aussi de la pression incessante à l'innovation, alors qu'il faut aussi assurer le quotidien : « *Il faut comprendre qu'on est sur plusieurs choses en même temps, il faut toujours sauter du coq à l'âne. Il faut aussi arriver à se mettre dans deux casquettes, celle de gestionnaire et celle de développeur, et essayer d'aller de l'avant.* »

Le bénévolat au sein des associations deviendrait aussi de plus en plus difficile, et mettrait en péril le monde associatif, et avec lui la capacité d'engagement et de mobilisation citoyenne. Il y a aussi le sentiment d'être instrumentalisé par les pouvoirs publics et la non reconnaissance d'une spécificité propre. Les institutions poussent à la professionnalisation des bénévoles et témoignent à leur égard de beaucoup d'exigence, comme si les associations devaient désormais représenter le prolongement de l'action publique : « *Les institutions ont perdu de vue que la démarche des bénévoles, c'est d'abord le volontariat. C'est vraiment l'opposition entre deux mondes, ce bénévolat et cette volonté de professionnalisation. Il y a un choc qui se crée et dont le bénévolat ne sort pas vainqueur. Parce que les bénévoles, ils s'usent. Etre bénévole, ça doit rester agréable. Un bénévole qui se fait « martyriser » par les institutions préfère reprendre sa canne à pêche ! Il redevient consommateur ou bien critique.* »

Un deuxième constat concerne la trop grande importance apportée à la communication au détriment du débat sur le sens profond des pratiques : « *On a l'enjeu des élections. Il y a une sorte de vrombissement de communication. Il faudrait revoir ces obsessions de communication en lieu et place de l'action. Il n'y a vraiment plus que de l'événementiel et du communicatif avec objectivement rien derrière...* ».

En conclusion de l'ensemble de ces propos, l'analyse des réponses aux questionnaires ainsi que l'ensemble des témoignages recueillis au cours de ces entretiens et qui constituent une approche très concrète par rapport aux postulats théoriques, permettent de confirmer une réalité très complexe et parfois contradictoire du D.S.L.. Les concepts développés précédemment ont d'ailleurs permis de démonter les ressorts du D.S.L. (déconstruction de la notion) et d'en présenter les composantes dans toute leur complexité, dans la mesure où l'on découvre un individu-acteur aux identités multiples dans ses rapports complexes et parfois contradictoires à son environnement immédiat et lointain, et dans sa relation avec lui-même et avec les autres. Cette approche qui aborde l'action collective organisée déconstruit en quelque sorte la vision unifiante et théorique qui précédait. De même, les enquêtes montrent comment, dans leur contexte, des acteurs locaux s'emparent empiriquement de la notion de D.S.L. et comment ils la font vivre ou pas au quotidien. Ces différents apports révèlent bien toute la complexité et l'exigence de la démarche de D.S.L., et toutes les forces agissantes auxquelles sont confrontés les acteurs potentiels du D.S.L. Leurs propos et leurs pratiques indiquent des représentations et implications variées, alors que l'on pouvait s'attendre, compte-tenu des constats initiaux, à davantage de convergence et d'unité dans les pratiques. En fait, lors de l'écoute des praticiens, et comme on le pressentait avec l'éclairage des divers apports conceptuels, différentes logiques d'action sous-jacentes sont apparues, lesquelles tirent ou poussent les acteurs dans des directions bien particulières et parfois opposées. Ce sont en fait essentiellement les discours relevant de l'idéal et de l'utopie créatrice qui semblent rapprocher et unir les acteurs, alors que leurs actes, c'est-à-dire l'épreuve des faits, peuvent potentiellement les opposer assez nettement.

Or, cette contradiction pourrait n'être qu'apparente et provisoire. En effet, le D.S.L. – qui, en fait, n'invente rien des grammaires de l'action – pourrait les rapprocher plutôt, dans une tentative combinatoire illustrant la volonté d'en restituer une certaine synthèse autour de la construction d'un sens commun. Les acteurs pourraient surtout être la proie de leurs propres contradictions et de leurs propres appartenances, et se faire absorber par leurs logiques d'actions qui n'émergent que rarement chez eux à un niveau conscient. Le D.S.L. supposerait en fait, l'identification et la conscience des contradictions internes pour mieux pouvoir les affronter et les gérer.

Aussi, face à ce champ du D.S.L. traversé par des pressions diverses et souvent contraires, il est utile de prendre de la distance, de manière à analyser ces différences et difficultés exprimées.

Il s'agit précisément d'élaborer en ce sens des schémas compréhensifs et théoriques pour présenter les différentes relations à l'objet, et expliquer les différentes logiques d'action à l'œuvre qui sous-tendent ces différences et cette complexité. Ces schémas permettent ainsi de prolonger et d'intégrer les différentes approches déjà développées dans toute leur richesse et leur étendue (les paradigmes à l'œuvre, le référentiel commun, la volonté de ré encastrer l'économie, les paradoxes originaux du travail social, les multiples identités d'un homme pluriel, la façon et le style d'habiter ses différents rôles, les différents principes de justice à l'origine des actions, les jeux de pouvoir et la régulation, la différenciation et la segmentation des politiques publiques, l'appel au politique pour redonner du sens et des perspectives...), pour les traduire et les présenter dans un modèle correspondant aux contextes d'action quotidiens des acteurs de terrain et à leur appropriation effective de la démarche de D.S.L..

Ce modèle théorique permet en effet d'interpréter les cadres globaux d'analyse précédemment développés, les rendant plus compréhensibles du point de vue des acteurs et de reconstituer, en quelque sorte, un sens et un ordre au sein de ce champ nouveau de la pratique que constitue le D.S.L..

Chapitre 6

VERS UNE TYPOLOGIE DES POSITIONS DES ACTEURS FACE AU D.S.L.

Les visions et les pratiques du D.S.L. apparaissent différenciées. On peut ainsi confondre D.S.L. et action collective (agents non formés), D.S.L. et développement local (associations aux préoccupations plus lointaines), D.S.L. et développement social (quand le local n'arrive pas à faire véritablement sens), voire ne pas du tout connaître cette notion. On peut même pratiquer le D.S.L. sans le savoir ou le revendiquer sans le pratiquer. Les représentations et les implications sont variées et révèlent des logiques d'action qui favoriseraient plus ou moins le D.S.L.. En fait, les acteurs entretiennent surtout des relations particulières avec des objets qui leur sont familiers. Cette relation est première et elle détermine leurs engagements, quelle qu'en soit la nature. Présenter tous ces objets familiers d'investissement dans un schéma qui ordonne ces objets par rapport à des pôles d'attraction permet alors de faire apparaître des affinités particulières, puis, ultérieurement, les logiques d'action qui leur correspondent.

1. Des relations à l'objet polarisées vont déterminer le rapport au D.S.L.

Dans un premier schéma, sont proposés divers « objets » quotidiens d'investissement ou de non investissement des acteurs, ces objets étant entendus au sens large, voire psychologique, et pouvant se révéler discipline, activité ou concept.

Nous distinguons un pôle au sein duquel les objets relèvent avant tout d'une relation et d'un Rapport aux choses et où nous trouvons notamment le domaine économique, la gestion, les sciences dites exactes et toutes les tâches concrètes et rationnelles qui s'y rattachent, mais aussi des objets plus abstraits auxquels les acteurs ont attribué un caractère réifié en l'autonomisant progressivement et en lui conférant un statut spécifique. A l'opposé se situe le pôle du Rapport aux autres où l'on retrouve le domaine de la relation humaine privilégiée, de l'amélioration du sort de l'être humain, tout objet relevant avant tout d'une relation à l'être humain, plus incertaine et mouvante, mais primant sur toute autre considération. Ces deux pôles opposés (Rapport aux choses/Rapport aux autres) constituent un axe. Cet axe est toutefois traversé par un second axe qui vient préciser la distribution des objets définis ci-dessus selon une seconde particularité. A une extrémité de l'axe on distingue ainsi un pôle Singulier où l'objet se révèle ou est au service de l'unicité et de la singularité, à l'opposé duquel on distingue un pôle Multiple où l'objet se révèle ou est au service de la multiplicité et de la pluralité. Selon leurs inclinations, leurs centres d'intérêts ou leurs obligations, les acteurs seront alors attirés ou repoussés par ces « familles » d'objets ainsi constituées, ce qui ne sera alors pas sans incidence par rapport à une pratique éventuelle de D.S.L..

Le second schéma élaboré selon la même logique de distribution fait apparaître les logiques d'action à l'œuvre, ces logiques relevant des acteurs et non pas des objets. Mais ce schéma est présenté selon la même logique de répartition sur le principe qu'acteurs et objets – donc logique d'action – entretiennent une relation particulière.

REPARTITION SCHEMATIQUE PAR PÔLES DES « OBJETS » INTERESSANT LES ACTEURS DU SOCIAL

RAPPORT AUX AUTRES	
Psychologie	Sociologie
Individu	Collectif
Relation d'aide	Animation
Mission	Mission
Accompagnement individuel	Processus
Long terme	Médiation
Empathie, compréhension	Emancipation
Expression de soi	Expression collective
Epanouissement	Egalité
Autonomie	Démocratie
Singularité	Entraide, Solidarité
Projet personnel	Projet social
Biographie	Mémoire collective
Technicité, expertise	Participation
Terrain	Politique
Ethique	Associations
Pathologies	Intégration
Prise en charge	Citoyenneté
Souffrance personnelle	Espace public
Usager	Citoyen
SINGULIER	**MULTIPLE**

SINGULIER	MULTIPLE
Economie	Management, organisation
Gestion	Communication
Sciences juridiques	Institution
Elaboration de procédures	Image institutionnelle
Norme	Territoire, développement
Hiérarchie	Partenariat
Droits des personnes	Politiques publiques
Guichet	Conduite de projet
Statistiques	Efficacité
Ratios	Action
Programmes, dispositifs	Ingénierie, coordination
Sectoriel	Transversalité
Continuité, permanence	Innovation, changement
Rationalisation	Territorialisation
Tableaux de bord	Résultats
Egalité	Négociation
Neutralité	Représentation
Allocataire	Habitants

RAPPORT AUX CHOSES

Les logiques d'action sont en effet des formes de rationalité, de mise en cohérence logique par l'acteur de différents éléments passés et présents le concernant très intimement, face à une situation d'action impliquante. Bien qu'individuelles puisqu'elles nécessitent un travail (plus ou moins conscient) d'élaboration psychique, ces logiques d'action peuvent toutefois être partagées et collectives, notamment dans le temps commun de l'action.

Rappelons que la logique d'action s'imprègne également de la relation particulière que l'acteur entretient avec l'objet spécifiquement approprié et investi.

Ces logiques d'action (et qui ne sont pas exhaustives) peuvent imprégner le comportement à l'égard du D.S.L.. Elles peuvent être soit explicites, soit implicites. Elles supposent toujours, en arrière-fond, des valeurs, des jugements, des compétences, des savoir-faire, des expériences acquises ainsi que des comportements apparaissant comme supports conscients ou inconscients de positionnements, voire comme refuges ou justifications, qu'il s'agit juste ici de repérer.

Il est alors possible de définir ces logiques d'action en quatre grandes catégories essentielles. Ces logiques traversent toujours les politiques sociales et l'action sociale pour les types d'acteurs que sont les Elus et les Techniciens. Il s'agit :

- Des logiques d'action institutionnelles,
- Des logiques d'action rationnelles-légales ou bureaucrates,
- Des logiques d'action professionnelles,
- Des logiques d'action politiques.

Ces quatre logiques d'action se distribuent sur le schéma théorique de référence comportant les deux axes particuliers évoqués à propos des objets d'intérêts des acteurs.

Le premier axe qui est vertical oppose toujours un pôle « Rapport aux choses » qui correspond à la sphère de l'économie (bas du schéma), à un pôle « Rapport aux autres » qui correspond à la sphère du social (haut du schéma).

Les logiques d'action *rationnelles-légales* et les logiques d'action *institutionnelles* se situent du côté du « Rapport aux choses » parce que ce que leurs acteurs considèrent relève davantage du domaine des objets ou du moins d'une certaine réification de ceux-ci.

Les logiques d'action *professionnelles* et les logiques d'action *politiques* se situent du côté du « Rapport aux autres » parce que ce que leurs acteurs considèrent relève davantage des sujets, des hommes et du domaine du vivant.

Le second axe qui est horizontal oppose un pôle « Singulier » qui correspond à ce qui est plutôt particulier, spécifique et unique (gauche du schéma), à un pôle « Multiple » qui correspond à ce qui est plutôt pluriel, collectif et global avec la prise en compte de l'environnement (droite du schéma).

Les logiques d'action *professionnelles* et les logiques d'action *rationnelles-légales* (même si elles visent l'intérêt général) se situent du côté du « Singulier » parce que les préoccupations de leurs acteurs sont plutôt axées sur l'individuel, l'aspect spécifique, qu'ils isolent d'un contexte pour mieux le distinguer et le traiter en tant qu'objet particulier – la pratique quotidienne donne à voir une réduction de l'objet – (ainsi, par exemple, pour les acteurs mus par la logique professionnelle, leur métier ou leur activité deviendra ainsi un objet très singulier ; Pour les acteurs mus par la logique rationnelle-légale, une procédure, même si elle est complexe, deviendra objet singulier car elle spécifie son objet pour mieux le traiter), tandis que les logiques d'action *politiques* et les logiques d'action *institutionnelles* se situent du côté du « Multiple » parce que les préoccupations de leurs acteurs sont plus globales et qu'ils contextualisent l'objet ou le sujet de leur préoccupation au sein d'un vaste système qu'ils prennent en compte en même temps. Leur objet intéresse généralement plusieurs destinataires.

Ces quatre logiques distinctes constituent ainsi autant de moteurs ou de freins pour les acteurs et qui vont avoir ainsi pour incidence un positionnement implicite ou explicite à l'égard du D.S.L. (si celui-ci leur a été présenté et expliqué). Nous établissons ainsi un lien entre des pôles d'intérêts (le Singulier, le Multiple, l'Humain, le Matériel), et l'attitude des acteurs des politiques sociales pour la démarche nouvelle que représente le D.S.L.. Mais si ces logiques d'action peuvent éclairer les positionnements éventuels à l'égard du D.S.L., elles ne diront bien sûr rien de la mise en œuvre effective de ce D.S.L.

SCHEMA THEORIQUE SIMPLIFIE DES LOGIQUES D'ACTION DES ACTEURS DES POLITIQUES SOCIALES

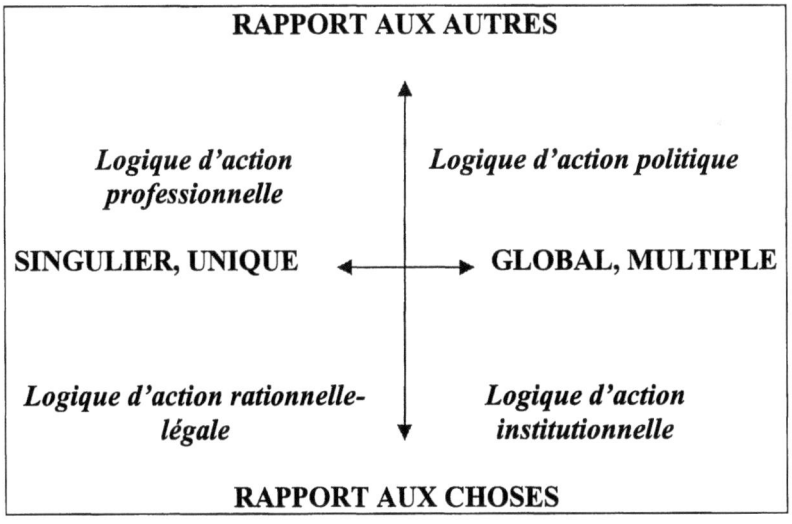

Ces logiques d'action qui animent les acteurs au quotidien et ces objets d'attirance ou de répulsion qui les inspirent sont les mêmes qui les feront agir ou pas en faveur du D.S.L. ou les feront agir d'une certaine façon au gré des situations rencontrées.

Le dernier schéma représente la traduction d'une fixation unique et excessive sur une seule logique d'action et qui donnerait lieu, du fait de l'occultation d'autres dimensions et d'une logique poussée à l'extrême, à une attitude ou à un comportement type non conforme

– voire opposé – aux valeurs et aux fondements du D.S.L.. Les qualificatifs proposés en italique caractérisent ainsi l'action produite dans le cadre de la logique d'action exacerbée. Précisons que ces propositions de qualificatifs n'ont alors de valeur que par rapport à la logique du D.S.L.

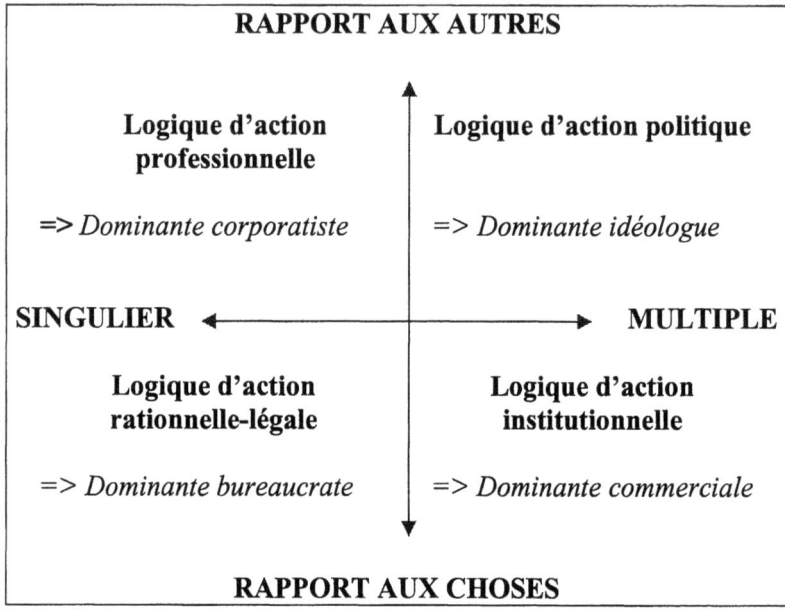

Les différentes logiques d'action présentées peuvent induire des postures à l'égard du D.S.L., des façons différentes de l'investir ou bien de ne pas l'investir du tout, parce que le D.S.L. entretient lui aussi des relations particulières avec les différents objets recensés et classés dans un ordre assez particulier.

En effet, pour ce qui est des typologies présentées, le D.S.L. a bien évidemment à voir avec le rapport aux autres et plus spécialement avec un objet multiple puisqu'il vise à répondre aux besoins et à un mieux être des populations en général, en s'appuyant sur leur propre participation et leur solidarité les unes à l'égard des autres. En cela, il est en affinité avec la logique d'action politique. Pour autant, il lui faut également s'appuyer sur les professionnels qui connaissent bien les publics en difficulté et qui ont l'habitude de travailler avec eux. Il a besoin de leur expertise et de leur savoir-faire afin de pouvoir les mettre au service de ce projet. Il a donc également besoin de la logique d'action professionnelle, pour autant qu'elle n'enferme pas l'usager dans une relation individuelle dépendante. Par ailleurs, pour donner de la motivation constante et de la direction d'action à ces professionnels, le D.S.L. a également besoin de la logique d'action institutionnelle qui pourra faciliter la démarche en organisant les acteurs et en les incitant aux bonnes articulations dans leur façon de travailler. Enfin, des acteurs sans outils pertinents et légitimes demeurent relativement impuissants et inefficaces. C'est pourquoi le D.S.L. a également besoin de la logique d'action rationnelle-légale qui approfondit, sécurise les outils utilisés au quotidien par les acteurs et réduit leur coût humain et financier, ce qui permet de mieux les déployer au bénéfice des populations.

Le D.S.L ne peut ignorer aucune des logiques d'action présentées dans cette typologie. Il a besoin d'acteurs en capacité d'utiliser ces différentes logiques d'action comme autant de ressources, autant de leviers pour mettre en place ce projet social. Le D.S.L. se présente comme un système d'action combinatoire de ces différentes logiques d'action, reposant sur des acteurs ayant la volonté et l'art d'utiliser à bon escient tous ces registres possibles. Le D.S.L., à cet égard, peut donc représenter un véritable un art combinatoire...

Précisons bien que la catégorisation qui est présentée a surtout une fonction heuristique pour montrer quelles sont les différentes logiques d'action des acteurs, mais il est évident qu'on rencontre rarement des profils aussi purs qui correspondent de fait à des catégories pures. Ces logiques peuvent être néanmoins décrites sans difficulté :

2. La logique d'action institutionnelle

La logique d'action institutionnelle est englobante. Elle englobe les différents objets institutionnels (multiplicité des politiques conduites, multiplicité des pratiques, multiplicité des acteurs agrégés…) pour en constituer un tout en un objet unique et fédérateur auquel les acteurs se réfèrent en permanence. Cette « logique institutionnelle » conduit certains acteurs particulièrement impliqués et créatifs à développer ce que l'on appelle une « culture d'entreprise » (création d'une identité collective à partir de la spécificité cultivée de l'institution) et les invite à la promotion de leur institution à laquelle ils s'identifient alors, ainsi qu'aux politiques et pratiques que celle-ci déploie. Ces acteurs s'efforcent alors constamment de valoriser leur institution qui représente pour eux « le bien commun », et de préserver ses prérogatives et son fonctionnement. Le « bien commun » les fait alors exister en tant qu'individus et donne sens social à leur existence singulière. Les intérêts individuels fusionnés sont sublimés dans l'appartenance à l'institution. La logique institutionnelle est généralement à l'œuvre dans les collectivités territoriales, grandes administrations, associations, partis politiques… Les discours des acteurs poussés par la logique institutionnelle s'adressent autant à l'interne (messages mobilisateurs à destination des agents) qu'à l'externe (messages pédagogiques à destination des partenaires et destinataires des politiques de l'institution) parce qu'il leur faut toujours convaincre du bien-fondé institutionnel.

Les acteurs poussés uniquement par la logique institutionnelle investissent le D.S.L. plutôt dans une logique marketing et surtout promotionnelle de leur institution. En utilisant un « bon » vecteur et en l'affichant (le D.S.L. peut devenir un « produit marketing »), ils montrent ainsi une image très avantageuse et dynamique de leur institution et également d'eux-mêmes. L'institution dispose alors d'une position avantageuse dans le champ institutionnel local, peut-être national, voire d'une potentielle position de leader reconnu. Il s'agit là, en fait, d'une recherche et d'un renouvellement constant de légitimité institutionnelle dans un contexte généralement peu stable et souvent incertain qui fragilise les positions tenues dans un champ, celles-ci n'étant jamais définitivement acquises et à préserver constamment (Bourdieu, 2000).

Les discours et la communication sont alors importants et dominants parce qu'ils contribuent à la création de l'identité institutionnelle. Il s'agit en quelque sorte de conquérir des « parts de marché » d'image institutionnelle. Il peut s'agir aussi de contribuer à maintenir le système et les équipes en place par leur reconduction lors des élections à venir.

Dans le contexte de la décentralisation où les identités territoriales se cherchent, il s'agit d'inventer du territoire local mais du territoire local stable, parce que celui-ci produit potentiellement de la norme, de l'adhésion à la norme et de l'ordre local nécessaires à la gouvernance du « Vivre ensemble » et donc à la légitimation des politiques publiques face à des acteurs locaux dont les intérêts sont par définition divergents. Cette stabilité recherchée concourt à la stabilité de l'institution.

L'acteur ou le groupe qui mobiliserait exclusivement cette logique d'action, présenterait alors le profil type théorique que l'on pourrait rapprocher, dans sa forme la plus spécifiée, du « commercial » Ce profil est évidemment rédigé sous des formes excessives, et sans visée péjorative malgré la vigueur du trait, nous le nommerons *« commercial »* :

Le *« commercial »* médiatise les moindres actes de l'institution et se sert de la plus petite action, pourvu qu'elle soit « porteuse », comme prétexte à mettre son institution en évidence. Le « faire-savoir » prend pour lui plus facilement d'importance que le fait de « faire » et son énergie se mobilise essentiellement sur cet objectif. Le discours est majoritairement investi, généralement au détriment de la pratique. Le *« commercial »* sait investir les termes de territoire, démocratie participative, culture d'entreprise, management... Il ne valorise toutefois dans la logique managériale que la dimension moyens organisationnels et humains mobilisés dont il s'évertue à montrer l'ampleur, tout comme il ne valorisera dans les autres thématiques des politiques sociales que les efforts déployés par son institution, sans toutefois viser les fins de ces politiques publiques sous-jacentes. Mais en raison de sa centration exclusive sur sa propre institution, le « *commercial* » ne pourra pas favoriser la reconnaissance des autres institutions et donc le partenariat. Il saura en revanche attendre de son institution le juste retour de sa contribution.

Le risque consiste en ce que le discours « opportuniste » et essentiellement communicationnel (« mercantile » ?) de l'acteur « *commercial* » envahissant le champ institutionnel et l'environnement au détriment du sens et de l'authenticité, favorise ainsi et essentiellement le développement de l'insignifiance (Castoriadis, 1996).

3. La logique d'action rationnelle-légale ou bureaucrate

La logique d'action *rationnelle-légale ou bureaucrate*, correspond à l'émergence de politiques publiques par l'élaboration successive de normes législatives et réglementaires, et, de manière corollaire, à la création d'administrations correspondantes chargées de les mettre en œuvre. Cette « *logique rationnelle-légale* » ou « *bureaucrate* » produit essentiellement des acteurs légalistes respectueux de l'ordre établi et qui recherchent l'efficacité administrative dans l'application scrupuleuse des textes juridiques en vigueur, en situant leur savoir dans la rationalité ainsi créée. Ils obéissent à leur hiérarchie et se soumettent loyalement aux directives du pourvoir politique qu'ils appliquent avec neutralité et détachement, parce que ces différents pouvoirs, politique et hiérarchique, représentent pour eux la source essentielle de la légitimité à agir, voire à imposer. De la même façon que précédemment et par commodité, nous nommerons « *bureaucrates* » ces acteurs individuels ou collectifs, dès lors qu'ils utiliseraient essentiellement et exclusivement la logique d'action *« rationnelle-légale »*.

Les acteurs mus par la logique *« rationnelle-légale »* investissent peu le D.S.L.. Sensibles avant tout à leurs « outils » qui pour eux constituent les finalités des politiques sociales, en ce sens où l'outil proposé aux populations constitue le moyen privilégié de leur intégration, ils appliquent surtout la réglementation et gèrent leurs dispositifs (mesures pour l'emploi, mesures d'accompagnement, dispositifs, droits spécifiques…) de façon assez traditionnelle et ils considèrent que celles-ci ont fait leurs preuves, notamment dans la durée. Ils sont un peu surpris et déstabilisés par cette notion de D.S.L. qu'on leur présente parfois, et pensent qu'il s'agit d'une utopie ou d'une nouvelle mode un peu compliquée qui ne contient pas grand chose de concret et qui passera lorsque l'on s'apercevra que les impératifs juridiques et de gestion sont incontournables et prioritaires car légitimés, stables et particulièrement normatifs. Ils ont pour le moment du mal à comprendre cette notion nouvelle et son articulation avec leur champ de compétence habituel parce qu'elle en est assez éloignée (rappelons que l'aspect gestionnaire est actuellement largement dominant, d'autant que l'Acte II de la décentralisation a particulièrement fragilisé les budgets des collectivités territoriales).

Les *« bureaucrates »* raisonnent essentiellement par rapport aux problématiques reconnues des services ou populations dont ils ont la responsabilité. Ils connaissent surtout des publics-cibles pour lesquels existent des prestations, des dispositifs et des procédures qu'il convient de respecter, en contrôlant notamment leur bon usage et leur effectivité. Ils appliquent une logique sectorielle parce que celle-ci est davantage garante de l'application de la norme et n'admet pas trop le compromis. Les règles de droit et les règles administratives constituent leur référentiel. Ils ne reconnaissent en ce sens que leurs partenaires traditionnels. Ce sont leurs références habituelles.

Surtout préoccupés de la rationalisation de la gestion du social, les acteurs s'inscrivant dans une logique *« rationnelle-légale »* se concentrent assez exclusivement sur une gestion rigoureuse des dossiers, sur l'effectivité de l'accès aux droits et sur la maîtrise des budgets correspondants. Ils en font facilement un point d'honneur. Ils sont très attentifs à l'égalité de traitement des usagers et aux conditions de délivrance de cette offre publique qui s'effectue essentiellement en mode guichet. Il ne s'agit pas là d'aller au-devant de l'usager, car c'est à celui-ci de faire la démarche de faire valoir ses droits. Néanmoins, l'accès aux droits et la protection (juridique, sociale) demeurent pour eux la raison d'être et la finalité essentielle de l'intervention sociale.

Les « *bureaucrates* » donnent à voir du social un modèle assez administratif et traditionnel.

Les acteurs de la logique « *rationnelle-légale* » se retrouvent par définition dans les différentes administrations qui les ont fécondés, mais ils peuvent aussi apparaître dans d'autres appareils institutionnels dans une posture de gardiens scrupuleux et déterminés des normes historiques de fonctionnement de l'institution.

Le risque consiste – entre autres – en ce que les « *bureaucrates* » érigent en objectifs leurs méthodes et procédures, instrumentalisant en cela le social et faisant disparaître l'humain dans l'assujettissement au réglementaire et au process.

4. La logique d'action professionnelle

La « *logique d'action professionnelle* » exprime l'exercice d'un métier particulièrement investi et reposant sur la détention effective des qualifications et certifications correspondantes à ce métier. C'est ce métier spécifique ainsi que la valorisation de ses objets qui donne la légitimité à agir en raison des compétences acquises et qui représentent le ressort de l'action : « *L'analyse des identités et des cultures en organisation permet de comprendre ce qui amène un acteur à agir* » (Alter, 2006, p.101). Le métier peut effectivement jouer un véritable rôle de support identitaire au travail (Sainsaulieu,

1977), tout comme, d'ailleurs, l'institution peut le jouer pour les acteurs mus par la *logique institutionnelle*, et la norme et la procédure pour les acteurs mus par la *logique rationnelle-légale*. Dans le cas du D.S.L. et puisqu'il s'agit de politiques sociales, d'action sociale, voire de travail social, nous avons positionné ces logiques d'action du côté du rapport à l'humain et non du côté du rapport aux choses, la « chose » traitée étant l'être humain, et par définition, jamais réifiée. Par commodité de langage, nous nommerons ces acteurs mus prioritairement par la *logique professionnelle*, les *« professionnels »*, ce qui, bien évidemment, ne signifie pas que les acteurs autres ne font pas preuve, dans leur domaine, de « professionnalisme », cette notion étant toutefois différente.

Globalement, les acteurs agissant essentiellement au nom de la *« logique professionnelle »* se revendiquent professionnels à la fois par l'objet qu'ils traitent, par la façon spécifique dont ils le traitent (la pratique) et par leur système de références ou de valeurs propres acquises en formation, qui les distinguent notamment des autres acteurs (élus, bénévoles, salariés non détenteurs d'un « métier »…). Ces savoirs établis à partir d'un référentiel national et sanctionnés par un diplôme professionnel particulier (le plus souvent un diplôme d'Etat) leur donnant droit d'exercice, font d'eux des acteurs spécifiques qui se reconnaissent à partir de ce capital commun. Les nouveaux intervenants sociaux davantage recrutés sur leur niveau de compétences que sur leur qualification (Chopart, dir, 2000) peuvent toutefois s'identifier à ces professionnels « canoniques » de l'action sociale, dès lors que les situations rencontrées les poussent à agir à partir de cette même *« logique professionnelle »*.

D'une façon générale, ces acteurs professionnels du social prennent en compte prioritairement les particularités, les potentialités, les attentes, les difficultés, voire les souffrances des usagers ou populations et s'appuient sur l'écoute attentive de la personne, du groupe ou du milieu, sur la relation d'aide ou de conseil et/ou sur l'animation pour permettre l'expression de celles-ci. Ils s'appuient également sur la réglementation, les dispositifs et l'accès aux droits (c'est-à-dire les outils techniques des politiques sociales) pour tenter de remédier aux difficultés vécues par les usagers et populations, mais ces outils représentent pour eux avant tout des moyens et non une fin. C'est davantage la relation qui est une finalité. Ils considèrent que leur savoir-faire est spécifique et acquis exclusivement dans le cadre de formations reconnues et qualifiantes, voire dans l'exercice quotidien d'une pratique spécifique. Ces différents savoirs et ces pratiques acquises constituent leur légitimité à aider les populations. Il s'agit là d'une légitimité cognitive.

Selon leurs référentiels, ils doivent déployer une attitude empathique et compréhensive, avoir le souci et le respect des individualités dont ils doivent rechercher le plein épanouissement en favorisant l'expression de la créativité. Pour cela, ils privilégient l'accompagnement dans la durée des personnes ou des groupes et visent le long terme. Les acteurs mus par la *« logique professionnelle »* se sentent avant tout missionnés pour aider les personnes et les groupes sociaux, et permettre leur émancipation ou leur intégration. Ils se vivent essentiellement comme des agents du front et de terrain et le revendiquent, en rejetant toutes formes d'aliénation produites par « la bureaucratie et la technocratie gestionnaires ».

Ils s'affichent volontiers pragmatiques pour se distinguer des « technocrates » et montrer leur proximité avec les populations, en se revendiquant « du terrain ». Leur logique est toutefois exclusivement professionnelle. Elle est inspirée par des valeurs humanistes et un souci scrupuleux de l'éthique qu'ils revendiquent lors de chaque intrusion dans leurs pratiques de personnes « non autorisées ». Ils se vivent avant tout comme des techniciens de la relation humaine. Au nom de cette technicité, ils revendiquent un savoir particulier sur les personnes, au risque de l'imposer aux personnes elles-mêmes, se positionnant alors dans une toute puissance de l'aidant. Lorsqu'ils ne parviennent pas, ou du moins insuffisamment, à aider les populations ou les publics en difficulté, et parce que leur formation et leur pratique se sont constituées à partir des sciences humaines, ils ont recours à la psychologie et à la pathologie (lorsqu'ils les maîtrisent, sinon celles-ci sont converties en jugements de valeur) pour expliquer leur impuissance face à celles de leurs « clients », la sociologie et la psychosociologie étant convoquées de façon beaucoup plus secondaire pour expliquer les situations observées.

Si certains se saisissent du D.S.L., c'est parce qu'ils pensent alors que cette "méthode" collective permet de mieux repérer et comprendre les besoins des usagers, et de mieux ajuster les réponses à plusieurs, en faisant converger les efforts. Ils y voient surtout une source d'efficacité. Lorsqu'ils l'investissent, ce qui est loin d'être systématique, les acteurs mus par la *« logique professionnelle »* pensent que l'approche D.S.L. permet de remettre les usagers véritablement au centre des préoccupations des politiques sociales en permettant davantage leur écoute, et que cette approche constitue sans doute un moyen d'échapper, en tant que professionnels, à une instrumentalisation croissante de la part des gestionnaires et des managers. Le D.S.L. apparaîtrait ainsi être pour eux une méthodologie nouvelle au service de l'efficacité technicienne, voire de l'autonomie professionnelle.

Le risque consiste en ce que les acteurs de la *« logique professionnelle »* individualisent potentiellement les problématiques sociales de leurs « clients » par une psychologisation (l'aide individuelle est encore majoritaire) et par une technicisation excessives, et qu'ils enserrent ceux-ci au sein d'un partenariat démultiplié, les plongeant ainsi dans une dépendance plus grande à leur égard. Le risque consiste également en ce que ces professionnels s'affirment, au nom d'une légitimité cognitive, comme seuls représentants autorisés des populations, quand celles-ci ne sont pas en capacité de s'exprimer. L'exacerbation des technicités peut également provoquer l'affrontement potentiel de différents corporatismes.

5. La logique d'action politique

La *« logique d'action politique »* procède d'un projet collectif de société et d'une stratégie spécifique pour faire advenir ce projet de société au statut de réalité. Selon les appartenances, les projets et les stratégies diffèrent toutefois.

Dans le cadre d'application des politiques sociales, les acteurs mus par la *« logique d'action politique »* ont une logique de mission qui s'appuie sur des valeurs de citoyenneté, de solidarité et de démocratie, c'est-à-dire un humanisme à connotation morale. Ils privilégient le mode d'action en projet (projet de la personne ou projet du groupe social). Ils raisonnent sur un mode sociétal qui englobe nombre de préoccupations et de thématiques, ils ont une vision et une analyse globale de la société, c'est pourquoi nous avons positionné cette logique d'action dans notre schéma du côté du pôle « Multiple ».

Les acteurs de la *« logique d'action politique »* souhaitent fortement la participation de la population. Ils la souhaitent à un niveau civique pour rendre plus vivante et plus active la démocratie et promouvoir ainsi des citoyens responsables. Ils souhaitent compléter ainsi la démocratie représentative par une démocratie plus participative pour la promotion d'une société plus intégrative. La démarche du D.S.L. s'inscrit pour eux pleinement dans cet objectif. Mais compte-tenu de leur analyse sur les mécanismes d'exclusion, les acteurs de *« la logique politique »* souhaitent aussi lutter contre les phénomènes de domination dont sont victimes les personnes dites exclues. Ils en appellent à une forme d'espace public de délibération et d'action pour les bénéficiaires de l'action sociale visant leur émancipation par la promotion de l'égalité de leurs conditions, et refusent toute idée de traitement strictement individuel de leurs difficultés où s'exprimerait surtout la toute puissance de "l'aidant". Ils promeuvent des espaces de paroles et de débat collectifs qui doivent être des lieux de prise de pouvoir sur soi-même, dans l'objectif de parvenir à une prise de pouvoir sur son propre destin. L'action sociale a, à cet égard, des accents de conscientisation.

De ce point de vue, la participation et l'expression des personnes démunies constituent pour eux un des moyens pour parvenir à une démocratie sociale. Les méthodes adoptées privilégient l'animation, l'approche globale, le collectif, le processus, la médiation et la négociation. La production symbolique et discursive est importante.

Chez les acteurs de la *« logique politique »*, le « verbe » est aussi très important. Les théories et les discours sont valorisés et ils participent obligatoirement de la stratégie pédagogique de prise du pouvoir.

Par ailleurs, l'intérêt général prime sur l'intérêt particulier. La singularité et l'intérêt particulier sont en effet considérés comme des objets qui détournent le regard des enjeux collectifs primordiaux. La population, les collectivités, les associations, les organisations sont particulièrement investies et représentent des entités collectives à prendre en compte prioritairement.

Aux yeux des acteurs de la *« logique politique »*, si le D.S.L. apparaît n'être encore qu'une aspiration, un idéal et non pas vraiment une pratique effective, il n'en relève pas moins pour eux d'un projet mobilisateur et d'une nécessaire utopie créatrice, sous-tendue ici par un humanisme à connotation morale et non plus par un humanisme à connotation techniciste, voire psychologique comme dans le cas des acteurs mus par la *« logique professionnelle »*.

Le risque consiste en ce que les acteurs mus par la *« logique politique »* occultent dans leur vision la dimension singulière de l'existence et de la souffrance, et la nécessité d'une écoute et d'un accompagnement individualisés sans lesquels les personnes en difficulté ne peuvent accéder à la confiance, à l'expression de soi et par conséquence, à la dimension du collectif. La suprématie de l'intellectualisation peut également conduire à une désincarnation du réel au profit d'une production discursive exclusive nourrissant essentiellement de l'idéologie.

Comme on le voit, et comme dans tout exercice de catégorisation et d'élaboration de typologie, ces cas types révélant les logiques d'action à l'œuvre sont bien sûr extrêmes et caricaturaux et se rencontrent rarement à l'état pur. Ils sont néanmoins nécessaires au repérage, à l'identification et à la compréhension des postures rencontrées.

Plus exactement, les logiques d'action mises en œuvre par les acteurs rencontrés ne sont jamais figées, uniformes et stables dans la durée. Les acteurs combinent généralement les différentes logiques ou les utilisent tour à tour. Ainsi, on rencontre à un moment chez la même personne un positionnement qui relève d'une logique d'action, et à un autre moment, un positionnement qui relève d'une autre logique d'action.

Alors, et si le D.S.L. se présente finalement comme l'art de combiner savamment ces différentes logiques d'action (et les objets qui les composent), la *« logique d'action politique »* insufflant le sens à l'action, certaines combinaisons peuvent néanmoins se révéler plus opportunes que d'autres pour le D.S.L.. Les combinaisons possibles de ces logiques d'action dessinent alors des profils assez différents auxquels on peut faire correspondre des fonctions assez précises que le lecteur peut s'amuser à rechercher. Pour l'exemple, nous en présenterons deux :

> - Les *polyvalents* sont avant tout des agents qui savent utiliser au gré des situations rencontrées toutes les logiques d'action. Généralement, et si leur institution leur a reconnu ces capacités en les faisant accéder à ces fonctions, il s'agit de cadres et de managers expérimentés émanant souvent du travail social, qui connaissent donc très bien la *« logique d'action professionnelle »*, et qui, par leur capacités personnelles, sont parvenus à des postes de responsabilité qui requièrent également des capacités d'action en matière de gestion et de management. Il leur faut donc être en conformité avec leur nouveau rôle et ne pas décevoir au regard de la *« logique institutionnelle »*. Lorsque leur institution prône le D.S.L. et qu'ils ont

également une conscience politique assez aiguë, ils ont alors la latitude pour pouvoir utiliser tous les registres (mais généralement il leur en manque quand même souvent un, plus souvent la sensibilité à la logique de gestion quand ils émanent du social). Si cette polyvalence de mobilisation des logiques d'action s'efface au profit d'une logique d'action qui devient dominante, ce qui est souvent le cas car les logiques d'action sont parfois assez contradictoires entre elles, alors la personne n'est plus polyvalente. Il est en effet possible d'utiliser ponctuellement toutes les logiques d'action, mais il est difficile de les utiliser à égalité dans la durée, au risque de trahir les objets qu'elles desservent.

- Les agents de terrain *intervenants sociaux* possédant une conscience politique des processus concourant à la domination que subissent les populations en difficulté ou exclues, combinent facilement les *« logiques d'action professionnelles et politiques »*. Ils utilisent la *« logique professionnelle »* lorsqu'ils sont en relation d'accompagnement individuel en s'efforçant de ne pas reproduire la relation de domination qu'ils ont bien identifiée, et sont sensibles à la *« logique d'action politique »* lorsqu'ils sont dans une situation de partenariat multiple ou de travail collectif, pour permettre avant tout l'expression des intérêts des populations dans un idéal de solidarité.

Ces agents sont théoriquement autant intéressés par la relation individuelle que par l'animation de groupe dont ils tentent d'en apprendre les techniques. Cette attitude favorable à la médiation se présente comme étant assez adaptée au D.S.L. et correspond, dans le schéma de Jean-Marie Gourvil (Gourvil, 1992), à un développement conjoint des axes développement personnel et développement social territorialisé (l'axe développement organisationnel ne relevant pas de leur initiative).

A noter que la simple maîtrise des techniques d'entretien individuel et de relation d'aide alliée à celle concernant la vie des groupes mais sans une conscience politique, ne suffirait toutefois pas à prétendre que ces agents de terrain pourraient utiliser la *« logique d'action politique »*. Ce sont en fait surtout des techniciens particulièrement bien armés pour la diversité des situations sociales qu'ils auront à traiter, dans une *« logique très professionnelle »*.

... Et l'on pourrait ainsi poursuivre pour retrouver la ou les logiques d'action agissantes chez les cadres intermédiaires, chez les chefs de projets contrat de ville, chez les conseillers ANPE, chez les Elus, chez les managers, etc., mais que nous ne pouvons développer dans ce cadre.

Ainsi, bien que nous référant à l'analyse de Jean-Marie Gourvil (Gourvil, 1992) et à sa théorie de l'équilibre des 3 axes du D.S.L. (*« Trois axes du développement sont aujourd'hui nécessaires pour l'action sociale : le développement personnel qui fonde le rapport aux usagers, le développement social local qui établit le rapport au tissu social et au territoire, le développement organisationnel qui donne le fondement des procédures d'évolution des organisations. »*) – dont leurs pathologies correspondantes lorsque ceux-ci sont sous ou surdéveloppés – nous avons préféré nous en éloigner temporairement pour privilégier l'approche des acteurs eux-mêmes parce que les trois axes évoqués constituent surtout une synthèse institutionnelle pour l'action qui gomme tous les ressorts cachés de la constitution de ces axes, dont leurs contradictions internes que nous avons particulièrement décrites.

L'évocation des différentes logiques d'action et les combinaisons qu'elles suggèrent nous ont confirmé en effet la complexité et les contradictions des acteurs en situation collective, comme nous l'avions pressenti lors de notre réflexion sur les cadres théoriques et conceptuels relatifs au D.S.L.. Les différents témoignages d'acteurs que nous avons recueillis et qui ont servi de base à la valorisation des différentes logiques d'action qui sous-tendent les postures observées attestent d'une façon générale dépassant le cadre du terrain du département étudié, de la grande difficulté, à faire vivre partenariats, transversalité et participation des habitants qui sont au fondement du D.S.L..

En fait, la nouvelle notion/proposition de D.S.L. n'inventerait rien des différentes grammaires de l'action déjà connues, mais elle les rapprocherait plutôt... Il s'agirait alors plus exactement d'un remaniement et d'une mise en forme adaptés aux impératifs sociaux contemporains de l'action sociale. En effet, le maintien du « vivre ensemble » et de la cohésion sociale nécessitent aujourd'hui la prise en compte des catégories dominées et leur réinscription dans les lieux de décision et de participation, la gouvernance exige la participation, dont celle des associations, alors que les électeurs s'éloignent des élections et de leurs élus tout en les critiquant fortement, le travail social et l'intervention sociale remis en question doivent sortir d'une approche individualisée pour s'ouvrir au global et au territorial (ce qui leur avait d'ailleurs été impossible à une certaine époque !)... C'est bien tout cela que la démarche de D.S.L. fédère d'une manière implicite.

La difficulté consiste peut-être justement en l'absence d'énoncés préalables suffisamment explicites. Par exemple :

On ne dit pas ouvertement où s'exercent les dominations, au sein de l'entreprise, dans les protections et les abris, dans la toute puissance du travail social et au sein des réseaux...

On ne dit pas que le traitement social du chômage sur le front de l'employabilité relève avant tout de l'état du marché du travail et de la division du travail et non pas nécessairement d'une défaillance des demandeurs d'emploi et d'une pseudo technicité savante et scientifique de l'insertion pour y remédier.

On ne dit pas explicitement que l'électeur en a assez de se faire confisquer son expression par des professionnels de la politique qui se l'approprient comme un bien et une compétence personnels tout le temps de leur mandat.

On ne dit pas que la décentralisation est trop complexe et contradictoire, que les compétences en politiques sociales sont éparpillées et que les institutions concernées se livrent potentiellement une concurrence très dure.

On imagine que cette décentralisation offre un terrain de démocratisation de la décision publique qui restaure l'aura des élus locaux et rassure le citoyen, alors qu'elle n'est que gestion locale des effets de processus qui les dépassent, la marge de manœuvre véritablement politique des Départements étant très réduite.

On ne dit pas non plus que l'ère dominante de la communication est surtout l'ère du vide qui emballe la résignation et l'impuissance généralisées en mobilisant essentiellement le regard sur ce qui relève finalement du fait divers ou de la rente de situation personnelle...

On ne dit pas que l'organisation hiérarchique et pyramidale de la fonction publique ne favorise pas la réactivité, le dialogue et l'approche globale aujourd'hui nécessaires.

On ne dit pas non plus l'urgence pour le politique de reprendre sa place en proposant aux citoyens du sens pour le présent et pour l'avenir, c'est-à-dire véritablement des projets.

Alors, implicitement, les militants du D.S.L. veulent résoudre toutes ces difficultés vécues. Le projet est toutefois très ambitieux puisqu'il vise la résolution de tous ces problèmes à la fois sans jamais les traiter un par un ouvertement en les nommant explicitement.

Pour conclure, les investigations menées dans ce département particulier ne témoignent pas, nous semble-t-il, de pratiques par trop singulières. En effet, chaque Département, chaque collectivité, chaque institution, chaque acteur, est confronté – là où il ou elle est – à des difficultés de même nature. La différence se fait sans doute plus vraisemblablement sur l'identification et l'énoncé de ces difficultés. Les pratiques constatées dans le département étudié témoignent à cet égard d'une étape en cours comme doivent en vivre d'autres départements, et elles illustrent de manière très utile comment les diverses logiques d'action peuvent à un moment ou à un autre, se combiner, s'opposer, voire parfois même se réconcilier. Il n'est d'ailleurs pas exclu que le cumul des processus mis en place localement pour favoriser une démocratie participative (réunions cantonales à la rencontre des habitants, Conseil du Développement Durable, expérimentations avec l'Agence Nouvelle des Solidarités Actives) ainsi que la dynamique actuelle de projets de direction transversaux ne modifient pas fondamentalement le contexte de l'intervention publique en favorisant à terme une véritable concertation partenariale, et plus encore, la participation effective des catégories les plus dominées, sous réserve toutefois de l'instauration d'espaces de médiation et de comportements bienveillants autorisant l'accueil d'une parole non coutumière des usages très convenus de ces lieux.

En attendant, il demeure essentiel pour chaque acteur d'être vigilant sur l'identification et les effets des logiques d'action agissantes (que la sociologie permet de dévoiler et de révéler), pour préserver au mieux l'exigence éthique du D.S.L. par rapport à ces logiques et à leurs dérives potentielles, et pour également repérer les situations diffuses de domination qui empêchent l'expression et la participation des acteurs légitimement concernés par ce projet, dont la population et ceux qui sont à son service.

6. PREMIERES CONCLUSIONS

En complément des aspects théoriques, le regard porté sur les représentations et les pratiques des acteurs potentiels du D.S.L. révèle que ceux-ci voient avant tout dans cette démarche la possibilité de faire participer les populations d'un territoire à la définition de leurs besoins, mais également une façon de rendre l'action publique beaucoup plus efficiente en rationalisant les pratiques institutionnelles par leur mise en convergence autour du même objectif commun. De la sorte, ces représentations font apparaître à la fois une conception ascendante (participative) et descendante (prégnance plus forte des institutions coalisées) de l'action publique. La notion de D.S.L. demeure toutefois très peu conceptualisée et appropriée, et semble ne concerner que le champ très réduit du travail social qui connaissait déjà le Travail Social Communautaire sans l'avoir véritablement développé. Pour autant, cette notion de D.S.L. séduit à la fois les élus et les techniciens par sa capacité à renouveler les pratiques d'intervention sociale dans une perspective plus participative, plus préventive et plus collective. Ces évocations du D.S.L. révèlent également (par la volonté d'une plus grande maîtrise des actions par les acteurs publics), le souci d'une plus grande efficacité de l'action publique avec un besoin évident de modèles et de référentiel commun, dans un contexte de complexité due à la segmentation des politiques et à la décentralisation, avec des injonctions permanentes au partenariat.

Si les acteurs interrogés estiment d'emblée pratiquer le D.S.L. (le terme se prête facilement à de multiples représentations), en revanche, la réalité de leurs pratiques ne le reflète pas. En effet, peu de consignes opérationnelles sont véritablement données (sauf à la CAF), l'initiative du travail en partenariat demeure plutôt du ressort de l'encadrement, les charges quotidiennes et l'activité apparaissent trop prégnantes (notamment au Conseil général), l'intervention individuelle demeure encore le modèle dominant au sein du Département (prégnance de l'accès aux droits et du traitement de l'urgence), l'impulsion politique semble insuffisante (le politique ne parvient pas à s'intéresser au D.S.L.) et les moyens humains et financiers souvent trop justes. Les partenariats, bien que vivement souhaités, sont difficiles à faire vivre. En revanche, la majorité des agents salariés s'estiment (questionnaire) plutôt satisfaits professionnellement et jugent le management exercé comme participatif, ce qui est plutôt favorable à la mise en œuvre de la démarche de D.S.L.. Les entretiens compréhensifs montreront plus d'épuisement du côté des agents du Conseil général. Néanmoins, la plupart des agents n'ont reçu aucune formation spécifique en dehors des travailleurs sociaux de la CAF et des cadres de service social du Conseil général. Les motivations exprimées par rapport à une formation au D.S.L. ne correspondent pourtant pas aux objectifs propres du D.S.L.. De même, beaucoup indiquent pratiquer le D.S.L. mais peu sont en capacité effective d'évaluer le temps qui lui est consacré. L'action collective semble également suffire et se présenter comme synonyme de D.S.L.. Ainsi, beaucoup de confusions de registres apparaissent autour de ce terme. Toutefois, les tentatives de mise en œuvre de D.S.L. sont réelles mais celles-ci réclament un investissement important et du temps avant de porter leurs fruits. Le développement récent d'expérimentations nouvelles et d'innovations avec l'Agence Nouvelle des Solidarités Actives (néanmoins « édicté par le haut ») réactive par ailleurs l'ensemble des partenariats institutionnels et pourrait se révéler un facteur très favorable au D.S.L.., en ce sens où il fédère nombre d'acteurs autour de projets communs.

Lorsque les acteurs n'évoquent pas directement le D.S.L. mais que la question de la transversalité qui en est une des composantes leur est soumise, ils montrent que celle-ci traduit l'aspiration à un idéal commun, la possibilité de confronter des points de vue différents et la garantie d'une approche respectueuse de la globalité de la personne. Ce terme prétendument nouveau, parfois difficile à cerner, leur paraît également correspondre à une nécessité pour apporter de la cohérence et de l'efficacité aux diverses politiques publiques – en un mot, de la rationalité – quand bien même les fonctionnements hiérarchiques ne la favoriseraient pas particulièrement. Mais un excès de transversalité pourrait aussi entraîner une perte de légitimité des expertises et disqualifier les techniciens spécialistes qui s'en réclament. En ce sens, la transversalité pourrait signifier une homogénéisation dominante correspondant à un souci politique d'une plus grande maîtrise des actions et des acteurs, dans un contexte budgétaire par ailleurs contraint.

Pour autant, les logiques professionnelles et institutionnelles sont globalement multiples et très agissantes et constituent, lorsqu'elles sont trop manifestes, des freins possibles à la mise en œuvre du D.S.L.. Ces difficultés se retrouvent dans le vécu quotidien du partenariat, dans la mise en œuvre de la transversalité au sein d'une même institution (chacun s'accrochant à ses prérogatives, toutefois les visions et les actions transversales progressent actuellement fortement dans les institutions), mais aussi dans la marge de manœuvre et la capacité réelle d'initiative des acteurs. Lorsque les partenariats sont contraints (institutionnellement trop cadrés, voire peu investis), les techniciens de terrain parviennent souvent à composer à distance de leur hiérarchie et à trouver des terrains d'entente, à condition de respecter des conditions éthiques de coopération. Mais certains partenariats peuvent être aussi rendus difficiles en raison de l'attitude des financeurs qui positionnent de fait les associations en situation de concurrence mutuelle lors des appels à projet et des bilans d'actions, quand les institutions ne sont pas elles-mêmes en concurrence pour le leadership... Pourtant, et c'est un paradoxe, même lorsque la pratique est encore embryonnaire, la communication autour du D.S.L. est assez forte. Le D.S.L. présente en effet toutes les vertus d'un bon produit communicationnel pour l'image institutionnelle : il énonce des objectifs altruistes et il engage à l'action tant les agents à l'interne que les partenaires externes. Le discours est mobilisateur.

Pour ce qui est de la participation des habitants/usagers – préoccupation centrale du D.S.L. – celle-ci demeure toutefois largement incantatoire. La France, n'est pas un pays de culture participative (Donzelot, 2003). Mais le thème de la mobilisation des habitants participe de la recherche nouvelle de légitimité des élus confrontés à leurs nouvelles compétences décentralisées. Aussi la participation demeure-t-elle une thématique très présente dans les discours, au risque parfois de l'instrumentalisation à des fins plus intéressées.

S'agissant des politiques publiques, le D.S.L. est par ailleurs souvent assimilé à la question de la territorialisation. Mais cette notion-même apparaît ambiguë, aussi ambiguë que peut l'être le terme territoire qui évoque à la fois un espace « objet » et un espace « sujet ». A mi-chemin entre déconcentration et décentralisation, la territorialisation de l'action publique fraie son chemin, suscitant la conviction mais aussi l'interrogation pour les incertitudes rencontrées du fait d'un modèle non encore stabilisé et encore tiraillé entre deux pôles et deux conceptions opposées, voire du fait d'une trop grande proximité pouvant conduire à l'assujettissement des populations et des professionnels (c'est-à-dire sans les « corps intermédiaires » chers à Tocqueville).

Les pouvoirs dont disposent les différents acteurs, qu'il s'agisse de la population ou bien des agents de terrain, demeurent par ailleurs asymétriques. Pour toutes ces raisons invoquées, la réalité du visage du D.S.L. est donc complexe, beaucoup plus complexe que ne le laissent apparaître les aspirations. En fait, les idéaux et les discours fusionnent les acteurs, alors que leurs pratiques quotidiennes peuvent les diviser. Le D.S.L. est donc une réalité à la fois exigeante et complexe.

Or, si les acteurs peinent parfois à agir de concert, c'est qu'ils agissent au nom de leur appartenance à leur institution ou à leur métier, ces appartenances singulières prenant facilement le pas sur l'action commune. Les pratiques développées au sein des Programmes Sociaux de Territoire expérimentaux confirment également ces constats. En fait, ces pratiques distinctes traduisent tout simplement l'existence de logiques d'action bien spécifiques. Celles-ci sont à la fois institutionnelle, politique, professionnelle et rationnelle-légale et très souvent incompatibles. L'art du D.S.L. qui mobilise plus particulièrement la logique d'action politique et la logique d'action professionnelle mais qui nécessite aussi la mobilisation de l'ensemble de ces logiques d'action, est précisément de parvenir à combiner l'ensemble de ces logiques en les mettant au jour, tout en luttant contre l'hypertrophie de l'une de ces logiques qui conduit facilement à une forme de « pathologie » institutionnelle.

Ainsi, au delà de son aspect complexe et contradictoire révélé davantage par les pratiques – voire les non pratiques – le D.S.L. représente également un effort et une construction permanents, une véritable exigence de vérité.

CONCLUSION GENERALE

La démarche de D.S.L. peut être perçue comme une tentative des différents acteurs des politiques sociales à redonner du sens à leurs actes et des perspectives au « Vivre ensemble » dans la mesure où ils sont confrontés simultanément à des pertes importantes de différents repères, à des modèles d'intégration dépassés et qu'il leur faut réinventer de nouveaux modèles à partager et à mettre en œuvre ensemble en situant au cœur des processus et en tant qu'acteurs les bénéficiaires de ces politiques sociales.

Confrontés en effet à la misère sociale, à ce que l'on appelle couramment l'exclusion ou plus précisément la précarisation et la vulnérabilisation d'une partie de plus en plus importante de la population, ils tentent de colmater les brèches qui constituent à la fois la fracture sociale et la fracture territoriale et dont les symptômes collectifs violents ou de résignation individuelle silencieuse signalent des risques potentiels d'anomie. Dans une lecture plutôt durkeimienne, on ne peut que constater une différenciation de plus en plus fine et complexe des éléments du social qui conduisent à isoler parfois dramatiquement des éléments auparavant davantage interdépendants. Ainsi, l'économie s'autonomise et finit par imposer ses règles. Le social est réinventé en permanence pour adoucir les effets inégalitaires de l'économie triomphante. Il se rassure en édictant normes, dispositifs et procédures censés apporter mécaniquement réponse aux problématiques successivement posées. L'environnement paie la facture du productivisme. Des catégories sociales basculent dans la précarité. De nouveaux ordres se cherchent et s'instaurent.

Face à un Etat devenu plus lointain, le territoire se voit alors investi de la responsabilité de résoudre les nouvelles équations sociales, en tâtonnant autour de références nouvelles telles que la proximité et la participation que d'aucuns nomment la gouvernance locale. Mais ce territoire à bâtir est incertain, il se cherche et s'invente la plupart du temps au gré des multiples acteurs et de leurs préoccupations qui diffèrent, de manière à forger de nouvelles identités à la fois facteurs et vecteurs de mobilisation et d'intégration des populations.

A la croisée de ces problématiques, les tentatives d'élaboration d'un nouveau paradigme d'intervention qui se nommerait le Développement Social Local correspondent en fait à la nécessité pour les uns de construire cette solidarité organique dont parlait Durkheim pour maintenir et raviver l'interdépendance des unités sociales de plus en plus différenciées et autonomes au sein de notre modernité et constituer ainsi la « Cohésion sociale », terme contemporain qui signifierait ce qui fait « tenir la société » dans un état de relative harmonie, tandis qu'elles correspondent pour les autres à la nécessité d'intégrer pleinement et toujours plus vigoureusement les catégories sociales vulnérables. La construction de cette notion de D.S.L. correspond historiquement à ces nécessités conjointes.

Or le D.S.L. postule également la dignité des catégories sociales défavorisées et leur accession aux mêmes droits par une égalisation des chances. Le D.S.L. ne peut donc que s'attaquer aux processus d'exclusion dans une ambition « politique » explicite ou implicite qui confronte ses acteurs aux différentes positions acquises, lesquelles peuvent paraître comme autant de rentes de situations à interroger en ce qu'elles comportent de potentielles situations de domination politique, institutionnelle, professionnelle et/ou hiérarchique qui maintiennent les publics en situation de sujétion.

En effet, le citoyen qui participe symboliquement à la vie collective uniquement au moment du dépôt de son bulletin dans l'urne et qui estime subir le reste du temps le pouvoir par trop personnalisé et théâtralisé de son mandaté, ne se vit il pas comme potentiellement dominé ?

L'élu qui ne voit dans la communication que la valorisation et la justification jalouses de son action et non le partage d'analyses quant à l'efficacité de celle-ci, ne se détourne-t-il pas du bien commun ?

L'institution qui édicte de façon unilatérale ses normes par autant de procédures contraignantes pour les associations – voire d'autres partenaires – qui n'ont d'autre choix que de s'y plier en abandonnant leurs prérogatives et leur raison d'être première, ne soumet-elle pas ces acteurs sur le principe de « qui paye décide » - voire également par son leadership revendiqué à fédérer les acteurs - plus qu'elle ne les invite à la participation et à la co-production des normes sociales collectives ?

Le professionnel qui désigne à la personne ou au groupe sa « pathologie » dans une posture excluant le respect et la compréhension, ne soumet-il pas le ou les intéressés à une assignation à statut définitive les privant de tout pouvoir sur eux-mêmes et leur destin et de tout espoir d'une vie meilleure ?

Enfin, le supérieur hiérarchique qui ne veut pas considérer que son subordonné peut détenir des parts de vérité et une capacité d'initiatives toutes aussi légitimes que celles que son statut lui confère, ne le réduit-il pas à un simple rôle d'exécutant docile de ses propres prérogatives ?

Face à ces possibles dominations, le D.S.L. qui réunit indistinctement tous ces acteurs ne peut donc constituer une démarche exclusivement consensuelle et fédératrice des enjeux distincts que représentent et portent ces différents acteurs, que ceux-ci soient acteurs politiques, institutionnels, professionnels, hiérarchiques ou bien bénéficiaires. Des contradictions et des ambiguïtés latentes existent et peuvent s'exprimer ou être opérantes de façon plus sourde, chaque acteur tenant une position spécifique et étant poussé par une logique d'action particulière dans la poursuite d'objectifs propres potentiellement divergents. Les motivations intimes sont par ailleurs complexes et les identités peuvent également se révéler particulièrement labiles…

La confrontation des multiples concepts théoriques ainsi que la richesse des témoignages recueillis ici ont ainsi largement permis de déconstruire patiemment cette notion en en présentant effectivement toutes les composantes et toute la complexité.

Notons également que pour beaucoup, cette notion apparaît essentiellement théorique alors que les pratiques qui lui correspondent ne sont finalement pas si nouvelles, à la différence qu'elles ne valorisaient pas le terme développement comme aujourd'hui...

Pour autant, et par-delà cette complexité et ces possibles dominations, les acteurs aspirent à un mieux être au quotidien et à une meilleure efficacité de leurs actions. L'éclatement des lieux de décisions consécutif à la décentralisation, cumulé à une division du travail social sans cesse croissante, nécessitent en effet une gestion et une coordination des interdépendances proportionnelles à cette dispersion. Le D.S.L. offre alors cette perspective rationalisatrice. Par ailleurs, les acteurs ont aussi besoin d'idéal pour nourrir leur action et lui donner des perspectives. En cela, le D.S.L. se présente comme un fédérateur des pratiques et du sens parce qu'il injecte aussi des valeurs dans l'action. Parallèlement, le fait de se satisfaire d'une relative imprécision du mot ainsi que les confusions qui s'opèrent avec le terme de développement/aménagement ou avec l'idée d'action collective confèrent d'autant de force à la proposition. (Effet nominaliste qui valorise plus l'idée et le sens universel que la réalité empirique). Toutefois, force est de constater que celle-ci ne trouve cependant écho qu'au sein exclusivement de l'action sociale et plus spécifiquement du travail social.

Finalement, ne suffirait-il pas d'avoir un peu de mémoire ?

En effet, la décentralisation a ceci de particulier qu'elle autorise désormais l'expression d'intérêts collectifs locaux tout comme elle les postule. Alors, l'ancien travail social communautaire peut donc tenter une nouvelle greffe dans un contexte plus favorable qui lui offre sa légitimité. Dé-marginalisé sous le vocable de « développement », il offre à l'action sociale et aux travailleurs sociaux des horizons plus larges et décloisonnés, et une possible requalification de leur rôle et de leur fonction par un accès symbolique à l'espace public. Ceci explique la puissance évocatrice du D.S.L. et sa dimension rhétorique. En effet, le travail social est à la fois critiqué pour sa prétendue inefficacité quand les professionnels n'ont de fait plus que la relation à offrir, et auto critiqué par ceux-ci quand ils ne ressentent plus que de l'impuissance face aux situations qui leur sont soumises. Le D.S.L. leur offre alors des possibilités de requalification professionnelle et une certaine réhabilitation face aux critiques, d'autant que leur technicité demeure toujours au service d'un projet émancipateur des individus et des groupes.

Mais le D.S.L. se heurte toutefois, et nous l'avons vu dans le département étudié, à la réalité de la disponibilité effective des travailleurs sociaux, quand ceux-ci sont absorbés par le traitement de demandes individuelles croissantes et urgentes, à la gestion des dispositifs et à l'accès aux droits des bénéficiaires. C'est le cas notamment du Conseil général, acteur principal de l'action sociale depuis l'acte II de la décentralisation, et qui pourtant en appelle vigoureusement aux modes d'action collectifs. De leur côté, les organismes de protection sociale (CAF, MSA) se dégagent de plus en plus de l'aide individuelle pour se rendre disponibles à l'action collective et à l'animation. Les centres sociaux tendent à être positionnés comme animateurs de la vie locale et non plus comme des prestataires. Les services de l'Etat se positionnent également de plus en plus comme des animateurs de réseaux d'acteurs locaux. On peut alors se demander s'il n'y aura désormais pas plus de prétendants à l'animation que de prétendants à la prise en charge... Le territoire devient un objet d'animation très convoité.

D'un autre côté, les contraintes gestionnaires se font de plus en plus pesantes au sein des organismes et institutions sociales qui recherchent activement les économies et la compression des coûts budgétaires. Dans ce contexte, le D.S.L. qui se présente comme une façon de travailler en mode projet, avec ce que cela suppose de processus pédagogiques expérimentaux, d'essais-erreurs et donc d'une certaine façon, de prise de risque financier, peut-il réellement se développer pleinement quand les marges de manœuvre se réduisent ? Les collectivités locales sont en effet actuellement complètement concentrées sur l'absorption des coûts de la décentralisation et des nouvelles réglementations. Elles sont aussi très absorbées par les réorganisations consécutives à ces décentralisations de compétences nouvelles.

On peut alors se demander si d'une manière tout à fait paradoxale, la décentralisation qui favorise les conditions d'émergence du D.S.L. ne pourrait finalement pas en même temps le condamner, réitérant en cela le processus qui a abouti au renoncement de l'approche globale lors de la première décentralisation, lorsque celle-ci a finalement renvoyé le rôle du travailleur social vers une fonction plus administrative, gestionnaire et assistantielle que préventive et promotionnelle…

Bien évidemment, seul l'avenir proche nous montrera comment les acteurs auront traversé cette période de mutation, quels remaniements ils auront opérés, quels choix ils auront effectués et quel en aura été le coût. Nous vivons effectivement actuellement une période charnière des modalités de l'action publique où un nouveau paradigme émerge alors que l'ancien est beaucoup moins opérant tout en n'ayant pas véritablement disparu. Dans ce contexte, le D.S.L. pourrait finalement n'être qu'une traduction transitoire d'une évolution vers un modèle nouveau encore incertain. Demain s'ouvrira peut-être sur un autre terme plus adapté aux enjeux du moment et au nouveau contexte, et qui prendra alors le relais du D.S.L. ayant succédé lui-même au travail social communautaire, à l'action sociale globale et à l'animation globale…

En fait, le modèle qui se dessine a toujours besoin du discours pour le soutenir, tout comme le discours participe de la construction et de l'avènement du modèle.

Alors paradigme et rhétorique n'en finiront pas de se féconder avant la stabilisation provisoirement définitive du prochain modèle à venir, et qui aboutira peut-être à l'émergence d'un nouveau terme dont, sans doute, on voudra bien encore ignorer la généalogie…

Et dans cette longue période de mutation, où la société et le travail social n'en finissent jamais de se recomposer, le travail social –

voire l'intervention sociale – auront toujours pour mission implicite d'aider les individus « anomiques » à combler leur déficit d'intégration et à promouvoir leur insertion dans des collectifs stables (Ion, 2005), avec toutefois pour difficile devoir corollaire de s'adapter constamment à l'évolution de la société, au risque permanent d'en assumer seuls toutes les contradictions.

Postface

Cette recherche sur le développement social local (DSL) est importante et arrive à point du fait de l'actualité et des enjeux qu'il représente depuis le début des années quatre-vingt-dix dans le champ des politiques sociales et de l'intervention sociale. Elle est d'autant plus nécessaire que le DSL – connu essentiellement par les acteurs de l'action sociale – est promu et devient une doctrine institutionnelle en même temps qu'une rhétorique.

Par exemple, les différents travaux de l'Odas[50] envisagent le développement social local comme projet politique et volontariste pour la reconstruction du lien social. Ils le voient aussi « *comme une nouvelle pratique sociale axée sur l'implication de tous les acteurs locaux dans le développement d'initiatives (culturelles, éducatives, festives sociales, sportives...) visant à renforcer la solidarité de droit par une solidarité d'implication* ». De même, la Direction générale de l'action sociale, garante du contenu des formations sociales, a repris formellement puis conséquemment dans la réforme de 2004 du diplôme d'Etat des assistantes sociales et dans son référentiel de formation et de compétences, la contribution au développement social local, le développement des projets territoriaux, la conduite d'intervention sociale d'intérêt collectif. A ce mouvement en direction du développement social local s'ajoutent les orientations des CAF et des MSA conduisant à mener des actions concourant notamment au développement social local par un travail avec des groupes d'habitants ou d'usagers, avec les partenaires et les équipements. Enfin, dans les missions données au Conseil supérieur de travail social – CSTS, pour sa 6ème mandature (2007-2009), figure la production d'un rapport qui devienne une référence sur l'intervention sociale d'intérêt collectif. « *Ce rapport devra, au regard des problématiques sociales, décrire les différentes pratiques d'intervention sociales collectives*

---

[50] ODAS. Décentralisation : de l'action sociale au développement social local. Etat des lieux et perspective, 2001. Développement social local : les voies de l'action au service du changement, *Les cahiers de l'Odas*, juin 2007.

(travail social avec les groupes, travail social communautaire, développement social local, etc.), en analyser les fondements et les méthodes, en montrer l'intérêt et les dynamiques, ainsi que la nécessaire articulation avec l'ISAP (intervention sociale d'aide à la personne), faire des propositions pour lever les obstacles au développement de l'intervention sociale collective ».[51] On le voit, la question du développement social local est fortement réactivée.

Pourtant, le principe du développement social local n'est pas nouveau et la démarche n'est pas récente. Si des auteurs lui donnent comme origine la mise en œuvre du développement social des quartiers (DSQ) en 1983, l'on retrouve historiquement l'existence de ces pratiques non seulement dans les CAF et les MSA mais aussi au Service social d'aide aux migrants, dans l'Animation loisirs familiaux action sociale (ALFA) et ces pratiques existent dans divers champs d'intervention très proches. C'est ainsi que les notions de promotion, action et développement communautaires, démocratie participative, éducation populaire, pédagogie sociale, action sociale globale, animation globale... peuvent être considérées comme appartenant à ces champs même si elles sont parfois issues des courants idéologiques aux contours contrastés comme par exemple, ceux de la théologie de la libération, de la pédagogie des opprimés ou ceux de la recherche de la cohésion et de la paix sociale.

De notre point de vue, le développement social local est en filiation de l'organisation communautaire et du développement communautaire pratiqué par le travail social depuis ses origines, même si par la suite, il s'est effectivement fortement estompé pour ne revenir en force que ces vingt dernières années. Ce mode d'action, surchargé de significations et actuellement d'importantes attentes, pose tout naturellement le problème de la légitimité du travail social dans cette dynamique. Rappelons qu'à l'origine, l'action communautaire a été définie comme une action locale qui

---

[51] CSTS. Lettre de mission en date du 9 janvier 2008 de Valérie Letard, Secrétaire d'Etat auprès du Ministre du Travail, des Relations sociales et de la Solidarité chargée de la Solidarité, en date du 9 janvier 2008.

vise à structurer une collectivité autour de tâches qu'elle se donne, des actions qu'elle fait. Alinsky (édition française, 1976) la définit comme travail de reconstruction sociale au niveau de la communauté locale. Murray-Ross (1955) la définit comme un processus. Le développement communautaire quant à lui a été créé en 1940 en Grande Bretagne, à l'occasion de la mise en place de programmes destinés aux pays appartenant à la Couronne, où le « Colonial Office » reprit en effet les méthodes du « Self-help » en vue de les appliquer à l'éducation des masses indiennes. Enfin, l'ONU diffuse ce concept entre les années 1945 et 1965, durant la période générale de décolonisation et en 1956, définit le développement communautaire comme « *l'ensemble des procédés par lesquels les habitants d'un pas unissent leurs efforts à ceux des pouvoirs publics en vue d'améliorer la situation économique, sociale et culturelle des collectivités, d'associer celles-ci à la vie de la nation [...]. Ces procédés supposent réunis deux éléments, d'une part la participation active des habitants aux efforts entrepris et, d'autre part des services techniques fournis en vue de favoriser et de rendre plus efficaces les initiatives, les efforts personnels et l'aide mutuelle* ».

Action et développement communautaire sont à nos yeux des ancêtres de l'actuel développement social local et l'enseignement du travail social y fait référence depuis longtemps. Et si en 1988, selon le Conseil supérieur d'action sociale-CSTS, c'est surtout depuis la décentralisation de l'action sociale acte I que l'on assiste à un développement important du concept et des pratiques de développement social local, il n'en estima pas moins que le DSL peut être vu comme une forme nouvelle du travail social communautaire en tant que processus collectif et participatif qui vise à la définition et à la mise en œuvre des solutions. Ainsi les traditions historiques sont diverses et bien vivantes dans les esprits et la compréhension généalogique des origines et du succès de cette forme d'action publique reste importante.

Mais compte tenu que les caractéristiques de ce mode d'action publique sont floues et peu conceptualisées, le développement social local ne relève-t-il pas plus de mobilisations et d'approches empiriques, que d'un appui sur une théorie de référence ? Dans son approche théorique et globale, Geneviève Besson en montre bien toute la complexité non seulement dans les termes eux-mêmes (développement / social / local) mais aussi par l'emprunt du DSL à divers registres.

De plus, Geneviève Besson a raison de vérifier ce qu'il en est de la mise en œuvre, dans les faits, auprès des acteurs territoriaux. Car s'il y a bien volonté d'agir autrement, de retrouver cette pratique dynamique, il y a un écart avec l'action réellement menée, écart qui est souvent déploré et le constat du manque de travail social collectif est largement partagé. Ainsi le rapport IGAS[52] regrette la prédominance de l'approche individuelle et la faiblesse du travail collectif, et l'ODAS[53] estime que le travail social serait en mesure de jouer un rôle plus déterminant si l'on voulait bien renforcer sa relation aux pratiques d'intervention communautaire.

Alors que le développement social local est censé s'appuyer sur un processus méthodologique précis et théorisé, en abordant les pratiques effectives du DSL dans ses diverses caractéristiques telles que la transversalité, le partenariat, la participation des habitants, la territorialisation…, l'auteure en montre l'interprétation plurielle par les acteurs, en fonction de leurs positions et en identifie les différentes logiques d'action (institutionnelle, rationnelle-légale, professionnelle, politique). D'où Geneviève Besson émet l'hypothèse que le « *DSL pourrait se présenter comme un régulateur des tensions entre les acteurs sociaux et les institutions déstabilisés par les effets successifs et cumulatifs de la crise économique, de la crise de l'Etat-providence, de la mondialisation de l'économie, de la décentralisation, de la montée des intercommunalités et de l'Europe, de la désaffection du politique… et par conséquent, de la perte des repères et de la solidarités* ».

---

[52] IGAS, *L'intervention sociale, un travail de proximité, rapport annuel 2005*, La Documentation Française, 2006.
[53] Développement social local : les voies de l'action au service du changement, *Les cahiers de l'Odas*, juin 2007.

Son analyse des obstacles et les stratégies développées dans le quotidien des pratiques montre d'une part que les tentatives de mise en œuvre du DSL sont réelles bien qu'elles réclament un investissement important et du temps pour porter leurs fruits, mais d'autre part que l'intervention individuelle demeure encore le modèle dominant. Geneviève Besson constate que le DSL n'est pas un champ pacifié et consensuel et qu'en ce qui concerne la participation des usagers/habitants – préoccupation centrale du DSL – celle-ci demeure toutefois largement incantatoire. La réalité est que non seulement la marge de manœuvre des institutions est très réduite, mais surtout que le travailleur social est, malgré ses intentions, renvoyé au registre de l'assistance et instrumentalisé par la gestion des dispositifs.

L'apport de ce travail contribue à faire comprendre la dynamique du développement local, en montrant le succès de cette notion et son efficacité modeste. Pour autant, peut-on en tirer une conclusion sur son intérêt et sa mise en œuvre ? Certains pensent que « *l'intérêt majeur du DSL est d'avoir commencé à transformer l'action publique et le rôle de l'Etat* »[54]. Plus généralement, on estime actuellement que la dimension collective des problèmes appelle un développement de l'approche collective de l'intervention sociale. Geneviève Besson reste cependant prudente et considérant que le DSL est une construction permanente et que sa réalité est à la fois exigeante et complexe, elle se demande si le DSL n'est pas qu'une transition vers un nouveau modèle encore incertain... Pour autant, elle lui reconnaît une vertu, celle de l'exigence de vérité. Ajoutons pour notre part que la mise en œuvre de pratiques collectives visant à agir avec les publics, si elle n'est pas à son tour « instrumentalisée », fait retrouver une partie du sens et des finalités du travail social et souhaitons la poursuite de tels travaux continuant la réflexion sur le développement social local.

Brigitte Bouquet
Professeure titulaire de la chaire Travail social, CNAM.

---

[54] J. Donzelot, P. Estève, 1995.

BIBIOGRAPHIE

ABALLEA François, *« Territoire, démocratie et action administrative »* In *« Recherche Sociale »*, n°139, juillet septembre 1996, p. 47-57.
ABALLEA François, *« Professionnalité et déprofessionnalisation du travail social »*, in Recherche Sociale n°137, FORS, Paris, 1996
ABALLEA François, *« Décentralisation et transformation du travail social »*, in *« Le social en questions »*, Sociétés et Représentations, n°5, décembre 1997, Paris.
ALTER Norbert, *L'innovation ordinaire*, PUF, Paris, 2003, 1ère éd. 2000.
ALTER Norbert, *Sociologie du monde du travail*, PUF, Paris, 2006.
ARENDT Hannah, *Qu'est-ce que la politique*, Le Seuil, Paris, 1995.
ARENDT Hannah, *Condition de l'homme moderne*, Agora, Paris, 2001.
ARNSTEIN Sherry, *« A ladder of citizen participation »*, 1969, American Institute of Planner Journal, p. 216-224.
ASSIDON Elsa, *Les théories économiques du développement*, La Découverte, Paris, 2002.
ASTIER Isabelle, *« Qu'est-ce qu'un travail public ? Le cas des métiers de la ville et de l'insertion »*, in ION Jacques (dir.), *Le travail social en débats*, La Découverte, Paris, 2005.
AUTES Michel, *« Les sens du territoire »*, in CNAF, Recherche et Prévisions N°39, Paris, mars 1995, p. 57-70.
AUTES Michel, *Les paradoxes du travail social*, Dunod, Paris, 1999.
BAJOIT Guy, *Le changement social. Approche sociologique des sociétés occidentales contemporaines*, A.Colin, 2003, Paris.
BALME A., FAURE A., MABILEAU A., *Les nouvelles politiques locales*, Paris, Economica, 1989 ou Presses des Sciences Po., 1999.
BASSOT M.-J. et DIEMER M., *« Les centres sociaux »*, Cahiers du redressement français n°20, réédité in Ouvertures, Hors-série n°6-7, *« Histoire des Centres sociaux-Sources »*, FCSF, p. 191-192.

BEAUCHARD Jacques (dir.), *La mosaïque territoriale. Enjeux identitaires de la décentralisation*, L'Aube, La Tour-d'Aigues, 2003.
BELORGEY Jean-Michel, *« Les décideurs ont-ils l'usage des savoirs associatifs ? »*, in LOCHARD Yves et SIMONET-CUSSET Maud (coord.), *L'expert associatif, le savant et le politique*, Syllepse, Paris, 2003.
BERNOUX Philippe, *Sociologie du changement dans les entreprises et les organisations*, Le Seuil, Paris, 2004.
BESSON Geneviève, *Le Développement Social Local, entre paradigme et rhétorique, construction et déconstruction d'une notion*, thèse de sociologie, Université de Rouen, dir. F. ABALLEA, 2007.
BIGOT François et RIVARD Thierry, *« Des univers de référence spécifiques »*, in CHOPART Jean-Noël (dir.), *Les mutations du travail social. Dynamiques d'un champ professionnel*, Dunod, Paris, 2000.
BIMSA, « *Le magazine de la MSA* » N°64, Mai 2006, Bagnolet.
BLONDIAUX Loïc, *« L'idée de démocratie participative : un impensé politique »*, in *« La participation politique. Crise ou mutation »*, La Documentation Française, Paris, Problèmes politiques et sociaux, n°927, août 2006, p. 105-107.
BOLTANSKI Luc et THEVENOT Laurent, *De la justification. Les économies de la grandeur*, Gallimard, Paris, 1991.
BOLTANSKI Luc et THEVENOT Laurent, *De la justification. Les économies de la grandeur,* Gallimard, Paris, 2001.
BOLTANSKI Luc et CHIAPELLO Eve, *Le nouvel esprit du capitalisme*, Gallimard, Paris, 1999.
BORGETTO Michel et LAFORE Robert, *La république sociale. Contribution à l'étude de la question démocratique en France*, PUF, Paris, 2000.
BOUQUET Brigitte et GARCETTE Christine, *Assistante sociale aujourd'hui*, Maloine, Paris, 1998.
BOUQUET Brigitte, *Ethique et travail social. Une recherche du sens,* Dunod, Paris, 2003.
BOURDIEU Pierre, *Propos sur le champ politique,* Presses Universitaires de Lyon, Lyon, 2000.

BOURDIN Alain, « *Gouvernance du « Vivre ensemble » et gouvernance du projet* », in BEAUCHARD Jacques, *La mosaïque territoriale. Enjeux identitaires de la décentralisation*, L'Aube, La Tour-d'Aigues, 2003.
BRAUD Philippe, *Penser l'Etat*, Le Seuil, Paris, 2004.
BRESSON Maryse, *Les centres sociaux. Entre expertise et militantisme*, L'Harmattan, Paris, 2005.
BREVAN-PICARD, *Une nouvelle ambition pour les villes, de nouvelles frontières pour les métiers* Rapport à Mr BARTOLONE, Ministre délégué à la ville, La Documentation française, Paris, Septembre 2000.
CAROUX Françoise, « *Typologie* », in « *La démocratie par l'association ?* », Revue Esprit, Paris, 1978.
CASTEL Robert, *Les métamorphoses de la question sociale. Une chronique du salariat*, Fayard, Paris, 2000.
CASTEL Robert, in Henri ATLAN, Madeleine REBERIOUX, Bruno LATOUR, Pierre DOCKES, Jean-Marc LEVY-LEBLOND, Robert CASTEL, Jean-Pierre VERNANT, Marie-Angèle HERMITTE, Myriam REVAULT D'ALLONNES, *Savoirs et démocraties. Savoirs à l'œuvre*, Ed. Parenthèses, Marseille, 2003.
CASTORIADIS Cornélius, *La montée de l'insignifiance. Les carrefours du labyrinthe*, Le Seuil, Paris, 1996.
CHAUVIERE Michel, *Le travail social dans l'action publique. Sociologie d'une qualification controversée*, Dunod, Paris, 2004.
CHOPART Jean-Noël (dir.), *Les mutations du travail social. Dynamiques d'un champ professionnel*, Dunod, Paris, 2000.
CNAF, Dossiers d'études n°69, Pierre-Noël DENIEUL, Houda LAROUSSI, « *Le développement social local. Origines et filiations. Tome 1* », Laboratoire de Sociologie du Changement des Institutions, IRESCO, Paris, juin 2005.
CNAF, Dossiers d'études n°70, C.JACQUIER, D. MANSANTI avec la collaboration de J-M. BERTHET, F. MEGEVAND, M. MOUGEL, M-A. ROUX, « *Le développement social local. Les acteurs, les outils, les métiers, Tome 2* », CERAT, IEP Grenoble, Juillet 2005.

CNMSA, *CDST, Contrat de Développement Social Territorialisé*, Direction de l'Action Sanitaire et Sociale et des Services aux Personnes, Bagnolet, juin 2006.
CNMSA, « *L'Accompagnement de projets de développement social dans les pays d'Europe Centrale et Orientale. Conseils et préconisations.* », MSA – Caisse Centrale, Les Mercuriales, 40 rue Jean-Jaurès, 93547 Bagnolet Cedex.
DE MAILLARD Jacques, « *Les associations dans l'action publique locale : participation fonctionnalisée ou ouverture démocratique ?* » in « *La démocratisation du social* », Lien social et politiques, Revue Internationale d'Action Communautaire (RIAC), Montréal, Québec, 2002, p. 53-65
DONZELOT Jacques, *L'invention du social. Essai sur le déclin des passions politiques*, Le Seuil, Paris, 1994.
DONZELOT Jacques et ESTEBE Philippe, *L'Etat animateur, Essai sur la politique de la ville*, Paris, Esprit, 1994.
DONZELOT Jacques avec Catherine MEVEL et ANNE WYVEKENS, *Faire société. La politique de la ville aux Etats-Unis et en France*, Le Seuil, Paris, 2003.
DUBEDOUT Hubert, *Ensemble, refaire la ville*, La Documentation Française, Paris, 1983
DUBET François, *Le Déclin de l'institution*, Le Seuil, Paris, 2002.
DUBIGEON Odile et Olivier in « *Le local dans tous ses états* », Revue Autrement, n°47, Nantes, 1983
DUCROUX Michelle, « *Le développement social aux prises avec le territoire. L'exemple d'un PARM sur le canton de Charolles* », in Revue Vie Sociale, n°5-6, Paris, 2000, p. 31-43.
DURKHEIM Emile, *De la division du travail social*, PUF, Paris, 1893.
EHRENBERG Alain, *La fatigue d'être soi. Dépression et société*, Editions Odile Jacob, Paris, 1998.
ELIAS Norbert, « *La société des individus* », Fayard, Paris, 1997.
EPSTEIN Renaud, « *Gouverner à distance. Quand l'Etat se retire des territoires* », in « *Des sociétés ingouvernables ?* », Revue Esprit, Paris, novembre 2005.
EWALD François, *Histoire de l'Etat-providence,* Paris, Grasset-Fasquelle, 1996.

FAURE Alain, POLLET Gilles et WARIN Philippe (Sous la direction de), *La construction du sens dans les politiques publiques. Débats autour de la notion de référentiel*, L'harmattan, Paris, 1997.
FRIEDBERG Erhard, *Le pouvoir et la règle. Dynamiques de l'action organisée*, Le Seuil, Paris, 1ère éd.1993, 2ème éd.1997.
GAUCHET Marcel, « Le risque de dissolution de l'Etat-nation », in « La participation politique. Crise ou mutation ? », Problèmes politiques et sociaux, La documentation française, Paris, n°927, août 2006.
GOURVIL Jean-Marie, *Actes du troisième séminaire interdisciplinaire international. Développement local et développement social*, Université de Laval, Québec, Canada, 1992.
HABERMAS Jürgen, « *Communication and the evolution of society*", Boston, Beacon Press, 1979.
HABERMAS Jürgen, « *Théories de l'agir communicationnel* », Fayard, Paris, 1987, 2 tomes.
HAURIE Jean-Louis, « *Le développement social territorial. Une stratégie de modernisation de l'action des CAF inscrite dans la durée.* », in Recherches et Prévisions n° 81, Paris, septembre 2005, Documents, travaux et commentaires.
HOUEE Paul., « *Pays de Bretagne* », Document provisoire, Association pour la promotion des pays, Rennes, 1982.
I.G.A.S., Rapport annuel, « *Politiques sociales de l'Etat et territoires* », La Documentation française, Paris, 2002.
ION Jacques, « *Un agir militant qui s'écarte de la sphère politique instituée* », in « La participation politique. Crise ou mutation ? », Problèmes économiques et sociaux, Paris, La Documentation française, n°927, août 2006.
Journal de l'Action Sociale (JAS), n° Hors-série, Ed. L'Action sociale, Paris, 2000.
Journal de l'Action Sociale (JAS) n°90, Ed. L'Action sociale, Paris, Octobre 2004.
KUHN Thomas, *Structure des révolutions scientifiques*, Flammarion, Paris, 1983.
LAHIRE Bernard, *L'homme pluriel, Les ressorts de l'action*, A. Colin, Paris, 2005.

LAJUDIE Benoît, *« De la logique notabiliaire à la logique managériale »*, in *« Pouvoirs Locaux »*, *« Les cahiers de la décentralisation »*, dossier spécial n°62, septembre 2004, Documentation française, Paris.
MADIOT Yves, *L'Aménagement du territoire*, Masson, 1993.
MARTUCCELLI Danilo, *Dominations ordinaires, explorations de la condition moderne*, Balland, Paris, 2000.
MARTUCCELLI Danilo, *Grammaires de l'individu*, Gallimard, Paris, 2002.
MENARD François, *« Quelques réflexions et questions autour du rapport des politiques sociales et du territoire »*, in Revue « FORS-Recherche sociale » n°141, Paris, Janvier-Mars 1997, p. 47-56.
MENGIN Jacqueline et MASSON Gérard, *Guide du développement local et du développement social*, L'Harmattan, Paris, 1989.
MENY Yves et THOENIG Jean-Claude, *Politiques publiques*, PUF, Paris, 1999.
MERRIEN François-Xavier, *« La nouvelle gestion publique : un concept mythique »*, Lien social et Politiques, ENSP, n°41, 1999.
MONDOLFO Philip, *travail social et développement*, Dunod, Paris, 2001.
MULLER Pierre, *Les Politiques publiques*, PUF, Paris, 2003.
ORIANNE Jean-François, *« Le traitement clinique du chômage »*, in Journées d'études du GRACC, AISLF et CLERSE, *« Y-a-t-il psychologisation de l'intervention sociale ? »*, Universités de Liège et de Lille, Lille, 14 et 15 octobre 2005.
PASSET René, *« Les impératifs du développement durable »*, in Pouvoirs locaux n°43 *« Développement durable : la politique de l'impossible ? »*, Paris, 1999, p. 65-71
POUJOL Geneviève, *Guide de l'animateur socioculturel*, Dunod, Paris, 1996, 2ème édition 2000.
PRUD'HOMME Nicole, in « Journal de l'Action sociale », JAS n°97, mai 2005.
REYNAUD Jean-Daniel, *Les règles du jeu. L'action collective et la régulation sociale*, A. Colin, Paris, troisième édition, 2004, première édition 1997.

ROSANVALLON Pierre, *La crise de l'Etat-providence*, Le Seuil, Paris, 1992.
ROSANVALLON Pierre, *La nouvelle question sociale. Repenser l'Etat-providence*, Le Seuil, Paris, 1995.
SADRAN Pierre, *« La mise en débat de la démocratie locale »*, in « Pouvoirs locaux, Cahiers de la décentralisation », n°62, 2004, La documentation française, Paris.
SAINSAULIEU R., *L'identité au travail*, Presses de la Fondation nationale des sciences politiques, Paris, 1977.
SANCHEZ Jean-Louis, *Décentralisation : De l'action sociale au Développement social. Etat des lieux et perspectives*, L'Harmattan, Paris, 2001.
SARAGOUSSI Pierre, in *« Les cités en construction »*, Plan construction, 1987.
SAUVEYRE Anne et VANONI Didier, *« Evaluation nationale de l'expérimentation des projets sociaux de Territoires (PST), Rapport final »*, Direction interministérielle à la Ville, Mars 2005. Et aussi *« Les projets sociaux de Territoire »*, in « Recherche sociale » n°174, Avril-juin 2005, FORS - Recherche sociale, Paris.
SCHWARTZ Bertrand, *L'insertion professionnelle et sociale des jeunes*, la Documentation Française, Paris, 1981.
SUREL Yves, *« Les politiques publiques comme paradigmes »*, in FAURE Alain, POLLET Gilles et WARIN Philippe (dir.) *La construction du sens dans les politiques publiques. Débats autour de la notion de référentiel*, L'Harmattan, Paris, 1997.
THEYS Jacques, in *« La France et le développement durable »*, Regards sur l'actualité, n° 302, juin-juillet 2004, La Documentation française, Paris.
TOCQUEVILLE (De) Alexis, *« Textes essentiels. Anthologie critique par BENOIT Jean-Louis »*, Agora, Pocket, Paris, 2000.
TYMEN Jacques et NOGUES Henry, avec la collaboration de BOUGET Denis, BROVELLI Gérard et LEBOSSE Jean-Claude, *Action sociale et décentralisation. Tendances et prospectives*, L'Harmattan, Paris, 1998.
VANIER Martin, *« L'invention des territoires : de la dispute au bien commun »*, in BEAUCHARD Jacques (dir.), *La mosaïque territoriale. Enjeux identitaires de la décentralisation*, L'Aube, La Tour-d'Aigues, 2003.

WARIN Philippe, *Les usagers dans l'évaluation des politiques publiques. Etude des relations de service,* L'Harmattan, Paris, 1993.
WARIN Philippe, « La citoyenneté de guichet. Quelques éléments de définition et discussion », in DECRETON Séverine (dir.), Service public et lien social, L'Harmattan, Paris, 1999.

Table des matières

Préface	5
Introduction	15
1. Tensions dans les modèles des politiques publiques et émergence progressive du D.S.L.	21
1. Tensions dans les modèles de développement	22
2. Tensions dans les modèles des politiques sociales	48
3. Tensions dans les modèles d'intervention du travail social	62
2. Les Réalités complexes et exigeantes du D.S.L.	83
1. Le D.S.L. constitue-t-il un nouveau référentiel d'intervention ?	85
2. La diversité des principes de justification des acteurs	92
3. Approche de l'action par les déterminants individuels	106
4. Discussion autour du référentiel du développement	115
5. Le pouvoir et les règles structurent l'action collective et constituent un ordre local	118
6. La société en quête de sens se tourne de manière implicite vers le Politique	127
3. Un département retenu comme cas d'étude pratique	135
1. Les partenaires historiques et locaux du D.S.L.	137
4. Le Développement social local à l'épreuve des discours et des pratiques	159
1. Une difficile définition du D.S.L.	161

2. Le Développement social local ou l'illusion d'une innovation — 163
3. L'utilité et le sens du D.S.L. dans notre société actuelle — 165
4. Les pratiques effectives du D.S.L. — 171
5. Les facteurs qui favorisent ou qui font obstacle au D.S.L. — 173

5. Les acteurs, leur contexte d'intervention et les composantes du D.S.L. — 183
    1. La vision des publics et leur évolution potentielle — 184
    2. La transversalité, composante essentielle du D.S.L. — 187
    3. Les partenariats à l'épreuve — 193
    4. La proximité peut se faire contraignante pour l'usager — 195
    5. Quand il est question de territorialisation et de territoires — 196
    6. La mythique participation des habitants — 199
    7. Ce qui est le plus difficile au quotidien pour les acteurs — 204

6. Vers une typologie des positions des acteurs face au D.S.L. — 211
    1. Des relations à l'objet polarisées vont déterminer le rapport au D.S.L. — 211
    2. La logique d'action institutionnelle — 220
    3. La logique d'action rationnelle-légale ou bureaucrate — 222
    4. La logique d'action professionnelle — 224
    5. La logique d'action politique — 228
    6. Premières conclusions — 235

Conclusion générale — 241
Postface — 249
Bibliographie — 255
Table des matières — 263

L'HARMATTAN, ITALIA
Via Degli Artisti 15 ; 10124 Torino

L'HARMATTAN HONGRIE
Könyvesbolt ; Kossuth L. u. 14-16
1053 Budapest

L'HARMATTAN BURKINA FASO
Rue 15.167 Route du Pô Patte d'oie
12 BP 226
Ouagadougou 12
(00226) 50 37 54 36

ESPACE L'HARMATTAN KINSHASA
Faculté des Sciences Sociales,
Politiques et Administratives
BP243, KIN XI ; Université de Kinshasa

L'HARMATTAN GUINÉE
Almamya Rue KA 028
En face du restaurant le cèdre
OKB agency BP 3470 Conakry
(00224) 60 20 85 08
harmattanguinee@yahoo.fr

L'HARMATTAN COTE D'IVOIRE
M. Etien N'dah Ahmon
Résidence Karl / cité des arts
Abidjan-Cocody 03 BP 1588 Abidjan 03
(00225) 05 77 87 31

L'HARMATTAN MAURITANIE
Espace El Kettab du livre francophone
N° 472 avenue Palais des Congrès
BP 316 Nouakchott
(00222) 63 25 980

L'HARMATTAN CAMEROUN
BP 11486
Yaoundé
(00237) 458 67 00
(00237) 976 61 66
harmattancam@yahoo.fr

653043 - Mai 2016
Achevé d'imprimer par